DIE FALKEN IN BERLIN
Geschichte und Erinnerung

D1667677

Rolf Lindemann / Werner Schultz

Die Falken in Berlin
Geschichte und
Erinnerung

Jugendopposition
in den fünfziger Jahren

Eine historisch-pädagogische Untersuchung zur
Arbeiterjugendbewegung mit Fotocollagen von Bruno Hübner

VAS 34
Verlag für Ausbildung und Studium
in der Elefanten Press

Schriftenreihe »Sozialistische Jugend in Berlin nach 1945«
Ergebnisse eines von der Stiftung Deutsche Jugendmarke
geförderten Forschungsprojekts des Franz-Neumann-Archivs Berlin,
herausgegeben von Prof. Peter Weiß.

Band 2

Umschlag: Jürgen Holtfreter, Collage: Bruno Hübner
Satz: VA Peter Großhaus, Wetzlar
Lithografie: Spönemann, Berlin
Printed in the Federal Republic of Germany

ISBN 3-88290-034-2
VAS 34

ELEFANTEN PRESS Verlag
Postfach 303080, 1000 Berlin 30

ELEFANTEN PRESS Galerie
Zossener Str. 32, 1000 Berlin 61

CIP Kurztitelaufnahme der Deutschen Bibliothek

Die *Falken in Berlin*. – Berlin (West) : Verlag für
Ausbildung u. Studium VAS in d. Elefanten Press

Geschichte und Erinnerung : Jugendopposition in d.
fünfziger Jahren / Rolf Lindemann: Werner Schultz. –
1987
  (Sozialistische Jugend nach 1945 [neunzehnhundert-
  fünfundvierzig] in Berlin : Bd. 2 (VAS ; 34)
ISBN 3-88290-034-2

NE: Lindemann, Rolf [Mitverf.]; 2. GT

Inhalt

Vorwort des Herausgebers

Die Arbeit des Sozialistischen Jugendverbandes »Die Falken« in den 50er Jahren dieses Jahrhunderts in Berlin ist der Gegenstand dieses zweiten Bandes unserer Schriftenreihe, die die Ergebnisse eines Forschungsprojekts wiedergibt.

Wir haben uns zur Aufgabe gemacht, nach der gesellschaftlichen Bedeutung und Wirkungsweise und nach den Zielen und Inhalten emanzipativer Jugendarbeit in der Zeit nach dem Zusammenbruch des NS-Staates zu fragen.

Damit behandeln wir pädagogische, soziale und historische Fragestellungen.

An zeitgeschichtlichen Darstellungen über die Entwicklung der Bundesrepublik Deutschland mangelt es längst nicht mehr. Bisher blieb in diesen Darstellungen jedoch der Beitrag, den im westlichen Teil Deutschlands die Jugendverbände zu der Entfaltung einer neuen politischen Kultur und zum Aufbau einer demokratischen Gesellschaft geleistet haben, unberücksichtigt. Es bleibt zu hoffen, daß die Ursache dafür nicht in einer Unterschätzung der Bedeutung von Jugendarbeit liegt, denn ein Blick in die jüngere deutsche Geschichte zeigt, wie wenig Berechtigung zu einer solchen Einschätzung besteht.

In den nachfolgenden Darstellungen der Falkenarbeit in Berlin wird offenbar, daß das politische Engagement des Jugendverbandes in der behandelten Zeit stark durch oppositionelle Positionen bestimmt war, die sich teilweise auch gegen eine Mehrheitsposition in der SPD richteten. Die Falken als eigenständiger und formal unabhängiger Verband fühlten sich der SPD solidarisch verbunden. Wie in Teilen des übrigen Bundesgebietes wendeten sich die Falken jedoch zunehmend den sich in der SPD in der Minderheit befindlichen linken Sozialdemokraten zu. Die Falken, die SPD-Mitglieder waren, engagierten sich überwiegend an der Seite der Parteilinken in der innerparteilichen Auseinandersetzung, und schließlich wurde der Jugendverband selbst zu einem Kristallisationspunkt für alle linken fortschrittlichen Demokraten in der Stadt.

Die Berliner Falken haben frühzeitiger als andere Jugendverbände die Auseinandersetzung gegen verkrustete gesellschaftliche Strukturen, gegen verfestigte Werthaltungen von Älteren und sogar gegen das Partei-Establishment aufgenommen. Erst Jahre später haben fast alle großen Parteien, außer der CSU, und viele andere Groß-Organisationen ähnliche und sogar unerbittlichere Auseinandersetzungen mit den ihnen nahestehenden Jugendorganisationen erlebt. Die Falken wagten sich schon in den 50er Jahren an Tabus heran, als die SPD – unter dem vermeintlichen Zwang wahltaktischer Überlegungen – die Tabus – Oder-Neiße-Grenze, DDR-Anerkennung, Dialog mit Kommunisten – noch eifrig zu beschwören pflegte.

Die deutsche Wiederaufrüstung und die Atomwaffen waren weitere Anlässe zu Auseinandersetzungen. Es gab in der Adenauer-Zeit in dem Wirtschaftswunderland auch zahlreiche innen-, sozial- und kulturpolitischen Anlässe zu harten Auseinandersetzungen mit einer restaurativen, zum Teil reaktionären Entwicklung, bei denen es allerdings seltener Differenzen und grundsätzliche Gemeinsamkeit mit der SPD gab. Für die Falken ging es vor allem darum, die unpolitischen, skeptischen und resignativen Teile der Jugend für ein Engagement für eine fortschrittliche Demokratie zu gewinnen.

Wir hoffen, daß dies in den zwangsläufig ausschnittweisen Darstellungen in unserer Schriftenreihe so deutlich wird, daß der Leser sich ein Urteil darüber bilden kann.

Unserer Meinung nach sind die Falken als ein Wegbereiter für politische und gesellschaftliche Veränderungen in der Bundesrepublik zu sehen. Vieles von dem, was später in der Studentenrebellion und in dem, was dann als die »neue Jugendbewegung« bezeichnet wurde, massenhaft und zum Teil gewalttätig zum Ausbruch kam, versuchten zuvor die Falken mit weniger aggressiven Mitteln zu erreichen.

Sie hatten noch eine höhere Toleranzschwelle gegen die ignorante Überheblichkeit und Feindschaft der Älteren, wenn auch das manipulierte Überspielen und die üblen Diffamierungen, die sie erfahren mußten, ihnen immer unerträglicher wurden. Sie erlebten bereits, daß man, um Aufmerksamkeit und Beachtung zu finden, zu spektakulären Aktionen greifen mußte. Trotzdem ließen sie sich in ihrem Glauben an die Innovationsfähigkeit der parlamentarischen Demokratie nicht erschüttern. Insofern ist die Geschichte der Falken auch als ein Lehrstück dafür zu bewerten, wie man sich in der Demokratie der Jugend gegenüber nicht verhalten sollte.

Das damalige Geschehen nach Jahrzehnten präzise abzubilden, zu beschreiben, ist nicht einfach. In einem Jugendverband gibt es keinen hauptamtlichen Apparat, mit dessen Hilfen Vorgänge aufgeschrieben und aufbewahrt werden. Es bedurfte einer mühsamen Spurensuche, um Unterlagen und Materialien zu sichern, die Einzelne aufbewahrt hatten. »Oral History«, die durch das Interview erkundete Erinnerung Einzelner muß helfen, Lücken zu schließen. Durch rechtzeitige Befragungen die Vorgänge festzuhalten und noch zu erlangende Unterlagen zu sichern, das war eine der Aufgaben des Projekts.

Als Herausgeber danke ich dem Franz Neumann-Archiv, Mitte der 70er Jahre gegründet, um vor allem Dokumente zur neueren Geschichte der Berliner Arbeiterbewegung und der SPD zu sichern und zu sammeln, daß es meinen Anregungen folgte und diese Untersuchung in seine Arbeit einbezog.

Es ist im Rahmen des Projekts gelungen, wichtige Informationen zu sammeln und bedeutsame Materialien zu sichern. Wir danken vor allem den vielen Berlinern, die einstmals Mitglieder der Falken waren, und die ihre persönlichen Unterlagen gesichtet haben und uns wertvolles Material – Akten, Briefe, Flugblätter, Zeitungsausschnitte, Fotos, Gruppenbücher, Erlebnisberichte, Ausweise, Abzeichen und Wimpel zur Auswertung zur Verfügung stellten oder zur Archivierung überließen. Sie beteiligten sich an Erinnerungsgesprächen und Diskussionen. Wir haben über 80 größtenteils mehrstündige Interviews durchgeführt, die alle transkribiert sind und von den Befragten autorisiert wurden.

Unsere Mitarbeiter haben die Bestände von öffentlichen Archiven ausgewertet und manche wichtige Quelle entdeckt.

Der hier vorliegende zweite Band, von Werner Schultz und Rolf Lindemann erarbeitet, schildert die Ereignisse vorrangig aus der Sicht der damals Beteiligten. Dementsprechend zeigen die Ergebnisse in erster Linie auf, wie die damals Beteiligten heute ihre Jugendverbandszeit beurteilen. Dabei zeigt sich, daß der Verband eine sehr prägende Wirkung für die Sozialisation seiner Mitglieder hatte. Ganz besonders bei dem großen Teil der Arbeiterjugendlichen im Verband hat nach ihren Selbstaussagen das Erlebnis des Jugendverbandes ihren Lebensweg stark beeinflußt und zu ihrer Persönlichkeitsentwicklung entscheidend beigetragen. Sie haben sich zu Persönlichkeiten entwickelt, die sich ihr ganzes Leben lang für eine soziale und demokratische Entwicklung der Gesellschaft engagieren. Bürger also, ohne die eine demokratische Gesellschaft nicht bestehen könnte.

Insoweit sind hier auch sehr aktuelle Probleme angesprochen. So sollten zum Beispiel jene, die heute davon sprechen, daß Jugendverbände ebenso wie ihre gruppenorientierten Arbeitsformen sich überlebt hätten, aufhorchen und anhand unserer Ergebnisse darüber nachdenken, welche Folgen eine solche Entwicklung hätte...

Es trifft zu, daß viele Erscheinungen der modernen Industriegesellschaft schon seit längerem den Jugendverbänden die Erfüllung ihrer wichtigen Aufgaben sehr erschweren. Aber Jeder, der ernsthaft die Situation prüft, wird feststellen, daß der Ausfall von Jugendverbänden und von Jugendarbeit schlechthin ein Vakuum entstehen ließe, das durch anderes nicht wirksam ausgefüllt werden kann.

Für die jungen Menschen aber, die die heutige Jugendarbeit unter den erschwerten Bedingungen leisten, sollten unsere Ergebnisse Ermutigung und Ermunterung zugleich sein. Sie sollten eine Bestätigung für die Notwendigkeit ihrer Arbeit entnehmen. In diesem Sinne werten wir unsere Ergebnisse auch als eine Handreichung für die heutige Jugendarbeit.

In diesem Zusammenhang sollten wir besonders darauf hinweisen, daß die Kombination mehrerer Elemente in der Verbandsarbeit der sozialistischen Jugend ganz offenbar diese persönlichkeitsprägenden Auswirkungen hatte. Es waren dies im wesentlichen die besondere Form jugendlichen Gemeinschaftserlebens in der Gruppe und im Verband, die politische Aktion und die verbalisierte und theoretisierte Bildungsarbeit unter Einschluß kultureller Aktivitäten. In der jüngeren Zeit haben wohl fast alle Jugendverbände diese Kombination von Arbeitsinhalten mehr oder weniger stark betont übernommen. Lange Zeit jedoch hatte sich ein großer Teil der Verbände auf die erzieherische Wirkung des verbandlichen Gemeinschaftslebens unter Betonung weltanschaulicher, sportlicher oder kultureller Orientierungen beschränkt.

Wir haben Anfang der 80er Jahre mit den gezielten Vorarbeiten für unser Forschungsprojekt begonnen. Als wir dann für die Jahre 1982 bis 1985 die Förderung des Projekts durch die Stiftung Deutsche Jugendmarke e.V. erhielten, wurde es uns möglich, für die Bearbeitung von drei Themenschwerpunkten vier junge Wissenschaftler zu beschäftigen. Ohne diese finanzielle Förderung hätten wir unser Projekt nicht realisieren können. Das Kuratorium der Stiftung und ihr Geschäftsführer, Herr Reinke, haben an dem Fortgang unserer Arbeiten lebhaften Anteil genommen, ohne uns Vorschriften über Ziel und Methoden der Untersuchung machen zu wollen. Auch die Drucklegung der Ergebnisse wäre ohne die Hilfe der Stiftung nicht möglich gewesen. Wir fühlen uns der Stiftung sehr zu Dank verpflichtet.

Unser Dank geht auch an die Fachhochschule für Sozialarbeit und Sozialpädagogik Berlin für die vielfältige Unterstützung des Forschungsprojekts.

Die Bearbeitung des Themenschwerpunktes »Wiederbeginn der Falkenarbeit nach dem 2. Weltkrieg in Berlin (1945–1950) lag in den Händen des Historikers Dr. Siegfried Heimann. Die Ergebnisse erscheinen in gemeinsamer Autorenschaft als Band 1 der Schriftenreihe.

Wir planen, eine von Dr. S. Heimann erarbeitete kommentierte Dokumentation über diese Zeit als Band 4 zu veröffentlichen.

Die Bearbeitung des in diesem zweiten Band der Schriftenreihe behandelten Themenschwerpunktes »Pädagogische und politische Erfahrungen der Falken in der Jugendarbeit mit Arbeiterjugendlichen« übernahmen der Diplom-Pädagoge Werner Schultz und der Diplom-Politologe Rolf Lindemann.

Der Diplom-Politologe Michael Schmidt war der Bearbeiter des Themenschwerpunktes »Die Bedeutung Internationaler Jugendarbeit als Element politischer Erziehung am Beispiel der Kontakte zu osteuropäischen Ländern«. Die Ergebnisse werden als Band 3 der Schriftenreihe unter dem Titel »Die Falken in Berlin – Antifaschismus und Völkerverständigung« erscheinen.

Ehrenamtlich waren für das Projekt der Projektleiter und Herausgeber und die Mitglieder des Projektbeirates tätig.

Diesem wissenschaftlichen Beirat, der die Themenschwerpunkte und die Ergebnisse laufend diskutierte, gehörten die nachstehenden Persönlichkeiten an: Heinz Beinert, Prof. Dr. Nils Diederich MdB, Dr. Rolf Kreibich, Prof. Dr. C. Wolfgang Müller, Dipl. rer. pol. Manfred Rexin, Prof. Gunther Soukup und der Projektleiter. Während der Projektarbeit wurden in einzelnen Aspekten unterschiedliche Auffassungen zwischen den Beteiligten deutlich. So waren zum Beispiel Bewertungen von Ereignissen, die auf persönlichen Erfahrungen aufbauten, nicht immer mit Urteilen auf einen Nenner zu bringen, die auf gegenwärtigen Ansichten über zurückliegende Ereignisse beruhten. Der Vorstand des Franz Neumann-Archivs, der wissenschaftliche Projektbeirat und der Projektleiter stimmten darin überein, daß, wenn nach langer Diskussion kontroverse Positionen bestehen blieben, die Autoren für ihre Aussagen selbst einzustehen haben.

Mit dem Aufbau des Archivs für das Projekt waren zeitweise Herr Michael Schmidt, Frau Astrid Schrön und Herr Bruno Hübner tätig. Herr Bruno Hübner hat auch die Bild-Collagen für diesen Band entworfen.

Wichtige Arbeiten im Sekretariat leisteten zunächst Frau Gisela Breitenbach und ab 1983 Frau Hannelore Knipping. Zusammen mit Frau Irmgard Weiß hat sich der Schatzmeister des Franz Neumann-Archivs, Herr Michael Elze, der finanziellen Abwicklung des Forschungsprojekts ehrenamtlich angenommen.

Ihnen allen ist zu danken, daß diese – zunächst auf vier Bände angelegte – Schriftenreihe erscheinen kann.

Prof. Peter Weiß

Einleitung

Nierentische, Tütenlampen und dreibeinige Blumentische waren unsere ersten Assoziationen, als wir begannen, über die 50er Jahre nachzudenken. Dann folgten Kalter Krieg, Wirtschaftswunder, Rock'n'Roll, Adenauer-Erhard und Ulbricht, der »Spitzbart aus Pankow«.

Die derzeitige 50er-Jahre-Nostalgie spielt mit dem damaligen gesellschaftlichen Klima von Fortschrittsoptimismus und importierter Beschwingtheit in Mode und Design. Nicht nur Bundeskanzler Kohl erklärt sich stolz-naiv zum Enkel Adenauers, auch einige Modeavantgarden knüpfen an die schrägen Linien, abstrakten Farbzusammenstellungen und schrillen Töne an.

Das Interesse von Jugendlichen an den 50er Jahren entsteht nicht zufällig auf dem Hintergrund von Wirtschaftskrise, internationaler Spannung, Aufrüstung mit Atomraketen und allgemeiner Perspektivlosigkeit. Die heutige 50er-Jahre-Mode ist ein Gefühl und zum Teil auch eine Einsicht in das Scheitern eines ungestörten Fortschrittsoptimismus auf wirtschaftlicher und politischer Ebene. Sie ist ein Spiegel der 50er Jahre, in den für diesen Optimismus große Opfer gebracht wurden, in denen deutscher Arbeitsethos noch mit Zukunftshoffnungen verbunden war und niemand mehr an Millionen Arbeitslose glauben wollte. Nur wenige haben damals diese Arbeitstugenden mit Skepsis betrachtet. Es waren eher diejenigen, die auch den Schrecken der deutschen Leistungsfähigkeit im Faschismus erfahren haben.

»Die Unfähigkeit zu trauern« ist der vielsagende Titel eines Buches, in dem Alexander und Margarete Mitscherlich beschrieben haben, wie die Deutschen damals versuchten, ihre eigene Schuld am Faschismus mit Hilfe einer zwanghaften Arbeitsenergie zu verdrängen.

Wir selbst waren in den 50er Jahren Kinder und Jugendliche und haben die Zeit aus diesem Blickwinkel in Berlin erlebt. Wir waren froh, endlich in der Studentenbewegung der 60er Jahre Alternativen zu dem repressiven gesellschaftlichen Klima zu erleben. Niemand dachte mehr gern an die 50er Jahre zurück, diese Zeit von Unehrlichkeit, kultureller Enge und politischer Repression.

Mit der Arbeit an diesem Buch wuchs aber auch für uns das Interesse, diese Jahre besser zu verstehen, um damit auch unsere eigene Lebensgeschichte genauer begreifen zu können.

Erst seit einigen Jahren hat sich in der Bundesrepublik eine Form der Geschichtsschreibung etabliert, die nicht mehr länger dem Alltag der Menschen ausweicht und nur große Politik als ernstzunehmenden Gegenstand ansieht. Dadurch sind wir auch angeregt worden, der Lebensgeschichte von Arbeiterjugendlichen in den 50er Jahren nachzuspüren.[1]

Diese neue Form der Geschichtsschreibung ist mehr als bloße Illustration der zeitgeschichtlichen Entwicklungen. Hier wird die Verbindung von subjektiver Lebenserfahrung und allgemeinen gesellschaftlichen Prozessen gesucht. Wir haben noch in der Schule die Geschichte als Jahreszahlen und Taten großer Männer kennengelernt, und wir konnten so eigentlich nie richtig verstehen, warum die kleinen Leute sich das immer gefallen ließen. Über die Not des Alltags, die kleinen und großen Hoffnungen der Menschen erfuhren wir wenig und haben deshalb damals kaum ein Interesse entwickelt, eigene Lebenserfahrungen oder die unserer Familien historisch zu begreifen.

14

Gerade für die Geschichtsschreibung der Arbeiterbewegung hat sich eine neue Form der Erinnerungs- und Erfahrungsverarbeitung bewährt – die erzählte Geschichte. Es gelang mit dieser Methode, viel genauer den Lebensalltag der Menschen zu erklären und Widersprüche in der Entwicklung beispielsweise der Arbeiterorganisationen zu verstehen.

Trotzdem ist diese Form der Erinnerung kein Ersatz für die Analyse der Geschichte, sondern nur eine Erweiterung der Fragen und des Materials für diese Arbeit. Diese Methode der erzählten Lebensgeschichte ist nicht ohne Probleme. Die Erinnerungen sind bruchstückhaft, schlechte Erfahrungen werden zum Teil verdrängt oder schöne Erlebnisse nachträglich verklärt. Aber auch die vielen Jahre, die zwischen heutiger Zeit und damaligen Erlebnissen liegen, hatten Einfluß auf die Erinnerungen für die einzelnen Menschen. Bewußte Verarbeitung der eigenen Lebensgeschichte kann zum Beispiel die Vergangenheit in ihrer Bedeutung nachträglich verändern und damals nur in Ansätzen vorhandene Entwicklungen als entscheidende Weichenstellungen erkennbar machen. Aber auch das Gegenteil existiert. So wurde oft nach Niederlagen oder der Enttäuschung großer Hoffnungen aufgehört nachzudenken, und so wurden auch Lebenserfahrungen vergessen. Aus solchem Verhalten entstanden Blockierungen. Hier wirkt die unverarbeitete Geschichte als verdrängte, aber mitgeschleppte Last, die noch heute die Entscheidungen unbewußt beeinflußt. Wir haben ein wenig versucht, aus diesem Verdrängten Erinnerungen zu erarbeiten.

Dies alles ist zu berücksichtigen, wenn erzählte Lebensgeschichte interpretiert werden soll. Es ist deshalb nötig, sehr viele Gespräche mit Zeitzeugen zu führen. Darüber hinaus ist die Kenntnis des Geschichtsmaterials aus Dokumenten, Büchern und Protokollen unverzichtbare Voraussetzung für diese Gespräche und deren anschließende Bewertung. So ist auch die Auswahl der Zitate in diesem Buch kein Zufall, sondern Ergebnis unserer Reflexion. Dies heißt nicht, daß Widersprüche von uns ausgegrenzt wurden. Wir verstehen uns als Anwälte – des Materials sowie der Erinnerungen der Zeitzeugen und haben versucht, sie in ihrer Komplexität zu interpretieren.

Bei dieser Geschichtsschreibung von unten geht es also nicht nur um die subjektive Seite, sondern um den Anspruch, Geschichtsbewußtsein zu ermöglichen, das nicht mehr durch die Ausgrenzung der Erfahrungen und Lebenssituationen, also des Alltags der Menschen, bestimmt ist.

Für alle diejenigen, die damals selber bei den Falken aktiv gewesen sind, wird ab und zu der Eindruck entstehen: »Das habe ich aber in ganz anderer Erinnerung!« Dieses Problem der unterschiedlichen Erfahrungen und Erinnerungen drückt sich im Titel des Buches aus. Das kleine »und« zwischen »Geschichte und Erinnerung« bezeichnet keine Vereinigung, sondern die Verbindung von etwas Verschiedenem. Es ist ein Wort, das die Analyse dieses Verhältnisses herausfordert.

Wir wollen nicht an die Nostalgie des optimistischen Kitsches anknüpfen, wenn wir darüber berichten, wie in den 50er Jahren Jungen zu Männern und Mädchen zu »Fräulein« und zur Frau wurden. Wenn wir dazu die relativ kleine Gruppe der Sozialistischen Jugend untersuchen, tun wir das deshalb, weil wir der Ansicht sind, daß gerade an dieser Gruppe die Besonderheiten der Zeit deutlich werden.

Die Falken waren Opposition in einem antikommunistischen Berlin und damit Außenseiter in einem Klima gesellschaftlicher Konformität. Sie waren aber auch der größte politische Arbeiterjugendverband, wenn von der Gewerkschaftsjugend mit ihrer anderen Funktion abgesehen wird.

Es gab noch keine Studentenbewegung, die Jusos waren eine kleine parteitreue Gruppe, und autonomen Jugendprotest gab es vor den Halbstarkenkrawallen nicht.

Die kommunistisch orientierte FDJ hatte in Berlin nach der Blockade 1948/49 und angesichts des 17. Juni 1953 keine Chance, nennenswerten politischen Einfluß zu gewinnen.

Das innenpolitische Klima war für die Falken eisig. Die Kommunistenverfolgung lieferte ein Feindbild, das den Deutschen sehr geläufig war und unter dem die Sozialistische Jugend ebenfalls zu leiden hatte. Viele unserer Gesprächspartner(innen) erzählten, daß die Berufsverbote in den 70er Jahren für sie gar nicht so neu gewesen sind und im Vergleich dazu die 50er Jahre sehr viel bedrohlicher waren.

Wir haben uns zum Ziel gesetzt, in der Darstellung des Lebensalltags von Arbeiterjugendlichen bei den Falken auch Aussagen über den allgemeinen Charakter zu treffen. Die Sicht auf die Kritiker des damaligen Wirtschaftswunders verstehen wir als Gegengewicht zur positiv-verklärenden Geschichtserinnerung.

Aber auch noch aus einem anderen Grund sind die Falken als Arbeiterjugendverband in den 50er Jahren interessant. Sie waren ein Bestandteil des sozialdemokratischen Arbeitermilieus.

Ein solches Milieu war für die Geschichte der Arbeiterbewegung bis 1933 bestimmend und wurde nach 1945 nur noch in Ansätzen erneuert. Der Prozeß des Zerfalls des sozialdemokratischen Arbeitermilieus kann an der Entwicklung der Falken der 50er Jahre gezeigt werden. Erst daraus lassen sich weitere Schlüsse auf die Perspektiven von Arbeiterjugendorganisationen in den späteren Jahren ziehen.

Uns interessiert, wie Arbeiterjugendliche durch einen solchen Jugendverband geprägt wurden und welche Chancen sie hatten, auf die Entwicklung der Falken Einfluß zu nehmen. Wir wollen herausarbeiten, warum zum Ende der 50er Jahre immer weniger Arbeiterjugendliche bereit waren, politische Aufgaben im Jugendverband zu übernehmen und warum eher Teile der bildungsorientierten Mittelschichten begannen, die Politik zu bestimmen.

Parallel zu dieser Entwicklung veränderte sich auch die Rolle der Pädagogen im Jugendverband. Die ehrenamtlichen Gruppenleiter(innen) gerieten immer stärker in Konkurrenz zur professionellen Sozialarbeit der staatlichen Jugendpflege. Es wurden hier Weichen gestellt, die noch heute die Jugendpolitik beeinflussen. Auf welcher Basis diese Veränderungen durchgesetzt wurden und warum die Arbeiterjugendverbände dem langfristig nichts entgegensetzten, wollen wir versuchen zu beantworten.

Da wir nicht politische Auseinandersetzungen der Vorstände und Landeskonferenzen in den Mittelpunkt unserer Erkenntnisinteressen gestellt haben, sondern den Alltag von Arbeiterjugendlichen im Jugendverband darstellen wollen, ist es klar, daß wir nicht mit offiziellen Veröffentlichungen aus dieser Zeit allein arbeiten können.

In Vorstandssitzungen wurde Protokoll geführt, in der Jugendgruppe selten. Auf Landeskonferenzen wurden Papiere mit strategischen Überlegungen diskutiert, aber über die Zukunftshoffnungen der Jugendlichen wurde wenig aufgeschrieben. Der Alltag eines Jugendverbandes findet sich nun einmal nur in kleinen Ansätzen in den Zeitschriften und Broschüren einer Jugendorganisation wieder. Der Unterschied zwischen Funktionären und Jugendlichen kann über solche Materialien nur indirekt entschlüsselt werden, z. B. wenn Funktionäre immer häufiger über die allgemeine Interesselosigkeit der Jugendlichen klagten.

Wir entschieden uns, über biographische Lebenserinnerungen von Falkenmitgliedern, die Leerstellen der Geschichtsarchive auszufüllen. Diese Form der erzählten Lebensgeschichte bietet unserer Meinung nach die einzige Möglichkeit, derartiges Wissen zusammenzutragen und zu einem Mosaik zu verbinden, das ein Bild vom Leben in den Jugendgruppen ergibt. Diese Lebenserinnerungen mußten dann mit den vorliegenden

Materialien konfrontiert werden, um subjektive Zufälligkeiten so gering wie möglich zu halten.

Zum Glück gab es einige ehemalige Falken, die Materialien in ihren Kellern liegen hatten. Dies waren Ordner mit Zeitschriften, Gruppenleiterrundbriefen, Protokollen, aber auch Fahnen, Abzeichen, Gruppenbücher und Fotos. So haben wir uns erst einmal für einige Monate in Kisten voller Papiere und Ordner vertieft, um aus diesen Informationen Fragen für die darauf folgenden Interviews entwickeln zu können.

Einen standardisierten Fragebogen entwarfen wir nicht, da uns diese Form zu schematisch für eine biographische Rückerinnerung erschien. Wir entschieden uns für die offenere Form des Gesprächs, in das wir unsere Informationen als Erinnerungshilfen einbrachten.

Im Rahmen des Forschungsobjektes des Franz-Neumann-Archivs zur »Geschichte der Sozialistischen Jugend in Berlin nach 1945« wurden 82 Intensivinterviews mit ehemaligen Mitgliedern der Falken durchgeführt, davon 34 speziell zu dem Themenbereich »Sozialisation von Arbeiterjugendlichen«. Ein Interview dauerte zwischen 2 und 5 Stunden und brachte uns eine Materialfülle (ca. 1500 Textseiten), von der wir vorher nicht zu träumen gewagt hatten. Unsere Gesprächspartner(innen) haben sehr viel in ihrer Jugend erlebt und konnten entsprechend interessant erzählen.

Bei der Auswahl der Personen haben wir die unterschiedlichsten Gruppen des Verbandes berücksichtigt: Funktionäre und Gruppenmitglieder, Arbeiterkinder und Mittelschichtskinder, sozialdemokratisches Elternhaus und nichtorganisierte Familien. Zirka ein Drittel der Gespräche führten wir mit Frauen. Altersunterschiede wurden berücksichtigt; wir sprachen mit damaligen Leitfiguren, die Gruppenleiter(innen) oder Funktionäre waren, aber auch mit jenen, die damals Kinder oder Jugendliche gewesen sind.

Wir haben nur mit langjährigen Falkenmitgliedern gesprochen, da unser Interesse der langfristigen Verbandssozialisation galt. Über diejenigen, die nur sehr kurz bei den Falken organisiert waren und ohne großes Aufsehen wieder wegblieben, können wir nur Hypothesen aufstellen.

Auf der Basis der von uns befragten Mitglieder können wir jetzt in Verbindung mit dem vielfältigen Archivmaterial eine Aussage über die Sozialisation von Arbeiterjugendlichen bei den Falken treffen und damit einen Beitrag zur Diskussion um den Zerfall des sozialdemokratischen Arbeitermilieus nach dem 2. Weltkrieg leisten.

Wir haben die unterschiedlichsten Menschen während dieser Interviews kennengelernt, die entsprechend verschieden ihre Erinnerungen erzählten. Nicht zufällig gab es Gegensätze zwischen den Geschlechtern. Die Frauen berichteten viel eher über Erfahrungen aus der Privatsphäre (Familie, Wohnung, Kinder), aber auch über die Benachteiligungen von Mädchen und Frauen, wie sie auch in der Arbeiterbewegung vorhanden sind.

Es gab den idealisierenden Rückblick auf die unbeschwerte Jugendzeit, die ironische Distanz zu den eigenen Jugendsünden, aber auch die große Enttäuschung von einmal gelebten Idealen. Entsprechend unterschiedlich wurde das eigene Leben erinnert und interpretiert. Wir hoffen, daß diese Unterschiede in unserem Buch deutlich geblieben sind, denn wir wollten die Lebenserinnerungen nicht stromlinienförmig glätten. Erzählte Geschichte ist immer nur gebrochen durch das weitere Leben erfahrbar. Dabei entstehen Vergessen, nachträgliche Umdeutungen, Verdrängungen von belastenden Erfahrungen, aber auch Verklärungen von Glücksmomenten. Wir wollten uns auf diese Widersprüche einlassen, aus denen erst ein Bild entwickelt werden kann, das der damaligen Situation gerecht wird.

Die Zurückhaltung unsererseits bedeutet nicht, daß wir die Interviews und Archivmaterialien bloß nebeneinander gestellt hätten. Wir haben bewußt ausgewählt und sind verantwortlich für die Strukturierung dieser Materialien. Wir haben die Interviewpassagen für dieses Buch geringfügig überarbeitet. Sprachliche Besonderheiten wollten wir allerdings nicht verändern. Zur leichteren Lesbarkeit haben wir Wiederholungen gestrichen und zum Teil den Text gekürzt.

Durch unser Erkenntnisinteresse ist die Zusammenstellung des Materials begründet. Wir wollten herausarbeiten, was die Sozialisation von Arbeiterjugendlichen im politischen Jugendverband bestimmte. Die pädagogischen Erfahrungen dieser Prozesse können auch für die heutige Jugendarbeit interessant sein, wenn es gelingt, sie mit einer historischen Analyse zu verbinden. Dazu gehören vor allem – die gesellschaftlichen Rahmenbedingungen dieser Sozialisationsprozesse und nicht nur die Auflistung verschiedener praktischer Methoden der Jugendarbeit. Aus einer solchen Einordnung der pädagogischen Erfahrungen in einen gesellschaftspolitischen Zusammenhang lassen sich Fragestellungen entwickeln, die zur Klärung heutiger Probleme beitragen können.

Dies wäre z. B. die Frage nach den praktischen Möglichkeiten der Jugendarbeit mit Arbeiterjugendlichen, die sich heute immer größeren Schwierigkeiten gegenübergestellt sieht. Aber auch darüber hinaus wollen wir Antworten geben auf die Frage, warum es der Arbeiterbewegung nach dem 2. Weltkrieg nicht gelungen ist, ihre Jugendorganisationen langfristig zu festigen und auszubauen.

Aus der Besonderheit der Sozialisation im Arbeitermilieu lassen sich Aussagen über allgemeine Schwierigkeiten und Hoffnungen von Jugendlichen in den 50er Jahren ableiten. Ein wenig entspricht diesem Prozeß des Erwachsenwerdens die Gliederung in drei Teile: Kindheitserfahrungen im Krieg und Not der Nachkriegszeit, Jugend in der Hoffnung der 50er Jahre und Ablösungsprozesse in Beruf und Familie Anfang der 60er Jahre.

Dieses Buch ist für die damals aktiven Mitglieder der politischen Jugendorganisationen geschrieben, aber auch für diejenigen, die als skeptische Generation nur von außen zugeschaut haben. Interessant können diese Geschichtserzählungen auch für heutige Mitglieder der Jugendorganisationen und Jugendbewegungen sein. Sie werden sich beim Lesen wundern, wie sehr die Konflikte von damals denen von heute ähneln. So lassen sich heutige Probleme in einer historischen Dimension relativieren, was einigen immer wieder entstehenden unversöhnlich-dogmatischen Strategien ein wenig den Boden entziehen könnte.

Wir haben viele Jahre lang in den verschiedensten Bereichen mit Jugendlichen zusammengearbeitet. Gerade unsere Erfahrungen in der »Sozialistischen Jugend – Die Falken« waren wichtige Voraussetzungen für unsere Fragestellung. So konnten wir auch auf der Basis unserer Erfahrungen in den Gesprächen mit ehemaligen Falken vieles besser verstehen, weil wir es ähnlich selbst erlebt hatten. Das schnelle gegenseitige Vertrauen bei den Interviews dürfte aus dieser Gesamtheit entstanden sein. Wir glauben, daß diese Voraussetzung den Arbeitsprozeß entscheidend mitbestimmt hat.

Es war für uns ungewohnt, 4 bis 5 Stunden jemandem zuzuhören und uns erst einmal auf seine/ihre Lebensgeschichte einzulassen, ohne gleich über Einschätzungen zu streiten. Wir haben zwar durch die Gespräche unsere politischen Positionen nicht verändert, aber wir konnten auf einmal verstehen, wie andere Einschätzungen entstanden sind. Wir fühlten uns betroffen von den Erzählungen über Lebenskrisen, Enttäuschungen und immer wieder neu aufkeimende Hoffnungen, die wir auch erlebt haben oder die uns noch bevorstehen. Auch mit unseren eigenen Eltern und Geschwistern begannen wir über die 50er Jahre und über Kriegserfahrungen neu zu sprechen:

Vom Hula-Hupp, Bill Haley im Sportpalast und dem ersten Italienurlaub war die Rede, aber auch von dem Großvater, der SPD-Mitglied war, der aber als Handwerksmeister unter dem Faschismus zum Bezirksleiter der technischen Nothilfe aufsteigen konnte. Mit neuer Uniform kam er eines Tages zum Familiengeburtstag und grüßte mit »Heil Hitler«. Die kommunistische Verwandte, deren Mann im KZ war, stand wortlos auf und ging. Nach dem Kriege wurde nie wieder davon gesprochen!

Auf dem Hintergrund solcher und ähnlicher Erzählungen wurden wir sensibler, wenn wir über die Verarbeitung des Faschismus – oder über die Hoffnungen auf die neue Einheit der Arbeiterklasse nach 1945 diskutierten.

Viele unserer Ausgangshypothesen mußten wir verändern, da die Erzählungen oft den geschriebenen Dokumenten widersprachen. Aber auch der überhebliche Rückblick von heute auf die seltsamen 50er Jahre ging uns verloren. Gerade wenn wir uns ansahen, mit welchem Engagement die damaligen Gruppenleiter(innen) politische Jugendarbeit organisierten und Pädagogik mit praktischer Lebenshilfe verbanden, schien uns die heutige professionelle Jugendarbeit gar nicht mehr so überzeugend. Wir haben deshalb versucht, ein Buch zu schreiben, wie wir es gern selber während unserer Praxis in der Jugendarbeit gehabt hätten.

Abschließend möchten wir noch all denjenigen danken, die uns bei unserer Arbeit unterstützt haben. Das sind vor allem unsere Interviewpartner(innen), aber auch die vielen Personen, mit denen wir nur kurze Gespräche hatten und die hier namentlich alle gar nicht genannt werden können. Besonders hilfreich waren aber auch diejenigen, die unsere ersten Manuskripte gelesen haben und uns Ratschläge und Verbesserungshinweise gaben, dies gilt insbesondere für die Mitglieder des Forschungsprojektbeirats: Heinz Beinert, Nils Diederich, Rolf Kreibich, C. Wolfgang Müller, Manfred Rexin, Gunther Soukup und Peter Weiß. Für die mühsamen Schreibarbeiten möchten wir besonders Hannelore Knipping danken.

I Trümmerabenteuer und Not

Kriegs- und Nachkriegserfahrungen

Die Jugendherberge ist die Stätte des wahrsten deutschen Sozialismus

Gültig vom 16. 12. 1940 bis 12. 1. 1941   **18**

Reichsbrotkarte B

F ✳ 146732

Ernährungsamt Berlin

Name: *Irma Ohmsiede*

Wohnort: *W 113*

Straße: *Kaigerst. 14*

Nicht übertragbar!
Ohne Namenseintragung ungültig!

An Stelle von je 100 g Brot können auf je 10 Abschnitte
dieser Karte 75 g Mehl bezogen werden

In der Zeit des Krieges gab es für die Arbeiterjugendlichen keine unbeschwerte Kindheit. Der Kampf ums Überleben machte aus ihnen schnell kleine Erwachsene, die mithelfen mußten, Lebensmittel zu organisieren, Brennholz zu klauen oder die kleineren Geschwister zu erziehen. Aber auch die oft erzwungene Mitgliedschaft in der »Hitlerjugend«, bei den »Pimpfen« oder im »Bund deutscher Mädchen« (BDM) machte sie mit der Realität des Faschismus bekannt. In den letzten Kriegstagen wurden noch einige völlig unvorbereitet an die Front geschickt, um dort für den »Endsieg« zu kämpfen. Sterbende Menschen, Flüchtlinge und Leichen erschreckten diese Kinder kaum noch. Nur die Alpträume noch Jahre später waren ein Zeichen für die tiefe Verunsicherung durch derartige Erfahrungen.

Die Arbeiterbewegung war zerschlagen. Der illegale Widerstand beschränkte sich auf kleine Gruppen, und nur einige Eltern wagten es, mit ihren Kindern politisch zu sprechen. Es gibt zahlreiche Hinweise dafür, daß Berliner Sozialdemokraten über die gesamte Zeit des Faschismus einen subkulturellen Zusammenhang organisierten. Man traf sich im Schrebergarten, veranstaltete größere Geburtstagsfeste oder brach zu Wanderungen in die Wälder auf. Hier gelang es miteinander zu reden, die eigene Identität zu festigen und ein illegales Überleben in der sozialdemokratischen Gemeinschaft zu organisieren. Solche Zusammenkünfte hatten aber nur noch defensiven Charakter und orientierten sich an der Hoffnung des Durchhaltens bis zum Zusammenbruch des Faschismus.[1]

Aber im Vergleich zu Tausenden, die im Berlin vor 1933 in diesem Milieu gelebt hatten, waren es im Faschismus nur sehr wenige Menschen. Jugendliche hatten zu diesen Zusammenhängen nur selten Zugang, da sie nicht gefährdet werden sollten und politisch zu unerfahren waren. Für die Mehrheit der Sozialdemokraten bedeutete der Faschismus Isolierung, Privatisierung und geringe Chancen für die Bewahrung ihrer politischen Identität. Sicherlich haben viele sozialdemokratische Eltern ihre Kinder dazu angehalten, NS-Organisationen wie z. B. der »Hitlerjugend« fernzubleiben und ihnen antifaschistische Haltungen und Anti-Kriegspositionen vermittelt. Aber diese von den Eltern übernommenen Einstellungen waren auch für die Jugendlichen kaum praktizierbar und standen zudem in einem grellen Kontrast zu den Normen und Werten des Faschismus – und auch zu der Faszination, die Faschismus und Krieg insbesondere auf männliche Jugendliche ausübten.

So stellte sich das Problem der Isolierung vom Gemeinschaftsleben ihrer Altersgenossen.

»Die Nachrichten und Sondermeldungen waren immer voll von großen Siegen – zuerst zumindest. Und da war man in der Schule natürlich euphorisch. Zu Hause war dann aber gedämpfter Trommelschlag – Kritik wurde laut. Wenn meine Oma kam, hat die dann von Verbrechen erzählt und hat gesagt: ›Das darfst du aber nicht weitererzählen. Dann kommen wir alle ins KZ.‹ Mein Großvater war ja im KZ. Einem Onkel von mir, der gleich Anfang 1939 eingezogen wurde, habe ich einen Brief geschrieben und gefragt, wann er nun das Eiserne Kreuz bekomme. Er hat zurückgeschrieben: ›Hier kriegst du eher ein Stück Eisen ins Kreuz als ein Eisernes Kreuz.‹ Da kann ich mich noch genau erinnern, eine offene Sprache. In der damaligen Zeit hat das nicht jeder gemacht.« (Werner Trapp)[2]

Aber auch Kinder aus unpolitischen Familien mußten sich mit den Widersprüchen und dem Schweigen der Eltern arrangieren.

»1941 bin ich eingeschult worden. Da ging's los mit Heil Hitler und Absingen des Horst-Wessel-Liedes und so'n Quatsch. Aber da hat man sich zu der Zeit noch keine

Gedanken drüber gemacht. Vater war parteilos, nicht politisch engagiert. Mutter war überwiegend religiös, also sonntags in die Kirche – das war ganz normal. Wir haben den Londoner Rundfunk gehört unter der Decke. Da ist es mir ein einziges Mal passiert, daß ich in der Schule zu Klassenkameraden gesagt habe: ›Du, wir hören London.‹ Und dieser Klassenkamerad hat das seinem Vater gesagt und der ist zu meiner Mutter gekommen. Na ja, dann hat es eine Tracht Prügel gegeben. Nun wußte ich, daß man solche Dinge absolut nicht erzählen darf.« (Manfred Eisenblätter)

»Meine Kinderzeit war geprägt durch den Krieg. Es waren ständig Luftangriffe. Hier oben in dem Haus, das war der nächste Bunker, da sind wir – sobald die Vorwarnung im Radio kam – mit Handwagen losgezogen. Das hat natürlich auch Auswirkungen auf das Leben insgesamt gehabt. Die Schule war teilweise ausgefallen. Dazu kommt, daß ich die ganzen Jahre mit meiner Mutter allein aufgewachsen bin, was eine zusätzliche Schwierigkeit war. Das Kriegsende habe ich in Berlin erlebt. Die Einnahme Berlins hat mehrere Tage gedauert, aber der unmittelbare Abschluß hat sich dann genau in unserem Wohngebiet abgespielt: Der Kampf zwischen S-Bahnhof Charlottenburg und S-Bahnhof Halensee, um noch so eine S-Bahnbrücke zu verteidigen mit Panzerfaust und ähnlichen Sachen.« (Gerhard Zimmerling)

Für viele hing das Überleben in den letzten Tagen des Krieges an einem seidenen Faden:

»Da kam so ein Trupp von ›Goldfasanen‹,[3] NSDAP, SA-Leuten, und erzählten: Wenn da durch den Durchbruch die Russen kämen, dann sollten die Frauen sagen, es seien keine Soldaten da. Und sie würden dann am nächsten Durchbruch stehen mit der Panzerfaust und würden die Russen erledigen. Als ich das hörte – die Frauen hatten natürlich alle Angst – habe ich die Schnauze nicht halten können, bin aufgestanden und habe gesagt: ›Sie können doch hier mit Frauen und Kindern keinen Krieg führen im Keller, machen Sie die Frauen doch nicht so ängstlich.‹ Da sagten die: ›Was ist denn das für einer, wie heißt du denn, warum bist du denn kein Soldat, Deserteur? Wie kommst du denn hier her? Gleich an die Wand stellen.‹ Da war eine Frau im Haus, die war Luftschutzwart und war eine ganz gewitzte – die kriegte das mit und rief: ›Der ganze Hof ist voller Russen! Der ganze Hof ist voller Russen! Überall Russen!‹ Da sagte einer: ›Laßt doch den‹ und wupp, weg waren sie durch den Durchbruch ins nächste Haus. Den haben wir sofort zugestellt, damit sie nicht wiederkommen konnten. So bin ich im letzten Moment noch davongekommen.« (Peter Weiß, Interview mit Siegfried Heimann)

In der Schule und in den NS-Organisationen wurde versucht, den »neuen Menschen« mit Gewalt und Verlockung zu formen, vormilitärische Disziplin, Ordnung, Gehorsam und strenge Härte waren die Normen. Für viele waren aber diese hierarchischen Strukturen und militärischen Übungen ein faszinierendes Abenteuer.

Wolfdietrich Schnurre beschreibt den Schrecken, dem Kinder und Jugendliche noch in den letzten Kriegstagen ausgesetzt waren:

Der Ausmarsch

Um sechs traten sie an.

War noch dunkel.

Sie stellten sich vor der Kiste auf. Über die Kiste war eine Fahne gebreitet. Auf der Fahne stand ein Kruzifix. Neben dem Kruzifix lag ein Buch.

Scheinwerfer brannten.

Sie rieben sich die Augen und blinzelten. Ein paar hatten sich aneinandergelehnt und schliefen im Stehn weiter.

Die Gewehre hielten sie in der Hand; sie hatten noch nicht gelernt, sie zusammenzusetzen.

Draußen, vorm Tor, standen die Mütter; schweigend.

Der Posten ging auf und ab. Sein Stahlhelm glänzte.

Es nieselte sanft. Nebel stand auf den Höfen.

In der Kaserne war Licht. Die Unteroffiziere liefen durch die Gänge und holten die Nachzügler aus den Stuben. Verschlafen, in der einen Hand das Gewehr, in der anderen ihre Teddybären und Puppen, taumelten sie die Treppe herunter.

»Los, los!« rief der Feldwebel. Er war alt.

Sie fingen an zu laufen.

»Abzählen!« rief der Feldwebel.

Wie ein Xylophonhammer lief der Befehl durch die Reihen; es war, als ob er an Weingläser schlüge, so zart klangen die Stimmen.

»Na?« rief der Feldwebel.

Das Abzählen stockte.

»Wir sind erst vier«, sagte eins; »wir können noch nicht zählen.«

»Dacht ich mir doch«, sagte der Feldwebel. Zog seinen Bleistift. Lief die Reihen ab. Zählte selbst. »Häng deine Gasmaske richtig«, sagte er.

Hinterm Podium strahlte aus dem Dunkel das Glutloch der Gulaschkanone. Ihr Deckel war zugeschraubt. Das Ventil zischte.

Aus der Kaserne kamen die Unteroffiziere; sie salutierten und stellten sich an den linken Flügel.

Die Mütter vorm Tor starrten durchs Gitter. »Heini!« rief eine.

Der Nebel begann sich zu lichten. Man konnte im Umriß schon die Latrinen erkennen.

Der Hauptmann kam. Er ging an Krücken. Sein Bart leuchtete.

»Stillgestanden!« rief der Feldwebel.

An der Gulaschkanone klapperte der Koch mit der Rührkelle.

Die Kinder preßten ihre Teddybären und Puppen an sich und sahen ernst geradeaus.

»Augen – rrrrechts!«

Im ersten Glied fiel ein Kasperle zu Boden.

»Melde dem Hauptmann!« Der Feldwebel ging auf ihn zu und schlug die Hacken zusammen. »Kinderbataillon Sechshundertsiebzehn zum Abmarsch angetreten!«

»Danke«, sagte der Hauptmann. Er nahm die Front ab.

»Klick«, machte sein Holzbein, wenn er es aufsetzte; »klack«, wenn er es hob. »Lassen Sie rührn.«

»Rührn«, sagte der Feldwebel. Schrie: »Rührt euch!«

Der Hauptmann legte die Hand auf Podium, er mußte sich stützen. »Morgen Kinder!«

»Guten Morgen, Onkel!« riefen die Kinder. Ein paar wollten aus der Reihe laufen und ihm die Hand geben. Aber die anderen hielten sie zurück.

Der Nieselregen nahm zu.

Dämmerung sickerte aus dem Grau.

Auf dem Kopfsteinpflaster spiegelten sich die Scheinwerfer.

»Ihr zieht heut ins Feld«, sagte der Hauptmann.

»Ja, Onkel«, sagten die Kinder.

»Das ist ein großer Tag für euch.«

»Ja, Onkel.«

»Ich hoffe, ihr zeigt euch seiner würdig und seid so tapfer wie eure Väter, die auf dem Felde der Ehre geblieben sind.«
»Ja, Onkel«, sagten die Kinder.
»Ihr seid die letzten«, sagte der Hauptmann.
»Ja, Onkel«, sagten die Kinder.
»Das Vaterland blickt mit Stolz auf euch –«
»Quatsch!« schrie der Koch an der Gulaschkanone seinen Gehilfen an; »*Salz* sollste nehmen!«
»– Stolz auf euch«, sagte der Hauptmann.
»Ja«, sagten die Kinder.[4]

Wir wollen im Kontrast zu dieser faschistischen Sozialisation zwei Beispiele von Lernprozessen geben, die schon früh Kritik am politischen Alltag entstehen ließen. Edith Töpfer und Nils Diederich kommen beide aus traditionellen sozialdemokratischen Familien.

»Ich weiß, daß meine Mutter sich standhaft geweigert hat, mir ein Braunhemd zu kaufen, was dann zum Erfolg hatte, daß ich zum Beispiel bei den Umzügen immer am Ende mit zwei anderen marschieren mußte – der eine war ein Dörfler, der andere war auch ein evakuierter Berliner –. Meine Mutter ist nach Berlin zurückgegangen. Da sollte ich eingezogen werden, ins Jugendvolk glaube ich. Und ich weiß, daß meine Mutter einmal einen Unterführer aus dem Haus geschmissen hat. Sie ist da sehr resolut gewesen. Ich bin dennoch dahin gegangen, weil Freunde mich mitschleppten. Da bin durch ein ganz persönliches Erlebnis von dieser ›Gemeinschaft‹ geheilt worden. Da war eine Weihnachtsfeier, und alle sollten Kekse und weiß der Himmel was mitbringen. Ein paar Leute hatten ein riesiges Pfefferkuchenhaus gemacht. Vorher wurden Scharaden gespielt und Quiz, und da hatte ich gewonnen. Nachher sollten alle Gewinner sich als erste ein Stück aus dem Pfefferkuchenhaus brechen. Das empfindet man ja als Auszeichnung, wenn man vor so 'ner Gruppe gewonnen hat, aber dann passierte etwas Merkwürdiges: Kaum hatte der Spielführer gesagt, die Gewinner können sich da was rausbrechen, schrie der Obermacker dort: ›Und jetzt wird das Haus geplündert!‹ Und da stürzten sich 80 Jungs alle auf das Haus. Es gab eine Riesenprügelei unter dem Hohnlachen der uniformierten Oberführer, die dort rumstanden. Das hat mich so angeekelt, daß ich seit Weihnachten 1944 da nicht mehr hingegangen bin.« (Nils Diederich)

»Das Problem während der Nazizeit war, daß meine Schwester zehn Jahre alt war, und sie mußte zum BDM. Wir hatten noch einen kleineren Bruder. Ausgerechnet am Gruppenabend des BDM hat meine Mutter sich immer etwas vorgenommen, sei es, daß sie mit mir zum Arzt gegangen ist oder Kleider kaufen oder zum Zahnarzt, und meine Schwester mußte auf meinen Bruder aufpassen. Jahre nach dem Krieg hat meine Schwester mitgekriegt, warum das gemacht wurde. Sie ging nämlich gern zum Gruppenabend. Meine Schwester hat Dreiviertel der Gruppenabende nicht besuchen können, weil sie auf meinen Bruder aufpassen mußte. Es wurde überall mit Heil Hitler gegrüßt. Meine Mutter sagte grundsätzlich Guten Tag. Da ist sie in einem Lokal fast mal geschlagen worden, weil sie nicht mit Heil Hitler gegrüßt hat. Sie hat das mit dem Verhindern der Gruppenabende ganz bewußt und ganz gezielt den Krieg über durchgehalten. Über das KZ haben wir schon während des Krieges gesprochen. Der Onkel und der Cousin meines Vaters, die hatten ein Marktgeschäft. Und auf dem Markt waren ja viele Juden. Da wohnte eine Familie Hoffmann, wo der Mann wohl früher auch auf dem Markt war. Eines Tages guckte Familie Hoffmann nicht mehr aus dem Fenster. Da hat meine Mutter uns damals schon erklärt, die werden mit einem großen

Lastwagen abgeholt, die kommen ins KZ und werden vergast. Das wußte sie. Sie sagt heute noch: ›Leute, die behaupten, es nicht gewußt zu haben, die lügen.‹ Es war offensichtlich auf den Straßen. Denn die kamen nicht nur im Morgengrauen, die kamen auch um die Mittagszeit. Und dann erinnere ich mich auch, wie an den Läden dranstand, daß Juden nur zu einer bestimmten Zeit einkaufen durften. Meine Mutter ging bewußt immer zu der Zeit einkaufen, weil sie dann die Leute, die sie kannte, da getroffen hat. Wir bekamen auch mit, daß man sich mit Juden nicht unterhalten soll. Aber meine Mutter hat gesagt: ›Mir kann keiner!‹ Wir haben uns ständig unterhalten.«
(Edith Töpfer)

Neben den Erfahrungen von politischer Unterdrückung gab es für Kinder zum Ende des Krieges auch ungewohnte Freiräume. Die Väter waren im Krieg und die Mütter hatten genug damit zu tun, das Überleben der Familie abzusichern. So waren die Kinder oft sich selbst überlassen und den ganzen Tag auf der Straße, da auch der Wohnraum immer enger wurde. In Ruinen und anderen Schlupfwinkeln entstanden verschiedenste Gruppen, Kinder- und Jugendbanden, oft von denjenigen gegründet, deren Eltern verschollen oder gestorben waren. Noch einige Jahre nach dem Krieg stellten solche Jugendbanden große Probleme für Polizei und Sozialfürsorge dar, besonders bekannt wurden die »Gladow-Bande« und die »Fliegenpasteten-Bande« in Berlin.

Diese Notzusammenhänge ermöglichten einen nicht unbedeutenden Einfluß vieler Jugendlicher auf den sich schnell ausweitenden Schwarzmarkt.

Die Widersprüchlichkeit von Freiraum und direkter erfahrener Not führte aber bei den meisten nicht zu einem Festhalten an diesen Erfahrungen von Selbständigkeit und gegenseitiger Hilfe. Mit zunehmender materieller Sicherheit wurde die Kleinfamilie wieder zu einem Hoffnungsbild für Sicherheit und langsam ansteigenden Wohlstand.

Der Krieg ist aus – Überleben ist alles

Das Ende des Krieges löste nicht die vielfältigen Überlebensängste. Der Hunger blieb, und die letzten Tage im Luftschutzkeller waren voller Schrecken.

Der Einmarsch der Roten Armee in Berlin beendete endlich die Kämpfe.

»Da haben sich natürlich fürchterliche Szenen abgespielt mit den Frauen, Vergewaltigungen, die wir als Kinder auch gesehen haben. Andererseits, es gab eben diese und jene. Es gab Russen, die haben uns in allen möglichen Sachen geholfen. Da haben wir z. B. am Panje-Wagen[5] gestanden und gebettelt: ›Herr gib uns Brot!‹ Ja, die Kleinen, die haben gekriegt, aber ich war schon 12 Jahre, mir hat er eine gelangt: ›Du Hitlerjunge, geh weg!‹ Aber der andere hat mir ein Brot mit Butter in den Hals gesteckt und gesagt: ›Iß, iß – du mußt dick werden!‹ Der eine so und der andere so. Also man kann nicht sagen, sie waren durchweg grausam.

Wir haben geklaut wie die Raben. Im Hausflur nach dem Geld gekrabbelt und schon die Brotmarken in der Hand, dann aber ganz fix die Tür aufgemacht und Fersengeld gegeben. Und ich hatte Marken für drei Brote. Einmal hatte ich sämtliche Lebensmittelkarten verloren. Vater war gerade aus der Gefangenschaft gekommen, November war das. Entweder wurden sie mir geklaut oder ich habe sie wirklich verloren. Da waren sämtliche Lebensmittelkarten bei, alles was es zu der Zeit gab. Mutter sagte: ›Nun sieh mal zu, wir müssen essen, wir wollen weiterleben.‹ Naja, auf dem Schwarzen Markt auf ›Klemm und Langer‹ gemacht, geklaut, wieder verkauft, um Brotmarken zu kriegen. Zwischendurch haben wir als junge Burschen auch schon mitarbeiten müssen. Die Frauen waren zum Trümmereinsatz gebracht worden. Hier war ein

Massengrab, in dem Deutsche und Russen lagen. Da wurde ich mit eingeteilt, die Gräber zu öffnen und die Leichen zu bergen. Die Russen wurden nach Treptow gebracht, wo jetzt das große Ehrenmal ist, und die Deutschen wurden auf deutsche Friedhöfe überwiesen – in einer Zeltplane, Särge gab's keine, Papiertüten oder so was. Naja, die lagen immerhin 6 Wochen in der Erde.

Ich hatte vorher genügend Tote gesehen während des Umsturzes. Als wir beim Fleischer angestanden haben, da schlug 'ne Granate in den Hausflur ein. Ich stand hinter der Treppe, habe nichts abgekriegt, aber 7 Frauen waren tot. Der Umsturz in der Wrangelstraße hat sich so vollzogen: Wir haben dreimal die Russen im Keller gehabt und dreimal die SS. Am Felsendamm hatte sich die SS festgesetzt gehabt, und es ging nun immer hin und her. Wir haben gesehen, wie junge Soldaten aufgehängt wurden mit dem Schild um: ›Ich wollte Schluß machen. Ich will aufgehängt werden.‹ Da hat man zum Tod natürlich ein anderes Verhältnis bekommen, wenn man das alles gesehen hat.« (Manfred Eisenblätter)

Die Nazipropaganda war auch schon in den Köpfen der kleinen Mädchen festgesetzt. Gerda Bohn und Christel Dittner hatten sogar Angst vor Schokolade:

Christel: »Es hieß jedenfalls, alles, was nach Stanniolpapier aussieht, ist vergiftet und darf nicht gegessen werden. Wenn ihr eine Schokolade findet, die ist auch vergiftet. Das war eine richtige Greuelpropaganda. Ich erinnere mich noch, bei uns war die russische Kommandantur eingerichtet. Wir waren zwei ganz süße kleine Mädchen, immer niedlich angezogen. Wenn wir die Straße langgingen, kamen immer irgendwelche Russen an – ich war acht, meine Schwester drei –, die uns dann Schokolade zustecken wollten. Wir haben die das erstemal nach Hause geschleppt und haben

nicht gewagt, die Schokolade anzurühren, bis dann gesagt wurde: ›Na klar könnt ihr die essen, da ist nichts dran.‹ Aber das ist heute noch so nachhaltig drin: Das darfste nicht essen, das ist vom Feind – mein einziges Feindbild, was ich hatte.«
Gerda: »Meine erste Banane habe ich weggeschmissen. Bananen kannte ich ja nicht.«
(Gerda Bohn/Christel Dittner)

Die soziale Situation in den ersten Nachkriegsjahren war katastrophal. Es gab nur wenig Lebensmittel. Auf dem Schwarzmarkt mußte versucht werden, mit allen Tricks noch etwas einzutauschen. Viele Jugendliche wurden schnell zu Fachleuten für alle möglichen illegalen Geschäfte.

»Teilweise wurden die Geschäfte geplündert, da haben wir uns dran beteiligt, weil man auf eine andere Art und Weise gar nicht mehr an Lebensmittel rankam. Dann hat man eine Kiste voll mit Knäckebrot und konnte dann wieder andere Sachen tauschen bis hin zum Schwarzen Markt, wo man eine Armbanduhr für einen Eimer Öl eintauschen konnte. Es gab auch Hamsterfahrten ein bißchen außerhalb von Berlin, wo man versuchte, ein bißchen Obst zu kriegen. Da kann ich mich noch entsinnen, wie man mit einem Rucksack voll Kartoffeln und zwei Körben Obst nach Hause kam, was ja auch eine Rarität war in der Zeit. Oder auch Ablesen von Kornfeldern – die Ähren wurden zu Hause ausgeklopft, dann ist man mit einem Sack Körner in die Mühle gegangen und hat dafür Mehl gekriegt, und davon konnte man dann wieder Brot oder Kuchen backen. Ich muß sagen, wenn ich zurückdenke, dann war das für mich als Kind eigentlich so eine Mischerfahrung zwischen Angst – aber nicht Angst im Sinne von Bedrohung, wie man das Wort heute benutzen würde, sondern einfach so Angst, ob du morgen auch noch was zu essen hast – und als Kind natürlich auch ein Teil Abenteuer dabei. Wir haben als Kinder in den Ruinen gespielt und haben da unsere Schätze entdeckt, haben Buntmetall gesammelt, haben das dann verkauft – sind auf abenteuerliche Weise in den Ruinen rumgeklettert, wo heute jeder sagen würde, um Gottes Willen! Dadurch haben wir ein bißchen Taschengeld ergattert. Im Grunde war die Straße unser Spielplatz.« (Gerhard Zimmerling)

Die zentrale Figur auf dem Schwarzmarkt war der Schieber. Dies war der professionelle illegale Händler. Die Leitwährung war eine amerikanische Zigarette – ein Ami. »Ami, Stella, Orient sind die Sachen, die jeder Schieber kennt,« sangen die Kinder gern besonders laut hinter den erschrockenen Händlern her.

Der Schwarzmarkt war spannend. Die Kinder standen dort herum und warteten – ›es könnte ja etwas abfallen‹. Teilweise kannten sie auch die Schwarzhändler und erledigten für sie kleine Aufträge.

Rainer Siedler war als kleiner Junge oft dabei:

»Wir haben Handlangerdienste erledigt: Schmiere stehen, aufpassen, daß keine Polizei kommt. Du hast am Rande des Marktes gestanden und die schon von weitem gesehen. Dann mußtest du nur laut brüllen – Razzia! – dann sind die aber alle geflitzt. Das Dollste passierte mir einmal während einer Razzia. Die Polizei war plötzlich da. Ich hatte Trainingshosen an, unten mit 'nem Gummi. Da hat der Schieber mir mehrere Päckchen Geld in die Hosen gestopft. Nun hab' ich dagestanden und zugesehen, wie die Razzia gemacht haben – an uns Kinder sind die nicht rangegangen. Dafür habe ich zehn Mark bekommen.

Das beste auf dem Schwarzmarkt waren für mich immer die Rosinenbrötchen. Ich weiß nicht, wo die hergekommen sind.«

Auf dem Schwarzmarkt mußte aber auch gelernt werden, daß Tauschen schnell zu Betrügen werden kann. Die Zigaretten wurden mit Gras gestopft, die Butter war manchmal innen aus Seife oder in der Mehltüte lagen unten Sägespäne.

Neben den Lebensmitteln waren Brennstoffe die wichtigsten Dinge. Kohlenklau hat für viele im Rückblick etwas von Wildwestromantik, denn es wurde dazu auch auf fahrende Züge und Schleppkähne gesprungen.

»Weil die Brücke beschädigt war, mußte die Lok abbremsen und langsam rüberfahren. Wir sind mitgelaufen und wenn die Lok anfing zu bremsen, rauf. Die Kohlen immer nur runtergeschmissen, andere haben unten aufgesammelt. Aber du mußtest auf das Begleitpersonal aufpassen, wenn die einen erwischt haben, gab es Backpfeifen, unsere Polizisten hatten zum Glück noch keine Schußwaffen. – Die Alliierten haben schon mal geschossen. – Die hatten sich auch mal oben auf dem Wagen versteckt und dann gab's Keile.« (Rainer Siedler)

In den Beichtstühlen der katholischen Kirche wußte man immer weniger auf diese »Sünden« zu antworten, bis endlich Kardinal Frings in seiner Silvesterbotschaft 1946 verkündete:

»Man kann es dem einzelnen nicht verwehren, das Dringendste zur Erhaltung von Leben und Gesundheit zu nehmen; wenn er es durch Arbeit oder Bitten nicht erhält.«

Seitdem ging jeder reuige Sünder natürlich nicht mehr zum Kohlenklau, sondern traf sich zum »Fringsen«.

»Betr.: Jugendgefährdung und Verwahrlosung der Kinder und Jugendlichen; hier: Zusammenarbeit der Polizeidienststellen und Jugendämter.

1. Bei der Durchführung der polizeilichen Maßnahmen zur Bekämpfung des Schwarzen Marktes, der Beraubung der Eisenbahnzüge, der Kohlendiebstähle, der Lokalrazzien usw. fällt immer der hohe Prozentsatz der daran beteiligten Kinder und Jugendlichen auf. Ebenso ist aus den Presseberichten zu entnehmen, daß die Jugendgefährdung und die Verwahrlosung der Kinder und Jugendlichen ständig im Ansteigen begriffen sind. Durch Beobachtungen und bei Razzien ist festgestellt worden, daß sich laufend wechselnde Gefahrenpunkte bilden, an denen sich in verstärktem Maße Kinder und Jugendliche zur Begehung strafbarer Handlungen zusammenfinden. Da die vorbeugenden Aufgaben der Polizei ein wesentlicher Bestandteil ihrer Arbeit sind, hat diese, wie auch die Jugendämter, das gleiche Interesse an der Beseitigung der Gefahrenquellen. Zur Durchführung wirkungsvoller Maßnahmen ist daher eine enge Zusammenarbeit aller an diesen Aufgaben unmittelbar interessierten Dienststellen unbedingt erforderlich. Wegen der Verschiedenheit der Verhältnisse in den einzelnen Bezirken ist eine enge Zusammenarbeit zwischen den Polizeidienststellen und den Jugendämtern anzustreben.«[6]

Im Krieg waren weite Teile Berlins zu einer Trümmerlandschaft geworden. 1945 wurde der Wohnraumverlust auf ca. 55% geschätzt. Viele Menschen mußten über lange Jahre auf sehr engem Raum zusammenleben, waren gezwungen, unter einem Dach mit mehreren Generationen einer Familie zu wohnen. Noch 1950 lebte die Hälfte aller Haushaltungen zur Untermiete. Trotz der Ende der 40er Jahre einsetzenden Wohnungsbauprogramme mußten bis Mitte der 50er Jahre noch viele in Notunterkünften wie Keller, Baracken und Lauben wohnen. Die Wohnungen waren häufig feucht und kalt.

Auch die Ernährungs- und Versorgungssituation war bis 1950 katastrophal. In den ersten Nachkriegsjahren starben Zehntausende an den Folgen von Unterernährung und Kälte.

2. Die Lebensmittelversorgung pro Kopf und pro Tag hat in nachstehenden Rationen zu erfolgen:
   a) Für Erwachsene deutscher Staatsangehörigkeit:
      200 Gramm Brot, 25 Gramm Fleisch, 400 Gramm Kartoffeln, 10 Gramm Zucker, 10 Gramm Salz, 2 Gramm Kaffee.
   b) Für Kinder (bis 14 Jahre):
      150 Gramm Brot, 25 Gramm Fleisch, 200 Gramm Kartoffel, 10 Gramm Zucker, 5 Gramm Fett, 10 Gramm Salz, 1 Gramm Kaffee.
   c) Für Staatsangehörige der Alliierten Staaten:
      400 Gramm Brot, 75 Gramm Fleisch, 500 Gramm Kartoffeln, 20 Gramm Zucker, 20 Gramm Salz, 5 Gramm Kaffee.
3. Arbeiter, Angestellte und das technische Personal von Fabriken, Werken, Kommunalen Anstalten und Behörden, wirtschaftlicher Betriebe, sowie des gesamten Handelsverkehrs, Heilanstalten und anderer zur Versorgung der Bevölkerung eingesetzten Betriebe erhalten die nachstehend aufgeführten erhöhten Rationen:
   350 Gramm Brot, 50 Gramm Fleisch, 600 Gramm Kartoffeln, 20 Gramm Zucker, 5 Gramm Fett, 20 Gramm Salz, 3 Gramm Kaffee.«[7]

Bis 1950 gab es in Westberlin noch Lebensmittelkarten, in Ostberlin sogar noch bis 1958. Die Lebensmittel, die man auf diese Karten kaufen konnte, reichten häufig jedoch nicht aus, das Überleben zu sichern. Die Löhne waren zu niedrig, und das Geld hatte in den ersten Jahren zu wenig Wert, um davon den Lebensunterhalt sichern zu

können. Der Großteil der Familien war daher darauf angewiesen, viele der zum Überleben notwendigen Dinge auf Hamsterfahrten in die ländliche Umgebung Berlins zu besorgen.

Rainer Siedler hat dies oft zusammen mit seinem Vater erlebt:

»Eingestiegen in die Züge wurde gleich durch die Fenster, Hauptsache rein in den Wagen, manchmal haben wir auch auf den Trittbrettern gestanden. Mitgenommen wurde ich auch wegen den Kontrollen auf den Bahnhöfen, um eventuell Mitleid bei den Polizisten zu erwecken.

Die Bauern waren oft sehr überheblich, die haben dir glattweg gesagt: ›Nein, Teppiche kann ich nicht mehr gebrauchen, ich muß sie ja jetzt schon in den Schweinestall legen.‹

Einmal hat die Bäuerin mich gerufen und gesagt: ›Komm mal her, du Berliner, siehst so schwach aus‹, und dann hat sie mir Sahne von der Milch gegeben. Zehn Minuten später hatte ich dann einen fürchterlichen Dünnschiß, denn der Körper war so was ja gar nicht mehr gewöhnt.«

Besonders schlimm erging es natürlich denjenigen, die im Krieg ausgebombt worden waren bzw. als Flüchtlinge völlig mittellos nach Berlin gekommen waren. Sie hatten kaum Schmuck, Kleidung oder Hausrat, für die sie im Tausch Lebensmittel hätten erstehen können. Während der Blockade 1948/49 spitzte sich die Versorgungssituation in der Stadt noch einmal zu. Vor allem der Kraft und der Findigkeit von Frauen verdanken viele Familien ihr Überleben.

Es waren die Frauen, die nahezu die gesamten Lasten in dieser not- und entbehrungsreichen Zeit zu tragen hatten, die auf häufig sehr abenteuerlichen Wegen die zum

Überleben notwendigen Nahrungsmittel und Kleidungsstücke organisierten, die Versorgung von Kindern und Alten gewährleisteten, die ihre meist krank und gebrochen aus der Kriegsgefangenschaft heimgekehrten Männer pflegen mußten.

In den ersten Nachkriegsjahren waren über 50% der Frauen berufstätig. Sie sorgten dafür, daß die Produktion wieder in Gang kam. Sie arbeiteten an der Beseitigung der Trümmer. Oft am Rande der Erschöpfung stehend bauten sie die Stadt wieder auf.

Die Schulen konnten ihre Aufgaben nicht erfüllen. Die Gebäude waren zum großen Teil zerstört und qualifizierte Lehrer standen kaum zur Verfügung.

Große Teile der Bevölkerung hatten nur wenig Interesse an einem politischen Engagement. Es wäre aber falsch, darin nur eine Ablehnung von politischen Positionen und Gruppen zu sehen. Vielmehr wurden die sozialen Verhältnisse von aktueller Überlebensnot bestimmt, so daß alle Energie auf die Alltagsbewältigung zu verwenden war. Dabei entwickelten gerade auch die Jugendlichen ein hohes Maß von Selbstbehauptungswillen und Überlebenshoffnung.

In einer Untersuchung, die Hilde Thurnwald 1946/47 durchführte, wird die soziale Situation deutlich:

»Über die fortschreitende körperliche Schwächung liegen auch aus Oberschulen zahlreiche Mitteilungen vor. Die seit dem Winter 1946/47 auftretenden Symptome werden von manchen Klassenlehrern, die ihre Schüler seit Jahren beobachten, als ›erschreckend‹ bezeichnet. (...) In diesem Zusammenhang sei erneut auf den nicht nur Schulkinder, sondern öfter auch Lehrer fesselnden Schwarzhandel hingewiesen. Gelegentlich führte es Schüler und Lehrer zusammen und untergräbt die Achtung der Klasse vor der Persönlichkeit des Lehrers. Daß der Schwarzhandel auch innerhalb des Schullebens unter den Kindern aller Altersstufen eine bedeutende Rolle spielt, in erster Linie in den Knabenschulen, ist bekannt. Nach Angaben von Lehrern waren in den Oberklassen verschiedener Schulen 50% der Schüler am Schwarzhandel beteiligt (d. h. dieser Prozentsatz war den Lehrern bekannt geworden). (...) Um die Geistesverfassung zu kennzeichnen, in der sich heute manche ältere Schüler befinden, und um die schwierige Stellung des Lehrers solchen Schülern gegenüber zu beleuchten, folgen hier die Äußerungen des Klassenlehrers einer Unterprima (22 Schüler). Diese damals (Herbst 1946) 17- bis 19jährigen Jungen haben zum Teil noch das Ende des Krieges an der Front oder im Volkssturm mitgemacht und haben fast alle der Hitler-Jugend angehört. Ihr Lehrer sagt von ihnen: ›Es ist den Jungen nur sachlich beizukommen, auch im Moralischen. Sie lehnen es radikal ab, moralisch be- oder verurteilt zu werden, wie es ihnen seit dem Zusammenbruch so oft passiert ist.‹« [8]

Viele Lehrer waren von den Problemen überfordert. Sie hatten keine ausreichende Ausbildung, waren politisch unsicher und verfügten kaum über Lehrmittel.

Die Erziehung in der Familie war ebenfalls unzureichend. Die Mütter mußten arbeiten und hatten nur wenig Zeit für ihre Kinder. Es kann nicht von der traditionellen Kleinfamilie ausgegangen werden. Die Väter waren oft noch nicht heimgekehrt, und es wohnten Verwandte und nahe Freunde auf engstem Raum zusammen als Notgemeinschaften, die zur Überwindung des Elends bestanden. Die Form der Verwandtschaftsgemeinschaft stellt einen Rückgriff auf frühere Lebensverhältnisse dar, wie es oft in Krisenzeiten geschieht. Das waren aber keine Gemeinschaften, die auch über die Zeit der unmittelbaren Not hinaus ihren Bestand bewahrten. Zu groß waren die Probleme des Zusammenlebens unter den beengten Verhältnissen. Sie mündeten in den Traum von der heilen Kleinfamilie als Alternative, welche die Wünsche nach Sicherheit, Wärme, Einfachheit und Wohlstand erfüllen sollten. Auf diesem Hintergrund ist wohl auch die Verabsolutierung der Kleinfamilie in den späteren 50er und 60er Jahren entstanden, die noch heute in Filmen und Zeitschriften aus dieser Zeit aufdringlich deutlich wird.

Die ersten Falkengruppen

»Gleich nach dem Zusammenbruch gab es doch wieder Kontakte zwischen den alten Sozialdemokraten in Berlin. Meine Mutter hat mit einer ganzen Reihe anderer Genossen zusammen Kindergruppenarbeit gemacht. Sie war auch aktiv bei den Vorläufern der Arbeiterwohlfahrt. Schon im Herbst '45 gab's hier eine große Kindergruppe, die in dem Haus, in das wir nach dem Zusammenbruch gezogen sind, mit zwanzig, dreißig Kindern zusammenkam. Da war noch eine alte Genossin dabei, die spielte Klavier, und irgendeine andere, die spielte Violine, und da wurden Volkstänze gemacht und gesungen. Wir haben auch Weihnachtsfeiern ausgestaltet. Das war ein Kern für die Kinder- und Falkenarbeit in Zehlendorf.« (Nils Diederich)

Sozialdemokraten gründeten erste Gruppen, um ihren Kindern wieder einen Zusammenhang im politischen Milieu der SPD zu bieten, aber auch, um sie von der Straße zu holen und sie zu beschäftigen. Es wurde versucht, Kontinuität zur Arbeit der Kinderfreunde und der »Sozialistischen Arbeiterjugend« (SAJ) vor 1933 herzustellen. Das Anknüpfen an diese Erfahrungen war jedoch nicht so leicht. Zum einen fehlten aktive Kader aus dieser Zeit, zum anderen waren aber auch die Kinder und Jugendlichen durch Krieg und Faschismus geprägt.

Die Organisation von Kindern und Jugendlichen aus sozialdemokratischem Elternhaus erfolgte nicht mehr so »naturwüchsig« wie früher.

Trotzdem entstanden immer mehr Falkengruppen und bildeten Anziehungspunkte auch für Jugendliche außerhalb des sozialdemokratischen Milieus.

Edith Töpfer war Mitglied in einer der ersten Kindergruppen Kreuzbergs:

»1949 im August sagte meine Mutter: ›Geht mal in die Körtestraße‹. Da lag so ein Flachbau, fünf, sechs Zimmer hintereinander. Das war nachher ein Jugendfreizeitheim, und damals war es der Jugendausschuß Kreuzberg. ›Geht da mal hin, da spielen sie immer so schön‹. Ich erinnere mich richtig an die Worte. Und eine Genossin, die hat Spiel, Tanz und Basteln gemacht. Einmal die Woche sind wir da zum Gruppenabend gegangen. Und Ingrid Strathe hat immer die Statistik geführt. Wer reinkam, kriegte einen Strich auf die Liste. Die Gruppe wurde eine Falkengruppe. Ein Erlebnis war 1946 zur Weihnachtsfeier: Da haben die Amerikaner unsere Gruppe eingeladen. Wir wurden mit einem Lastwagen abgeholt und sind zu den Amerikanern nach Zehlendorf gefahren. Und da haben sie mit uns eine Weihnachtsfeier gemacht. Wir kriegten im Grunde genommen das erste Mal unheimlich viele Süßigkeiten und Kaugummi. Ich weiß, wir waren alle drei dabei, mein Bruder, meine Schwester und ich. Dadurch war auch eine große Menge in der Familie vorhanden. Da bekamen wir Süßigkeiten en gros. Soviel haben wir unseren Lebtag natürlich nie gekriegt. Das war eigentlich das erste Gruppenerlebnis. Im Februar danach wurde unsere Gruppe geteilt. Da waren wir dann nicht mehr von 6 bis 15 Jahren zusammen, sondern da wurde schon in 6 bis 10 Jahre und dann die Älteren aufgeteilt, weil wir zuviele wurden.«

Solche Gruppen waren für Kinder und Jugendliche eine Alternative zum Nachkriegsalltag. Hier herrschte nicht das Wolfsrudel wie in der Hitlerjugend, sondern man versuchte an die Traditionen der Arbeiterbewegung anzuknüpfen. – Begriffe wie Solidarität, Demokratie und Sozialismus wurden zu Zukunftsvorstellungen für viele Jugendliche.

Als im Oktober 1947 die unabhängigen politischen Jugendorganisationen offiziell zugelassen wurden, hatten die Sozialdemokraten schon viele Falkengruppen gegründet und ein eigenes Organisationsnetz aufgebaut.

Schon im Jahre 1946 haben ca. 1300 Berliner Falken an Zeltlagern teilgenommen. Ende 1947 zählte der Verband 4700 Mitglieder.[9]

Diese Entwicklung berechtigte zu großem Optimismus unter den Falkenfunktionären, die kommenden Jahre sollten von der sozialistischen Jugend mitbestimmt werden – so hofften sie.

Für den weiteren Fortgang unserer Überlegungen ist es wichtig, noch einmal die Besonderheit der Kriegs- und Nachkriegserfahrungen der neuen Falkengeneration und der gesamten Berliner Jugend zu betonen. Viele waren früher in NS-Gruppen organisiert gewesen und mit deren menschenfeindlichen Normen erzogen worden. Die Enttäuschung nach dem Krieg führte oft zu tiefer Verunsicherung, die der ihrer Eltern entsprach. Politische Gruppen waren für sie erst einmal negativ besetzt. Man hatte Angst, noch einmal verführt und enttäuscht zu werden.

Zwar hatten die Falken in der Phase der unmittelbaren Nachkriegsnot noch großen Zulauf, aber in den 50er Jahren – im Zeichen materieller Normalisierung – spürten auch sie die Nachwirkungen des NS. Immer weniger Jugendliche waren zu politischem Engagement bereit.

Die wenigen Sozialisten, die nach dem Krieg die Falken aufbauten, und auch diejenigen, die durch zurückliegende Erfahrungen zu aktiven Antifaschisten geworden waren, mußten bald bemerken, daß ihnen noch ein weiter Weg bis zu einem demokratisch-sozialistischen Deutschland bevorstand. Ein kalter Wind blies ihnen ins Gesicht. Die Vergangenheit, der damit verbundene Antikommunismus, aber auch der Wiederaufbau des Kapitalismus mit amerikanischer Hilfe und die Enttäuschungen über den Sozialismus in der sowjetisch besetzten Zone erschwerten ihre politische Arbeit.

Zeltlager der Falken
Glienicker Schloßpark

Hotel
zum vollen
Kochtopf

Gegen diese Rahmenbedingungen setzten die Falken politische Aufklärung und Aktionen gegen Faschismus und Krieg. Insbesondere aber die ersten Erfahrungen in den Falkengruppen wurden für viele Falkenmitglieder zu einem Idealbild einer solidarischen Gemeinschaft, welches über viele Jahre lang wirksam bleiben sollte.

II Ärmel aufkrempeln, zupacken

Jugend in der Phase des Wiederaufbaus bis 1954

DIE BIKINI BOMBEN

Hier stimmt was nicht

Ja, Sie haben recht: zur Lambretta paßt es nicht, sich lang zu machen, um ein paar Kilometer Geschwindigkeit zu gewinnen. Auf dem NSU-Lambretta-Autoroller rast man nicht, man fährt gemütlich, beschaulich, also nicht zu schnell.

Das möchten wir all denen sagen, die da meinen, Motorrad- und Rollerfahren sei mit einem Geschwindigkeitsrausch verbunden. Und die Eltern, deren Töchter und Söhne daran denken, sich einen Roller anzuschaffen, sollten wissen, daß die berühmte NSU-Lambretta, Deutschlands meistgefahrener Motorroller, ein besonders sicheres Fahrzeug ist. Die Straßenlage ist hervorragend, denn der Motor liegt zentral in der Mitte, und die Bremsen sind ausgezeichnet. Und jetzt hat die Lambretta sogar einen elektrischen Anlasser bekommen, der das Starten wesentlich erleichtert: Man drückt einfach aufs Knöpfchen und der Motor läuft. Vergessen Sie bitte nicht: Die Lambretta stammt aus dem großen Werk von NSU. Überall in Deutschland findet man einen NSU-Kundendienst, der mit Rat und Tat zur Stelle ist.

Kostenpunkt (bei kompletter Ausstattung): 1 595.— DM.   Anzahlung: 400.— DM.

FRIEDENSERZIEHUN

Die Eleganz kommt aus der Tube

Dieser Anzug war ein Reinfall. Es lag am Stoff, der nicht viel taugte. Die Knie beulten, und die Revers ließen schlechtgelaunt die Ohren hängen. Sehen Sie aber jetzt ... Wie schick ist er wieder! U H U - Line steckt dahinter!

Atome
für den Weltverkehr

KULTURTAGE DER JUGEND

Teddy-Boy

MODERN · BESCHWINGT

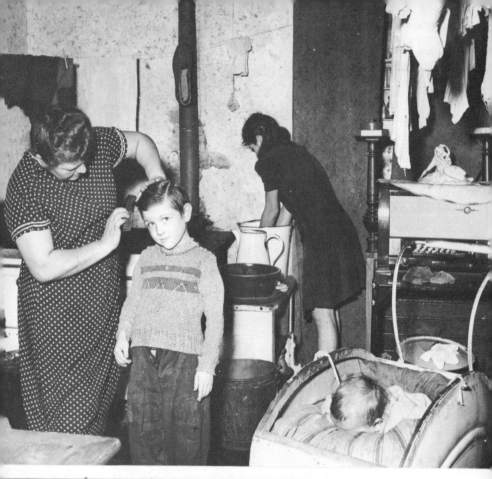

BERLIN *baut auf*

KEINE ZEIT ZU TRAUER

Die Not ist noch nicht vorbei

Not und Entbehrungen waren in Berlin nicht auf die unmittelbaren Nachkriegsjahre begrenzt. Die Voraussetzungen für den Wiederaufbau der Stadt waren im Vergleich zu Westdeutschland ungünstiger. Große Teile Berlins waren im Krieg zerstört worden. Besonders stark betraf dies auch die Industrieanlagen. Durch Kriegseinwirkungen und den Abtransport von Maschinen durch die Alliierten waren in West-Berlin über drei Viertel der ursprünglichen industriellen Kapazitäten zerstört worden.[1]

Die Spaltung der Stadt, durch die West-Berlin von seinem natürlichen Hinterland abgeschnitten worden war, sowie die Blockade trugen zu einer erneuten Verschlechterung der Lebensverhältnisse bei – zu einem Zeitpunkt, als sich in Westdeutschland das Leben bereits wieder zu normalisieren begann.

Die elf-monatige Sperrung der Verbindungswege zwischen Berlin und Westdeutschland vom Juli 1948 bis zum Mai 1949 durch die Sowjetunion bürdete der Bevölkerung eine schwere Belastung auf. Die von den westlichen Alliierten über die Luftbrücke organisierte Versorgung West-Berlins mit den lebensnotwendigen Gütern konnte zwar eine Hungersnot verhindern, nicht jedoch eine weitere Schwächung der Berliner Wirtschaft.

»Sozialsenator Bach betont auf einer Pressekonferenz, daß die sozialen Lasten Berlins im kommenden Etatjahr insgesamt fast eine Milliarde DM betragen würden, da zur Zeit von etwa 2,1 Millionen Einwohnern 970000 aus öffentlichen Mitteln unterstützt werden müßten. Das bedeute pro Kopf der Bevölkerung eine Ausgabe von fast 60 DM im Jahr, während im Bundesgebiet dafür nur rund 17 DM anzusetzen seien.«[2]

Auch in den 50er Jahren kam in vielen Familien Fleisch nur an Feiertagen auf den Tisch. Auch wenn Ende der 40er Jahre niemand mehr verhungern mußte, waren die Lebensmittelrationen doch sehr knapp bemessen. Die Erinnerungen von Rolf Hirschmann, der in Heimen aufwuchs und in dieser Zeit eine Malerlehre machte, verdeutlichen den Mangel:

»Ich war immer alleine mit meinen Problemen und habe immer so eine gewisse Einsamkeit verspürt. Wenn ich mal einen brauchte oder irgendwas wollte, dann war keiner da. Wir hatten auch Hunger. Wir sind in Schmargendorf durch die Gärten gezogen und haben Äpfel geklaut. Das kann sich heute überhaupt keiner vorstellen, was ich für einen Kohldampf hatte. Wir haben morgens unsere 500 Gramm Brot gekriegt. Die habe ich zum Frühstück verschlungen. Dann noch einen Krug Kaffee, von dem man bloß aufgebläht war. Dann ist man zur Arbeit gerannt. Man hat den ganzen Tag gearbeitet. Da ist man schon schnell müde geworden. Ich bin schon auf der Arbeit eingeschlafen. Ich habe ja nichts drauf gehabt ›auf den Röhren‹. Einmal bin ich mit einer Leiter umgefallen. Es war eine große Leiter, die ich schon gar nicht mehr tragen konnte. Die hat Übergewicht gekriegt, und ich lag drunter. Ich habe eine Malerlehre gemacht. War das eine Lehrzeit! Der hat mich immer gejagt. Vor allen Dingen hat er mir immer versucht klarzumachen, daß ich gar nichts bin.«

Infolge der Blockade stieg die Arbeitslosigkeit noch einmal sprunghaft an. Sie erreichte 1950 ihren Höhepunkt, als in West-Berlin über 300000 Arbeitslose gezählt wurden. Damit war über ein Drittel der erwerbstätigen Bevölkerung arbeitslos. Da die Löhne bis 1950 eingefroren waren, verfügten noch Anfang der 50er Jahre viele nur über ein Einkommen, das knapp über dem Existenzminimum lag.[3]

»17.5.51: 14. (Ordentliche) Sitzung des Abgeordnetenhauses von Berlin
Der Senator für Kreditwesen, Dr. Hertz, erklärt auf eine Große Anfrage der FDP-Fraktion, daß
nach Schluß des laufenden Schuljahres rund 23000 Jugendliche ohne Lehrstelle bleiben werden.
Trotz der gestiegenen Anzahl der Lehrstellen könne die Wirtschaft nicht alle Jugendlichen
unterbringen, da jetzt die geburtenstarken Jahrgänge entlassen würden. Mit Mitteln des Bundes-
jugendplanes von drei Millionen DM und mit amerikanischer Unterstützung hoffe der Senat
jedoch, 6000 Jugendliche die sogenannte ›Vorlehre‹ in eigenen Lehrwerkstätten durchlaufen zu
lassen.«[4]

Arbeitslosigkeit, befristete Jobs bzw. Arbeiten im Rahmen des Jugendnoteinsatzpro-
gramms gehörten zum Alltag vieler Jugendlicher. Ein Ausbildungsplatz, der ihren
Interessen entsprach, blieb für viele eine Utopie. Man war froh, überhaupt eine
Lehrstelle zu finden.

Besonders schwer hatten es die Mädchen. Die Erfahrungen von Gerda Bohn sind
dafür ein Beispiel:

»Ich hatte keinen direkten Schulabschluß. Beim Arbeitsamt habe ich dann eine
Prüfung gemacht. Da bin ich völlig durchgerasselt. Was sollte ich nun machen? Meine
Mutter stand sowieso immer auf dem Standpunkt: ›Geh' erstmal ein Jahr in einen
Haushalt, damit du was lernst.‹ Mit Kost und Logis, wie man so schön sagt, für 50
Mark im ganzen Monat. Da war ich dann zwei Jahre. Sonntagnachmittag hattest du
Ausgang, ansonsten mußtest du arbeiten. Wenn es denen nicht gepaßt hat, dann
durftest du auch sonntags dableiben. Schließlich habe ich gesagt: ›Jetzt reicht mir das!‹
Ich habe mir eine Arbeitsstelle gesucht, wo ich nur tagsüber arbeiten mußte. Da war
ich dann in der Berliner Straße in Wilmersdorf bei einem Schlächter. Der hat mir
gesagt, er würde mich als Anlernling mit in seine Fabrik nehmen. Aber das hat sich
nachher auch irgendwie zerschlagen. Dann lernte ich durch die Falken eine Freundin
kennen. Die arbeitete in einer Postkartenfabrik und hat gesagt: ›Mensch komm doch
da hin.‹ Da haben wir dann in der Stunde 75 Pfennig verdient. Aber wir hatten
wenigstens geregelte Arbeitszeit. Um 16 Uhr war Feierabend. Wenn man heute
darüber nachdenkt, hat man uns damals ausgebeutet. Das könntest du heute gar nicht
mehr machen. Als die Haushälterin vom Chef kündigte, hat er gesagt: ›Weißt du,
Gerda – du könntest doch bei mir den Haushalt machen.‹ Naja, dumm wie man mit
17 Jahren war, habe ich gesagt: ›Mir ist das egal.‹ Dann bin ich morgens von Charlottenburg nach Wilmersdorf gefahren und hab' wie eine Wilde geackert, um mit dem
Haushalt fertig zu werden. Anschließend bin ich mit seinem Köter bis zur Schlüterstra-
ße gefahren. Dort habe ich für Chef und Chefin Mittagessen gekocht und anschließend
noch meine Postkarten gefaltet.«

Auch die Schulsituation war in den Nachkriegsjahren wenig befriedigend. Die älteren,
meist konservativen Lehrer konnten den Jugendlichen nur wenig an Orientierung
bieten. Sie waren selbst gebrochen in ihrer Identität, ihren Moral- und Wertvorstellun-
gen. Kinder und Jugendliche, die wie die Falken nicht in das Weltbild dieser Lehrer
paßten, hatten es besonders schwer.

»An den Schulen arbeiteten außerordentlich schlechte Lehrer. Viele alte Lehrer
wurden wieder an die Schulen geholt. Die waren eigentlich schon raus aus dem
Schuldienst. In ihren reaktionären Konzepten galt Zucht und Ordnung, Sauberkeit, so
mit Christlichkeit verbrämtes Konservatives sehr viel. Die Intoleranz war groß. Ich
will dazu ein Beispiel erzählen: Wie das in alten sozialdemokratischen Familien so ist,
hatte man mit der Kirche nichts am Hut. Ich ging zur Jugendweihe und nahm also am

Religionsunterricht nicht teil. Das waren für mich so Illuiurdinge. Da wurde unheimlich viel mit mir gemacht an kleinen persönlichen Schikanen.« (Renate Kirchner)

Typisch für das politische Klima dieser Zeit ist auch die Erfahrung, die Edith Töpfer 1953 im ersten Semester ihrer Ausbildung zur Kindergärtnerin am Pestalozzi-Fröbel-Haus machen mußte.

»Während eines Praktikums sagte die Leiterin des Kindergartens zu mir, daß ein Arbeiterkind etwas Standesgemäßes lernen sollte und nicht gerade Kindergärtnerin. Dann kam eines Tages ein Student in den Kindergarten und warb für Zeitungsabonnements. Die hat ihn rausgefeuert und gesagt: ›Wenn Sie Ihr Studium nicht gesichert haben, dann lassen Sie das Studieren sein!‹ Da habe ich gesagt: ›Der Mensch ist doch fleißig, ganz schüchtern und bescheiden. Warum schmeißen sie den denn raus?‹ Ich habe dann eine Fünf im Praktikum gekriegt und mußte deshalb ein halbes Jahr wiederholen.«

Im »Adenauer-Staat« wurden traditionelle Werte und Verhaltensnormen wie Fleiß, Gehorsamkeit, Ordentlichkeit, Sauberkeit ungebrochen vermittelt. Wie aber hätten viele dieser Lehrer überzeugend die Fähigkeit zu Toleranz, Kritik, selbstbestimmtem und demokratischem Handeln vermitteln sollen?

Dazu hätte es zumindest einer intensiven öffentlichen Auseinandersetzung mit der eigenen Geschichte, mit dem Faschismus bedurft. Bezeichnend für die Verunsicherung vieler Lehrer war die im Stillen vollzogene Weigerung, den Faschismus im Unterricht zu behandeln. Auch die in den Nachkriegsjahren eingestellten Junglehrer, meist sehr schlecht auf ihre Arbeit vorbereitet, konnten diesem Mangel wenig anderes entgegensetzen.

Auch die häusliche Situation bot insbesondere für Arbeiterjugendliche, nicht sehr gute Lernbedingungen. Die Enge der Wohnverhältnisse gab ihnen häufig nur wenig Raum und Ruhe, um sich auf die Anforderungen der Schule zu konzentrieren. Die Eltern waren viel zu sehr von den Notwendigkeiten der Existenzsicherung und der Wiederherstellung normaler Lebensverhältnisse in Anspruch genommen. Von ihnen bekamen viele Jugendliche kaum Unterstützung.

»Wir sind fünf Geschwister. Mein Vater war gefallen. Du hattest ja nicht mal die Möglichkeit, dich mit drei Freundinnen zu Hause zu treffen. Das ging nicht. Es gab nur ein paar Küchenstühle. Da konntest du dich mit denen einfach nicht treffen. Das ging allen so. Die wohnten alle sehr beengt. Die einzige Möglichkeit, mit Leuten zusammenzutreffen, war auf der Straße oder im Jugendheim. Da bist du dann hingegangen und hast dich geborgen gefühlt. Zu Hause warst du praktisch nur zum Schlafen. Meiner Mutter war das auch egal. Die hat sich da überhaupt nicht drum gekümmert. Meine Mutter hat den ganzen Tag gearbeitet. Die hat morgens Zeitungen ausgetragen. Dann ist sie am Tage als Verkäuferin oder Putzfrau arbeiten gegangen. Die hat gar nicht interessiert, was wir gemacht haben. Das konnte sie gar nicht interessieren.« (Barbara Greube)

Zum Bild dieser Zeit gehörten auch die Cliquen von Jugendlichen, die an Ecken, Plätzen oder in Parkanlagen zusammentrafen: um Fußball zu spielen, um einen Streit mit einer anderen Clique auszutragen, Spaß zusammen zu haben – bisweilen auch auf Kosten anderer. Für die Jüngeren war die Stadt ein großer Abenteuerspielplatz. In Häuserruinen, stillgelegten Bahnhöfen oder leerstehenden Fabrikgebäuden konnten sie unreglementiert und abseits von der Welt der Erwachsenen spielen. Für viele Jugendliche gab es in der Freizeit kaum eine Alternative zur Straße.

Kommerzielle Freizeitangebote für Jugendliche gab es kaum. Außerdem fehlte den meisten das Geld, um in ihrer Freizeit große Sprünge zu machen.

Natürlich waren die Lebensbedingungen in dieser Zeit alles andere als rosig. Für das Erwachsenwerden vieler Jugendlicher erwuchs daraus Zwiespältiges. Schon frühzeitig wurden sie unter dem Druck der Verhältnisse zu eigenverantwortlichem, selbständigem Handeln angehalten. Die Älteren unter ihnen mußten schon frühzeitig zur Existenzsicherung der Familie beitragen. Die Jüngeren hatten den Freiraum, weitgehend unkontrolliert vom Elternhaus, ihre Lust auf Abenteuer, auf ungebundenes Leben im Zusammensein mit Gleichaltrigen auszuleben. Die Schattenseite einer solchen Jugendzeit war dementsprechend ein Mangel an Geborgenheit, Zärtlichkeit, Anerkennung und Bestätigung durch das Elternhaus.

Die politische Orientierung war für die Mehrheit der Jugendlichen reduziert auf das Fazit, das ihre Eltern aus dem Faschismus zogen: »Nie wieder Politik«. Distanz zur Politik wurde als Lebensweisheit ausgegeben. Unter dem Mantel der Läuterung zu Demokraten wurde die Tradition obrigkeitsstaatlichen Denkens und Handelns auch an diese Generation weitergegeben.

Der NS und die konservativen Einstellungen vieler Erwachsener hinterließen natürlich auch Spuren im Verhalten von Jugendlichen, die sich den Falken anschlossen. Kritikfähigkeit und eigeninitiatives Handeln waren auch bei ihnen nur wenig entwickelt.

»Laßt uns mit der Politik in Ruhe«

Welche Einstellungen und Haltungen entwickeln Jugendliche vor diesem Hintergrund zu ihrem Leben? Wir wollen im folgenden versuchen, einige uns wesentlich erscheinende Facetten eines Bildes dieser Nachkriegsjugend nachzuzeichnen. Zunächst einmal ist auffallend, daß es bis Mitte der 50er Jahre wenig öffentliche Anzeichen für einen Generationenkonflikt gab. Es spricht viel dafür, daß die materiellen Nöte und Sorgen und deren Überwindung wenig Raum ließen für die Entwicklung eigener, besonderer Identitäten. In ihren Werten und Normen, in ihren Verhaltensweisen und auch im Akzeptieren der traditionellen Macht- und Rollenverhältnisse scheinen sich Jugendliche kaum von den älteren Generationen zu unterscheiden. Das Fehlen besonderer jugendspezifischer Identitäten in dieser Zeit wird auch deutlich, wenn man verschiedene Protestbewegungen nach dem 2. Weltkrieg miteinander vergleicht.

Beginnend mit dem Protest gegen die atomare Bewaffnung und den Ostermärschen Anfang der 60er Jahre entwickelten sich in allen Protestbewegungen jugend- und generationsspezifische Formen; es waren die Jüngeren, die diese Bewegungen prägten. Sie entwickelten neue Aktionsformen, Elemente einer anderen politischen Kultur. Sie hörten ihre eigene Musik, drückten ihren Protest in neuen Liedern und Gedichten, in Kleidung, Haartracht und Haltungen aus. Für den Widerstand gegen die Wiederbewaffnung galt dies noch nicht. Er wurde im wesentlichen getragen von den traditionellen demokratischen und linken Organisationen. Kulturell knüpfte dieser Protest noch nahezu bruchlos an die Traditionen der Arbeiterbewegung an.

In den Berichten und Analysen über die Nachkriegsjugend wurde sie als angepaßt und ordentlich charakterisiert und – zur Betonung ihrer Besonderheit – als »skeptische Generation«. Teilweise aufgrund eigener Erfahrung mit dem Faschismus und seines »Zusammenbruchs« und den entsprechenden Verunsicherungen oder vermittelt über die Eltern wollten sie mit Politik nichts zu tun haben. Sie waren in ihrer Mehrheit politisch desinteressiert, hatten eine besondere Abwehr gegen weltanschauliche Positionen, gegen große Ideen und schon gar kein Interesse, sich politisch zu organisieren.[5]

Herbert Bohn wuchs in einer Laubenkolonie in Plötzensee auf. Ende der 40er Jahre nahm er dort an vielen kulturellen und sportlichen Aktivitäten teil. Vor seinem Eintritt in die Falken spielte die Politik für ihn keine Rolle.

»Unsere Einstellung dazu war so: ›Laßt uns mit Politik in Ruhe. Davon wollen wir nichts wissen. Das haben wir gerade hinter uns. Politik ist sowieso Käse.‹ Es ging mehr um kulturelle und sportliche Dinge. Wir hatten eine Fußballmannschaft, eine Box-mannschaft, eine Band und auch eine Turnhalle, wo wir laufend Sport gemacht haben. Politisches Denken hat sich erst in den 50er Jahren entwickelt. Nirgendwo sind wir anfangs angehalten worden, mal darüber nachzudenken. Wenn einer anfing, über die Regierung zu reden, dann hieß es: ›Ach, laß uns doch in Ruhe mit diesem Scheißdreck, das ist politisch.‹ Und alles, was politisch war, war nationalsozialistisch und nationalso-zialistisch war Scheiße.«

Die politischen Einstellungen der Jugendlichen spiegelten weitgehend diejenigen ihrer Eltern wider. Wie hätten sie auch anders als mit Skepsis und Mißtrauen reagieren sollen? Sie wurden konfrontiert mit Eltern, Lehrern und einer politischen Öffentlich-keit, die über Vergangenes nicht reden wollten. Viele der Älteren zogen sich aus dem öffentlichen, gesellschaftlichen Leben ins Private zurück. Individuelle Orientierungen hatten eindeutig den Vorrang gegenüber gemeinschaftlichen und gesellschaftlichen Orientierungen. Klassenherkunft bzw. -zugehörigkeit spielten in diesem Zusammen-hang eine völlig untergeordnete Rolle. Arbeiterjugendliche unterschieden sich in dieser Hinsicht kaum von Mittelschichtsjugendlichen.

Mit der Normalisierung der wirtschaftlichen Situation knüpften auch Arbeiterju-gendliche die Hoffnung auf eine bessere Zukunft an den individuellen sozialen Auf-stieg. Die Verbesserung der eigenen Lebensbedingungen wurde nicht mehr in Verbin-dung mit Klassenkämpfen gesehen. Die Vorstellung, als einzelner seinen Weg zu machen, wurde auch für sie zum entscheidenden Leitbild.

nheit suchten die meisten Jugendlichen eher im zwanglosen Zusammensein mit Freun-den oder in Cliquen. Gegenüber den Ansprüchen der Jugendverbände an Verbindlich-keit, Disziplin und der Einfügung in eine Gemeinschaft hatten sie große Abwehr.

Nur eine Minderheit schloß sich den nach dem Krieg wiederentstehenden Jugend-organisationen an. Am Beispiel der Falken wollen wir im folgenden zunächst untersu-chen, ob Jugendliche in diesem Verband das fanden, was sie woanders entbehren mußten.

SOZIALISTISCHE
ЭUGENDШOCHE

STUTTGART
1947

Zeltlager v. 17.-31. 8. Jugendtage v. 29.-31.8.

Wärme, Solidarität und öffentliche Väter

Für viele Sozialdemokraten war es nicht nur notwendig, sondern auch noch selbstverständlich, ihre Kinder in eine Falkengruppe zu schicken. Andere kamen aber auch ohne den sozialdemokratischen »Stallgeruch« dazu. Es waren viele Arbeiterjugendliche, die sich dem Verband anschlossen. Für alle war die Richtung irgendwie klar – vorgegeben durch die Familie oder das eigene Erleben von Faschismus und Krieg. Zu den Pfadfindern wäre mit Sicherheit kaum einer von ihnen gegangen, denn deren militaristische Elemente stießen sie ab.

Hans Maasch, als 18jähriger Feinmechanikerlehrling 1948 zu den Kreuzberger Falken gestoßen, erinnerte sich:

»Irgendeiner meiner Freunde aus der Clique, aus der Straße, der war da schon bei. Wie der dazu gekommen ist, kann ich nicht berichten. Der sagte eines Tages: ›Komm doch mal mit, da gibt es so 'ne Gruppe. Die sitzen da zusammen und machen Gruppenabende‹. Das war mir erstaunlicherweise nicht unheimlich. Man könnte doch meinen, daß ich von Gruppenabenden wirklich die Schnauze voll gehabt hätte. Aber es war eine veränderte Welt, wo es zwar wenig, aber wieder Brot gab, das nicht blutig war. Es gab zwar keine Kohlen, aber Menschen, die um einen Ofen zusammenrücken konnten. Die Bedeutung von Menschen stand ganz im Vordergrund. Die Anwesenheit von Menschen war alles wert. Die Dinge spielten keine Rolle. Sie waren nur insofern wichtig, als man sie zur Sicherung der Existenz brauchte.

Insgeheim gewünscht habe ich mir, mehr in der Geborgenheit von Menschen zu leben. Es war einfach nur der Wunsch, unter Menschen zu leben, die möglicherweise auch so leiden wie ich und möglicherweise die gleichen Wünsche haben würden, die hoffentlich so denken wie ich.«

Der 10jährige Siegfried Stirba wurde 1949 von einem Schulfreund zu einer Wilmersdorfer Falkengruppe mitgenommen.

»Es war überhaupt keine Frage, daß ich da dann weiter hingegangen bin. Das war nämlich ein wunderschöner warmer Raum, den die Falken da hatten. Warme Zimmer zu haben, das bedeutete ein kleines Schloß damals. Also die warmen Räume waren im Grunde genommen das Ausschlaggebende. Du bist aus der Schule gekommen. Mutter war auf Arbeit. Dann haste also 'ne leere Wohnung vorgefunden zu Hause, eine kalte leere Wohnung. Es gab ja damals noch diese Wärmehallen, wo Leute, die kalte Wohnungen hatten, tagsüber sich aufgewärmt haben. Das war nun eine Wärmehalle mit Inhalt, wenn du so willst. Da wurde wirklich auch ein bißchen was geboten. Das gab aber nicht von vornherein den Ausschlag. Im Grunde genommen war entscheidend: Wir machen da was, da passiert was! Was im einzelnen, war erstmal unwichtig. Wenn es im Sportverein gewesen wäre, dann wäre ich da genauso hingegangen, weil da eine warme Stube war und weil es da Leute gab, mit denen du dich unterhalten konntest. Die Gruppe war wie eine Familie. Du bist auch mit Schularbeiten da hingegangen, wenn du Schwierigkeiten hattest. Muttern war auf einmal gar nicht mehr so wichtig.«

Manfred Eisenblätter kam 1947 als 13jähriger Volksschüler zu den Falken im Südosten Kreuzbergs.

56

»Schule, Schularbeiten, und dann fragte Mutter: ›Wo gehst du hin?‹ ›In die Gruppe.‹ ›Du nur mit deiner Gruppe.‹ Das habe ich, solange wie ich bei Mutter gewohnt habe, tagtäglich gehört, ›du hast nur bei der Gruppe zu tun.‹ Aber das war das zweite Zuhause. Viermal die Woche war ich bestimmt da. Dann kam der Sonnabend und Sonntag noch dazu, wo wir sowieso unterwegs waren. Im Sommer auf jeden Fall. Rucksack, Decke und Trainingsanzug mitgenommen und dann wurde draußen übernachtet.«

Barbara Greube, 17jährige Handelsschülerin, stieß 1953 zu den Reinickendorfer Falken.

»Man ist im Jugendheim vorbeigegangen, weil es zu Hause sehr ungemütlich war in der Wohnküche, in der man großgeworden ist. Ich mußte mich um meine jüngeren Geschwister kümmern. Das hing einem natürlich irgendwo zum Halse raus. Das Leben als solches hat sich natürlich auf der Straße abgespielt. In der Gruppe hat man die Kumpels gefunden. Das war eine Solidarität, die man auf der Straße doch nicht hatte. Zum Gruppenabend mußten alle eine Kohle mitbringen. Wir waren alle aus einem Topp. Es war ja kaum einer, der weiter zur Schule gegangen ist: Wenn sie es überhaupt waren, waren sie Lehrlinge oder im Jugendnoteinsatz. Das war eine Gemeinschaft, von der man sagte: ›Mensch, da möchte ich dabei sein.‹«

»Dein und mein – die üblichen Wohlstandskisten, da lachten wir drüber«

Manfred Eisenblätter:

»Dann war Sonnabend, Sonntag. Da sind wir damals auch schon rausgefahren, entweder nach Saatwinkel oder Glienicke. Da wurde doch wirklich im Hordentopf Maisbrei gekocht. Mais gab es zu der Zeit immerhin schon. Jeder hat mitgebracht, was sich zu Hause erübrigen ließ. Daraus wurde in dem großen Pott irgendwas gekocht. Das war herrlich. Irgendwie haben wir uns einfach aufeinander verlassen können. Ganz am Anfang, als wir im Schwarzwald waren, hatten die Mädchen den Wunsch, zum Bodensee zu fahren. Der war ja so nahe am Schwarzwald dran. Wir war'n am Titisee, am Schluchsee, und die wollten gern zum Bodensee, zur Insel Mainau. Ja, Geld hatten sie keins. Wir auch nicht. Da sind wir Jungs auf ein Feld arbeiten gegangen. Wir haben Steine von den Feldern gesammelt und am Wegrand aufgestapelt. Wir haben dafür die Stunde 50 Pfennig gekriegt und haben so das Geld zusammengebracht, daß die Mädchen drei Tage zum Bodensee fahren konnten.«

Herbert Bohn, zur Zeit seines Falkenbeitritts 1951 in Plötzensee 21 Jahre alt, Dachdekker:

»An den Wochenenden zogen wir mit unseren alten zusammengemauerten Karren los. So ein großes 10-Mann-Zelt hinten drauf auf den Gepäckständer, mit dem ganzen Gestänge. Alles mit dem Fahrrad rausgebracht auf die ›Blechwiese‹ im Glienicker Park, wo wir ein Zeltlager hatten. Da haben wir wirklich viele Wochenenden verbracht. Wenn einer Geld hatte, dann wurde Brot eingekauft. Es war wirklich eine Gemeinschaft, die hast du schwer auseinanderpflücken können. Das hast du heute nicht mehr, es ist alles zu materiell eingestellt.«

Auch für Wolfgang Götsch, der 1952 als 20jähriger Student der Politikwissenschaft und SDS-Mitglied zu den Wilmersdorfer Falken kam, waren diese Erlebnisse von Solidarität eine wichtige Erfahrung.

die Prominenz beim Wür-
abwiegen.

»Das waren so Dinge: die ungeheure Kameradschaftlichkeit, daß man sich auch aufeinander verlassen konnte, daß wir auf unsere bescheidenen Weise so Sozialismus verwirklichten. Was jeder mitgebracht hatte, kam auf's große Tablett. Es gab kein Dein und Mein, diese üblichen Wohlstandskisten. Da lachten wir drüber.«

Gerda Bohn ist 1953 bei ihrem Beitritt zu den Charlottenburger Falken 16 Jahre, Hilfsarbeiterin in einer Fleischgroßhandlung. Ihr wurde bei ihrem ersten Wochenende mit den Falken Solidarität beigebracht.

»Ich erinnere mich an das erste Mal in Glienicke. Ich arbeitete bei diesem Fleischer und kriegte jeden Freitag ein Freßpaket mit. Dem hatte ich mal erzählt, daß wir rausfahren und zelten. Da hat er mir ein großes Wurstpaket mitgegeben. Ich komm' da mit dem Wurstpaket an. Ich war ja in der Clique ein Neuling, wenn man so will. Jeder legte seins in die Mitte. Ich fing an, meine Würstchen zu essen. Da fingen die an zu ekeln, ›die letzte Made‹ und dies und das. Ich habe die Würstchen – das werde ich nie vergessen – mitten in den Platz reingeschmissen. Die haben sich alle wie die Geier auf die Würstchen gestürzt und gesagt: ›Bist du blöde. Da mußt du aber noch viel dazulernen.«

Barbara Greube:

»Wir haben untereinander die Klamotten ausgetauscht. Wenn die eine mal weggehen wollte und keinen Rock hatte oder keinen Petticoat, dann wurden die Sachen übers Wochenende gepumpt. Wenn einer ein kaputtes Fahrrad hatte, dann ist der andere selbstverständlich gekommen und hat ihm das Fahrrad repariert. Wenn wir ins Zeltlager gefahren sind – wir hatten ja keinen Schlafsack und keine Luftmatratze, das gab's ja alles nicht – hat man von zu Hause, wenn man drei Decken hatte, alle mitgebracht und sie anderen gepumpt. Wir hatten damals auch noch Mitglieder aus dem Osten. Die kamen aus Weißensee. Für die mußten wir auch immer zusammenlegen, wenn wir ins Zeltlager gefahren sind, weil die überhaupt kein Geld hatten.«[6]

Solidarität war jedoch in diesen Jahren nicht beschränkt auf die Falken, sondern auch den Alten oder den Kindern im Kiez wurde sie zuteil. Zwei Falken aus dem Südosten Kreuzbergs erinnerten sich an entsprechende Aktivitäten Anfang der 50er Jahre:

»Wir haben uns vom Sozialamt Anschriften geholt: ›Suche Maler, kann nicht alleine malern.‹ Olle Oma, total verwohnte Bude. Wir sind dann mit vier, fünf Mann angerückt: ›Oma, was ist denn los, Muttchen wo fehlt's denn? Was, die Küche willst du gemacht haben? Na, ist doch in Ordnung, aber Farbe mußt du alleine bringen.‹ Da hat sie Farbe gekauft, und wir haben ihr die Küche gemacht. Und das ist nicht nur einmal passiert. Im Winter – Brennholzaktion für alte Leute, Keller aufräumen, Kohlen hochholen, Holz gemacht. Aus den Trümmern haben wir Balken rausgezogen, Bretter geholt, klein gemacht. Das war ein wichtiger Bestandteil unserer Arbeit, die wirklich tätige Hilfe; nicht wie die Pfadfinder sagen: ›Einmal am Tag eine gute Tat tun‹, sondern wenn, dann was Richtiges machen.« (Manfred Eisenblätter)

»Wir haben zum Beispiel mal so ein großes Weihnachtsspiel inszeniert. Da hat damals noch keiner drüber gelacht. Das fand keiner komisch, Tannenbäume aufzustellen. Und selbst das Christkind durfte da auftreten. Das ist auch sozialistisch, haben wir uns gedacht – verschenkt doch alles. Da haben wir also aus der Umgebung herausgefunden, wo denn Kinder lebten, denen es besonders dreckig ging. Da war in der Gruppe ein Knabe, dessen Vater war so ein Zwischenmeister, der hatte ungeheure Mengen Teddystoffe. Die hatte er irgendwo bei den Alliierten aufgetrieben, die sie weggeworfen hatten. Da haben die Jungs auch Nähen gelernt, um die Dinger zu nähen mit allen Frauen, mit den Müttern. Eine Riesenaktion, in der wir Teddymäntel für die Kinder genäht haben. Bei einer wirklich schönen Weihnachtnfeier wurden die Dinge dann verschenkt.« (Hans Maasch)

Ein Leben in eigenen Räumen

Noch Anfang der 50er Jahre fand das Gruppenleben der Falken unter sehr provisorischen Bedingungen statt – in ehemaligen Kasernen, Holzbaracken oder in Schulnebengebäuden. Räume, angesichts derer heutzutage viele Pädagogen die Hände über dem Kopf zusammenschlagen würden, wurden als Glücksfall erinnert, die neuen Freizeitheime dagegen als »Krankenhaus« empfunden. Wolfgang Götsch:

»In dem alten Haus war noch der olle Plenk. Das war so ein richtiger Heimleiter vom alten Typus mit seiner Frau. Die war zugleich die Putzfrau in dem Haus. Das ging alles noch ganz gemütlich zu. Da war von Sozialarbeit überhaupt keine Rede. Wir hätten uns die auch gar nicht gefallen lassen. Die Uhlandstraße wurde dann verlagert ins heutige Jugendfreizeitheim Anne Frank, das damals frisch errichtet war und unsere Arbeit auch kaputtgekriegt hat. Heute im nachhinein begreife ich das. Es war faszinierend zu sehen. In dieser ollen, nach 100 Jahre Schule stinkenden Direktorenvilla, die von uns benutzt werden konnte, konnten wir machen, was wir wollten. Die Falken hatten ihren eigenen Raum und sogar ein kleines Büro. Dann waren zwei Zimmer weiter die Pfadfinder – also wer seinen Raum da brauchte, der hatte ihn. Jetzt kamen wir in dieses ›Krankenhaus‹. Dann haben wir angefangen, da unsere Falkenbilder anzumachen. Da kam Atze Wendt, der Bezirksjugendpfleger an und hat gejammert. Wir könnten doch nicht die schönen neuen Räume verschandeln. Als wir versuchten, in den Beton Nägel reinzukriegen, was natürlich nicht gelang. Schlagbohrmaschinen und so was gab's ja noch nicht. Da sind die Gruppen kaputtgegangen. Die haben sich da nicht wohl gefühlt. Da fällt mir noch eine Geschichte ein, von den Pfadfindern. Die hatten einen Raum auf dem gleichen Flur. Eines Tages, wir hatten Gruppenabend, qualmte es mächtig – das war mir natürlich zu unsicher. Ich wollte wissen, was los war. Da hatten die Pfadfinder in ihrer Not sozusagen da am Kamin in ihrem Zimmer ein Riesenblech ausgebreitet und hatten auf dem Blech Lagerholz. Es qualmte aus den Fenstern und Türen raus, und ich dachte erstmal an Feuer – auf so eine Wahnsinnsidee wäre ich nie gekommen. Da saßen die dann friedlich und sangen ihre Pfadfinderlieder am Lagerfeuer.«

Hans Maasch:

»Da gab es ein sehr kümmerliches Heim in der ehemaligen Polizeikaserne in der Wrangelstraße. Ein schauriges Ding, aber belebt. Man schlich über diese grauen ausgelatschten Flure und dann kam man in einen Raum, in dem sich Menschen aufhielten, die den Raum auch ausfüllten – es war faszinierend. Ich glaube, es war 1952. Da habe ich gedacht, wir müssen uns doch hier widerspiegeln können: in diesen verfluchten Wänden – in dieser Kaserne. Mit allen, die dann in diesem Raum ein- und ausgingen und sich alle untereinander sehr verbunden fühlten, haben wir uns gesagt: ›Das ist unser Haus‹. Das hat eine große Bedeutung gehabt. Dann haben wir mit so 20 oder 25 aus den verschiedenen Gruppen – das waren ja alles Handwerkerjungs – über Monate renoviert. Das ist ein kostbarer Prozeß gewesen, der Welt sozusagen eine bestimmte Form zu geben. Man begreift, daß man in sie eingreifen kann, daß man Hände hat, um sie zu verändern und nicht nur im Kopf Schach spielt mit den Möglichkeiten.«

Manfred Eisenblätter:

»Wir waren also 3 oder 4 verschiedene Gruppen in unserer Wrangelburg. Es war ein
Raum von ungefähr 6 × 12 m. Da hatten wir uns nachher alles selbst gemacht.
Hauptsächlich die Älteren und wir etwas Größeren von der kleinen Gruppe. Wir
haben dann, so gut es ging, eben schon mitgewirbelt, z. B. beim Tapezieren. Im
Grunde genommen jeder Pinselstrich, alles selbst gemacht, später dann die Lampen-
schnitzereien, also Laubsägearbeiten oder das Nähen der Vorhänge. Man kann das gar
nicht so beschreiben.«

Bedürfnisse, die lange zu kurz gekommen sind

Die Falken waren für die meisten ihrer jugendlichen Mitglieder mehr als nur ein
Rahmen politischer Auseinandersetzungen. In der Falkengruppe wurden sie ernst-
genommen und akzeptiert. Wenn sie in Schwierigkeiten waren, fanden sie bei den
Falken Menschen, die ihnen zuhörten, sie aufmunterten und unterstützten. Deshalb
vor allem wurde der Verband für viele Jugendliche über Jahre zum Lebensmittelpunkt.

Die Kindheit von vielen dieser Generation war geprägt durch Krieg, Evakuierung,
Flucht, Krankheit, Hunger, Wohnungsnot sowie durch Trennungen beziehungsweise
den Verlust der Eltern, insbesondere der Väter. Ihre Bedürfnisse nach Bestätigung,
Anerkennung, Sicherheit und Wärme konnten sie kaum befriedigen. Bei den Falken
fanden sie vieles, was sie in ihrer Kindheit entbehren mußten.

Es gab aber auch Grenzen für die Erfüllung dieser Wünsche. Eine dieser Grenzen
drückt Heinz Westphal, der erste Landesvorsitzende der Berliner Falken und spätere
Bundesvorsitzende des Verbandes, aus:

»Die Jugendarbeit eines Verbandes ist eigentlich der Kompromiß zwischen dem
Wunsch der Jugendlichen und der Zielsetzung des Verbandes.«[7]

Viele unserer Gesprächspartner sahen in ihren Erinnerungen diesen Widerspruch für
sich nicht. Andere, insbesondere Arbeiterjugendliche, die nicht aus sozialdemokratischen Elternhäusern kamen, nahmen ihn bisweilen eher hin.

Hans Maasch erinnerte sich an Beispiele, in denen ein Gruppenleiter in diesem
Spannungsverhältnis typische Fehler gemacht hat:

»Anstatt diesen einfachen natürlichen Wunsch von Menschen, mit Menschen glücklich
und in Frieden zu leben, als Ausgangspunkt für alles gelten zu lassen, haben sie
eigentlich erwartet, daß man sich nach Eintritt in die Gruppe zu dem politischen Ziel
bekennt und das auch formulieren kann. Ich habe natürlich – wie es alle machten, wie
ich später beobachtet habe – den Bauch eingezogen und habe die Fragen hinten und
vorne vorbeigehen lassen und durch Nicken bekundet, daß ich schon dabei sein
möchte – und das stimmte, das war keine Lüge. (...)
Das Thema des Gruppenabends, das mußte sein zum Kuckuck, das war freundlich
oben aufgesetzt. Das haben dann alle eine Weile behalten, und wenn es dann 22 Uhr
war – soweit einer 'ne Uhr hatte – hat er es dann verkündet. Dann hat der Verband
sich verabschiedet, und dann kam das Entscheidende der ganzen Arbeit. Dann sind
die Jungens aufgestanden und tack, tack, tack in die Kneipe. Da haben sie gesessen,
und dann ging das Leben los.
Ein weiteres Beispiel: Wenn ein Gruppenabend sich als ein großer Reinfall herausge-
stellt hat, weil wir alle gequatscht haben zwischendurch, dann wurde dafür ein Grund
gesucht. Der Grund waren oft die Pärchen, weil die Pärchen Hand in Hand sitzen
wollten. Das konnten sie nur unterm Tisch. Das mußten sie alles ein bißchen kaschie-

ren. Da gab es dann eine ganze Reihe von Tricks, um das zu kaschieren, z. B,
Quatschen, Stören. Der Gruppenleiter, der war ja verantwortlich für das Thema. Der
war in diesem Augenblick – so tragisch das klingt – nicht verantwortlich für die
Gruppe, für das Liebesleben, das Wohlergehen der Gruppe, sondern für die Durchsetzung des Themas, weil der Führungsapparat ja von ihm die Erfüllung des Programms
erwartete, und die Erfüllung des Programms stand sehr häufig im Widerspruch zu den
Wünschen der Gruppe.«

Daraus ist nicht zu folgern, daß die politischen Ideen nur »mit eingezogenem Bauch«
hingenommen wurden. Wir werden später darauf eingehen, welche positive Bedeutung sie für die Jugendlichen damals hatten.

Öffentliche Väter und Mütter

Eine der wesentlichen Aufgaben sahen die Falken in ihrer Jugendarbeit darin, die
Jugendlichen zu engagierten Demokraten zu erziehen und durch den Faschismus
geprägte Haltungen wie Unterordnung und strikten Gehorsam zu korrigieren.
   Schon im Gruppenleben sollten die Jugendlichen praktische Alternativen dazu
erfahren. Um verantwortliches demokratisches Handeln zu fördern, sollte in jeder
Jugendgruppe ein Vorstand gewählt werden.
   In unseren Gesprächen gewannen wir jedoch den Eindruck, daß dieser Vorstand als
Instrument innerorganisatorischer Demokratie kaum Bedeutung hatte.
   Wichtiger waren die von jeder Jugendgruppe gewählten Gruppenleiter.
   In einigen Gruppen kamen sie aus der Mitte der Jugendlichen. In anderen Gruppen
waren es jüngere Sozialdemokraten, unter ihnen viele Studenten, Jugendpfleger und
Lehrer. Bis Mitte der 50er Jahre gab es aber auch noch eine Reihe von älteren
Genossinnen und Genossen, die aus der Tradition der Arbeit der sozialdemokratischen
Kinder und Jugendorganisationen vor 1933 kamen.
   Für die »vaterlose Generation« der Nachkriegsjugend waren die älteren Gruppenlei-
ter von besonderer Bedeutung.
   Es lassen sich an ihren Einstellungen und Haltungen sehr gut einige Mängel heutiger
Jugendarbeit verdeutlichen. Im folgenden soll daher von ihnen die Rede sein.
   Einer aus dieser Generation war Rudi Steffen. Ein Sozialist, geprägt von den
Erfahrungen bei der SAJ vor 1933, vom antifaschistischen Widerstandskampf; einer,
der dafür jahrelang unter den Nazis in Zuchthäusern gesessen hatte. Nach dem Krieg
war er Leiter der Entnazifizierungskommission in Kreuzberg und verantwortlich für
die behördliche Jugendarbeit in diesem Bezirk. Als jahrelanger Kreisvorsitzender der
Kreuzberger Falken war Rudi Steffen entscheidend am Wiederaufbau des Verbandes
beteiligt. Hans Maasch erinnerte sich an ihn:

»Er war ein Mensch mit einer ganz besonderen Wärme für alles, was anders und auch
für das, was besser leben kann als er – also so eine Art von Fürsorge, die faszinierend
ist, mehr als faszinierend. Ich denke, das ist einer von den Menschen gewesen, die mir
gesagt haben, du bist hier an so einem Platz, du kannst hier bleiben.«

Diese Gruppenleiter gaben den Jugendlichen viel Wärme und Orientierung. Wolfgang
Jahn, Anfang der 50er Jahre in einer Jugendgruppe am Prenzlauer Berg, erinnerte sich
daran, daß die Autorität dieser Gruppenleiter nie in Frage gestellt wurde.

»Für uns waren das an und für sich Autoritätspersonen. Wenn ich das heute überlege,
wir haben bei unseren Gruppenleitern nie über bestimmte pädagogische Maßnahmen
gemeutert, sondern für uns war richtig, was er sagte. Ich glaube, daß es daran auch

lag, daß viele Kinder keinen Vater mehr gehabt haben. Mein Vater war nicht vorhanden, der war verstorben, und wenn ich mal so rumgucke bei uns im Haus, da gab es eigentlich gar keine Väter, es gab nur Mütter. Ich glaube, daß er so eine Art Vaterersatz gewesen ist – der Gruppenleiter, daß er also das, was zu Hause so fehlte, wieder vervollständigte.«

Barbara Greube bestätigte diese Erfahrungen in ihrer Erinnerung an Ernst Froebel, auch er SAJler, aktiv im antifaschistischen Widerstand, geprägt von Erlebnissen im KZ und Strafbataillion.

»Der hat einen unheimlichen Einfluß ausgeübt. Ich kann nicht mal sagen, woran das lag. Der hatte einfach so irgendwas. Für viele stellte er auch einen Vaterersatz dar. Wir hatten unsere Freiräume, aber im Endeffekt kam es immer wieder darauf raus, daß es das war, was er durchsetzen wollte. Er hat es verstanden, Leute für eine Sache zu begeistern, das ist unwahrscheinlich. Nachher, als wir älter waren, da kam natürlich auch die Kritik an Ernst. Da wurde es dann ein bißchen schwierig, weil er die auch nicht so gut vertragen konnte.«

In den Worten von Ernst Froebel wird etwas spürbar von der Prägung seiner Generation durch die Arbeiterbewegung der Weimarer Republik.

»Ich habe mit einer Frau zusammengelebt, die zwei Kinder hatte. Die wollten zu den ›Reinickendorfer Füchsen‹ gehen – in diesen spießbürgerlichen Sportverein. Da waren wir beide ein bißchen entsetzt, denn wir hatten beide vor 1933 bei ›Fichte‹, der kommunistischen Sportjugend, mitgemacht. Zu derselben Zeit ging es auch bei den Falken los. Da habe ich gesagt: ›Gut, ich mache mit‹. Die Kinder sollten nicht in einen bürgerlichen Verein gehen. So haben wir eine Falkengruppe angefangen. Wir wollten für Arbeiterkinder ein Gemeinschaft schaffen und die Jugend für die Sozialdemokratie heranziehen, damit unsere Kinder nicht ins bürgerliche Bewußtsein abrutschen. Sinn für Gemeinschaft und Solidarität – das war ein hoher Begriff, ein ganz hoher Begriff.«

Zur Gemeinschaft dazuzugehören war etwas Besonderes. Ernst Froebel erzählte dazu immer eine Geschichte.

»Bei uns wurde niemals so einfach einem das Mitgliedsbuch nur so in die Hand gedrückt, sondern es wurde ein besonderer Tag genommen, wo die Gruppe ›Karl Schöder‹ z. B. schon ein Jahr bestand. Es wurde immer von unserer ›Geschichte‹ erzählt, auch wenn du noch so alt warst. Im Gegenteil: Wenn ich das vergessen oder nicht getan habe, na, was meinst du, was diese rauhen Burschen gesagt haben. Unsere Gruppe war keine feine Gruppe. Die hatte schon mit Recht den Namen gehabt: ›Froebel-Banditen‹. Paß mal auf, ein Motto haben wir hier: ›Vergiß deinen kleinen Bruder nicht‹. Und dazu erzähle ich dir die Geschichte: Stell dir vor, im alten bürgerlichen Sinne sitzt eine Familie da mit vielen Kindern. Der Älteste ist schon groß und geht schon arbeiten. Aber da ist noch so ein Kleiner, der ist so ein Nachkömmling, 4 oder 5 Jahre alt. Dann kommt das Essen auf den Tisch. Es ist Sonntag, daher gibt es sogar Fleisch. Das erste Stück ist natürlich für den Vater. Mutter sagt wie immer, sie hat schon so viel gekostet, sie ist schon satt, sie ißt nur noch ein paar Kartoffeln. Dann kriegt natürlich Oma auch noch ein Stück und all die anderen. Dann kommt der große Bruder, dann kommt die große Schwester, und so wandert das Ding bis zu dem Kleinen da hin. Jeder schneidet sich ab, was er gerne ißt. Bei dem Kleinen kommt meistens nur ein Stück Zadderzeug oder ein Stück Fett an, was keiner haben will. Und dann muß der Kleine eigentlich immer schreien: Vergiß deinen kleinen Bruder nicht. Das müßte er eigentlich schreien, wenn das erstemal angeschnitten wird. Wenn du jetzt in unsere Gruppe hineinkommst – heute wirst du aufgenommen – dann mußt du nach dem Motto leben, daß nicht mal einer aufsteht und schreien muß: ›Vergiß deinen kleinen Bruder nicht‹. Wenn du dir das als Motto mit auf den Weg nimmst, dann bist du bei uns hier drinne. Es ist ganz egal, ob du mal bei uns Mitglied in der Partei wirst. Wenn du das Motto mitbringst, dann ist es gut. – Das ist angekommen. Die großen Dachse, 18, 19 Jahre alt, haben gemeutert, wenn ich das nicht gemacht habe. Willst du nicht mal die Geschichte erzählen, der wird doch jetzt Mitglied.‹ Das ist heute nicht mehr möglich. Da war nicht nur ich. Da waren Erich Zern, Lieselotte Pahl, Wolfgang Odebrecht und noch andere. Das waren diejenigen, die in der Partei nicht danach gelebt haben, Abgeordnete zu werden, sondern die eben immer zum Gruppenabend da waren.«

Diese Generation der Älteren, die noch geprägt war von den Erfahrungen einer Kindheit und Jugend vor 1933, den Normen und Werten der alten Arbeiterbewegung, die in der Nachkriegszeit ein Fundament der Falken waren, schied Mitte/Ende der 50er Jahre aus der aktiven Verbandsarbeit aus.

Barbara Greube und Wolfgang Jahn deuteten auch die Schattenseiten der Autorität dieser »Väter« an. Sie ließen den Jugendlichen häufig nur in einem von ihnen bestimmten Rahmen die Möglichkeit, ihre Vorstellungen und Wünsche in die Gruppe einzubringen. Auch Kritik gegenüber waren sie oft wenig aufgeschlossen. Das zeigt auch ein Beispiel aus der Falkengruppe »Freiheit«, deren Gruppenleiterin von der Gruppe ausgewählt wurde.

»Unsere damalige Gruppe entsprach nicht diesem politischen Funktionärstyp, der oft mit einem Machtanspruch diese Funktion übernahm, um darüber dann in andere Funktionen zu kommen und damit auch eigene politische Ziele durchzusetzen. Das war bei unserer damaligen Gruppenleiterin nicht drin. Von daher war auch unsere Gruppe ein bißchen isoliert. Ich muß sagen, daß wir uns in dieser Isolierung eigentlich ganz wohl gefühlt haben. Erst viel später – als wir selbst älter wurden – haben wir die Gruppenleiterin abgewählt. Sie war damals sehr niedergeschmettert, weil das Ganze auch ein bißchen familiär ablief. Teilweise haben wir auch die Wohnung als Gruppenunterkunft benutzt. Der Sohn war auch mit in der Gruppe. Wir waren auch ganz froh, denn Familie war das, was wir eigentlich brauchten. Sie war damals recht geknickt und ist dann weggeblieben.« (Gerd Zimmerling)

Wir meinen dennoch, daß die Bedeutung der Gruppenleiter(innen) für unsere Gesprächspartner nicht nur darauf zurückzuführen ist, daß viele von ihnen ohne Vater aufgewachsen sind. Sie besaßen auch Fähigkeiten und Erfahrungen, die heute vielen Erziehern in der Jugendarbeit fehlen. Viele Gruppenleiter waren Arbeiter oder Handwerker und verfügten somit über entsprechende praktische Fähigkeiten, die sie in den Aufbau bzw. in die Einrichtung von Jugendheimen, in die Zeltlagergestaltung und auch in die alltägliche Gruppenarbeit einbringen konnten.

Andere konnten ein Instrument spielen, verfügten über einen großen Liederschatz, kannten viele Gruppenspiele, hatten gute Literaturkenntnisse oder waren begeisterte Sportler. Die meisten hatten nicht nur das Parteibuch in der Tasche. Sie waren aktive, politisch engagierte Sozialdemokraten und nicht nur Pädagogen.

Sie verfügten über langjährige politische Erfahrungen und waren teilweise noch geprägt durch die Weimarer Republik oder gar vom antifaschistischen Widerstand. Sie hatten den Faschismus, den Krieg und die Nachkriegsnot am eigenen Leibe erfahren. Mit allen diesen Lebenserfahrungen und Fähigkeiten bereicherten sie das Gruppen- und Verbandsleben der Falken. Diese Gruppenleiter konnten den Jugendlichen auf vielen Ebenen und in vielen Problemen Orientierungen bieten und viele ihrer Bedürf-

nisse in der Gruppenarbeit aufnehmen. Sie förderten die Jugendlichen und standen noch zu der Notwendigkeit erzieherischen Handelns. Dabei traten sie den Jugendlichen nicht in einer besonderen Funktion als Pädagogen gegenüber, sondern als Genossen. Die meisten kamen aus dem gleichen Milieu wie die Jugendlichen und sprachen die gleiche Sprache.

Uns geht es hier nicht um eine Idealisierung dieser Gruppenleiter und ihrer Arbeit. Auf einige ihrer Schwächen haben wir schon hingewiesen. Einige von ihnen hatten auch Schwierigkeiten, angemessen auf die spezifischen, altersbedingten Probleme der Jugendlichen einzugehen. Wir werden darauf unter anderem noch ausführlicher in der Auseinandersetzung über das Verhältnis von Mädchen und Jungen im Verband eingehen. Für uns war jedoch der Reichtum der Arbeit vieler Falkengruppen sehr beeindruckend.

Die heutige pädagogische Praxis, ob in Jugendverbänden oder in Jugendfreizeitheimen, erscheint uns im Vergleich dazu meist eher ärmlich. Die Pädagogen und Gruppenleiter sind zwar häufig Erzieher oder befinden sich gerade in einer entsprechenden Ausbildung. Sie verfügen über theoretische Kenntnisse, aber nur über wenig praktische Fertigkeiten.

Sicher sind die gegenwärtigen Schwierigkeiten in der Jugendarbeit mit Arbeiterjugendlichen im wesentlichen ein Resultat der gesellschaftlich bedingten Verschlechterung der Lebensbedingungen und Zukunftserwartungen der Jugendlichen. Neben den bereits erwähnten Mängeln in der Ausbildung hat das auch etwas damit zu tun, daß immer mehr Erzieher und Gruppenleiter der traditionellen Jugendverbände aus einem anderen Milieu kommen, andere Erfahrungen sowie Wert- und Normenorientierungen als diese Jugendlichen haben, von deren Welt und Leben sie aus eigener Erfahrung nur wenig wissen. Auch daraus resultieren Distanz, Abwehr und Verständnisschwierigkeiten.[8]

Sicher lassen sich die positiven Aspekte der Gruppenarbeit der Berliner Falken in der Nachkriegssituation nicht bruchlos auf die heutige Situation übertragen. Einige Anregungen ließen sich ihr jedoch entnehmen.

Dazugehören – dagegensein

Ihren Wunsch nach Wärme und Solidarität konnten Jugendliche auch woanders befriedigen. Über ähnliche Erlebnisse berichten wahrscheinlich auch Mitglieder anderer Jugendgruppen.

Bei den Falken suchten und erfuhren die Jugendlichen aber noch etwas anderes. Einzelne hatten vom »roten Großvater« schon etwas über die Geschichte der Arbeiterbewegung gehört oder kannten Lieder der alten Arbeiterbewegung. Andere hatten die kritische Haltung ihrer Eltern gegenüber dem Nationalsozialismus erlebt. Wieder andere waren durch eigenes Leiden in den Kriegsjahren dazu motiviert worden, am Aufbau von etwas Neuem teilzunehmen. Für die meisten Jugendlichen, die sich in diesen Jahren den Falken anschlossen, war die Richtung schon irgendwie klar. Sie nahmen die politischen Auseinandersetzungen nicht nur mit eingezogenem Bauch hin, sondern hatten ein starkes Bedürfnis nach Orientierung.

Dazuzugehören, dagegensein – das vermittelte sich für die Jugendlichen über eine Vielzahl von Eindrücken und Erlebnissen – nicht nur und vor allem über den Kopf, sondern auch über Gefühle und Symbole. Darüber wollen wir im folgenden berichten.

»Wir wollten die Welt verändern«

Eine Reinickendorfer Jugendgruppe drückte ihre Hoffnungen, ihren Wunsch nach gesellschaftlicher Veränderung, ihren Optimismus Anfang der 50er Jahre in ihrem Gruppennamen aus:»Die Kommenden«.

»Wir wollten ja die Welt verändern. Wir wollten alles besser machen. Wir wollten alles anders machen und haben gesagt: ›Wir sind nun die kommende Generation‹. Der Name kommt von dem alten Wiener Arbeiterlied ›Wir sind das Bauvolk der kommenden Welt‹.« (Barbara Greube)

Woraus erwuchs die Haltung dieser Jugendlichen in einer Zeit, da die meisten ihrer Generation skeptisch bzw. gleichgültig die politische und gesellschaftliche Entwicklung hinnahmen?

Bedeutsam für das Selbstbewußtsein und für die Hoffnungen der jungen Falken war die lebendige Beziehung, die gemeinsame Identität zwischen dem Jugendverband und der Sozialdemokratischen Partei. Es war eine Beziehung, die in diesen Jahren noch nicht beschränkt war auf den Kontakt zwischen Funktionären. Ältere Sozialdemokraten waren häufig als Gäste bzw. Referenten auf Gruppenabenden oder Bildungsveranstaltungen. Man organisierte viele gemeinsame kulturelle und politische Veranstaltungen. Führende SPD-Politiker waren auf Konferenzen und bei sportlichen und kulturellen Aktivitäten der Falken präsent. Die Kulturgruppen der Falken traten häufig auf Veranstaltungen und Feiern der SPD auf, und nicht zuletzt waren viele ältere Falken auch gleichzeitig Mitglieder der SPD.

Die jungen Falken konnten sich also als Teil einer breiten sozialdemokratischen Bewegung fühlen. Ihre Partei war zudem in Berlin an der Regierung beteiligt. Auch wenn viele ein kritisches Verhältnis zur SPD hatten – beispielsweise zu der in den späten 40er und Anfang der 50er Jahre mit der CDU und der FDP eingegangenen großen Koalition –, so war es doch ihre Partei, an die sie Hoffnungen auf gesellschaftliche Veränderungen knüpften.

Vielleicht noch bedeutsamer für die Hoffnungen der Jugendlichen auf eine bessere Welt waren die Begegnungen mit jungen Sozialisten aus anderen Ländern während der Fahrten ins westliche Ausland, auf dem Arbeiterjugendtag in Hamburg 1951 sowie den großen IUSY-Camps in Wien und Lüttich. Insbesondere diese von der IUSY (International Union of Socialist Youth), der internationalen Dachorganisation der demokratisch-sozialistischen Jugend- und Studentenorganisationen, veranstalteten Camps, waren für die jungen Falken prägend bleibende Erlebnisse, die ihr politisches Selbstverständnis nachhaltig beeinflußten.

Wir blicken zurück: 8. Sozialistischer Jugendtag

»Frieden und Freiheit durch Sozialismus« – diese Worte, das Motto unseres Hamburger Jugendtages, leuchteten jedem entgegen, der an diesem Wochenende Mitte August auf der Landstraße oder mit der Eisenbahn in die Millionenstadt an der Elbe fuhr. Die Hansestadt Hamburg stand im Zeichen der Sozialistischen Jugend Deutschlands und der ganzen Welt. Von hohen Masten grüßten die Fahnen der europäischen Länder. Irgendwie war das ganze Leben dieser Stadt vom Schwung und der Begeisterung der Jugend beeinflußt und gepackt. Nicht, weil eine Staatsmaschinerie es so befohlen hatte und kein diktatorisches »Muß« dahinter stand. (...)

Das Staunen unserer westdeutschen Genossen war groß, als wir ihnen sagen konnten, daß nahezu 500 Falken aus Berlin nach Hamburg gekommen waren und es noch weit mehr gewesen wären, wenn es die augenblickliche politische Situation in unserer Stadt zugelassen hätte. (...)

The greeting of friendship of our farewell celebration, which the wind carries to the suppressed youth of East Europe

Der Freundschaftsgruß unserer Abschlußfeier, den der Wstwind zu den verdrückten Jugend Osteuropas trägt

The flag of IUSY was brought from Berlin to Vienna

Die Fahne der IUSY wurde von Berlin nach Wien gebracht

In diesem Jahr wird nun die Fahne unserer Sozialistischen Jugendinternationale auf deutschem Boden wehen, nachdem sie bislang bei unseren schwedischen Freunden war. Sie wird wehen über einer Stadt und über einer Jugend, die sich ihrer großen Aufgabe bewußt ist: über Berlin! Als Erich Lindstaedt sie unserer Berliner Delegation übergab, war die riesige Halle minutenlang von jubelndem Beifall erfüllt. Und besonders die 500 Berliner Falken erlebten wohl schon hier den Höhepunkt des Jugendtages. Wir sind ehrlich genug zu sagen, daß uns allen die Tränen in den Augen standen, ergriffen von dem machtvollen Bekenntnis zu unserer Stadt und dem Vertrauen, das die Welt in ihre jungen Sozialisten setzt. Wir werden dieses Vertrauen zu wahren wissen. Den Sozialisten aus der ganzen Welt aber ist es eine Verpflichtung. Wer das freie Berlin aufgibt, läßt seine Fahne im Stich. Wir sind gewiß, daß es dazu niemals kommen wird. Die Fahne der IUSY wird wehen auf freiem Boden, umgeben von einem Gebiet des unbeschränkten sowjetischen Terrors. (...)[9]

»Das Blauhemd war eines der Dinge, die uns zusammengehalten haben«

Die Jugendlichen empfanden ein starkes Bedürfnis, ihre Gruppenidentität, ihr Zusammengehörigkeitsgefühl auch mit entsprechenden Symbolen auszudrücken. In den unmittelbaren Nachkriegsjahren taten sich die Falken damit noch sehr schwer. Die Erfahrungen mit dem NS waren wohl noch zu frisch. Uniforme Kleidung weckte Assoziationen an die Zwangsorganisationen des Faschismus und an das Militär. Dazu trat dann sehr schnell noch ein weiteres Problem. Wollte man an die traditionelle Kleidung der sozialistischen Jugend anknüpfen, so geriet man in Gefahr, mit der FDJ verwechselt zu werden. Anfang der 50er Jahre änderte sich das. Die jungen Berliner Falken erlebten auf internationalen Begegnungen und Zeltlagern, daß die sozialistische Jugend der anderen Länder in gemeinsamer Kleidung auftrat. Begleitet von teilweise heftiger Kritik eines Teils der älteren Gruppenleiter und Funktionäre traten die ersten Berliner Falkengruppen im Blauhemd auf.

Nils Diederich von der Zehlendorfer Gruppe »Rosa Luxemburg« erinnerte sich: »Wir sind die ersten im Verband gewesen, die Blauhemden getragen haben. Da sind wir auch auf den Demos heftig angefeindet worden. Da hat es vor allem Ältere gegeben, die dagegen waren; auch wegen der Gefahr der Verwechslung mit der FDJ. Wir haben Blauhemden und rote Halstücher getragen – in bewußter Anlehnung an frühere Zeiten. Das muß so ab '51 gewesen sein. Das war etwas Exotisches. Der Versuch, sich einheitlich zu kleiden, das ist von vielen als Uniform empfunden worden. Wir haben dann auch diese Widersprüchlichkeit empfunden. Aber, Gott, das war so eine Sache der Demonstration. Das hat uns auch gefallen. In den internationalen Lagern waren die ja alle einheitlich gekleidet.«

Im Verband wurde daraufhin in der Folgezeit eine intensive Auseinandersetzung um das »Blauhemd« geführt:

Uniformierung der Sozialistischen Jugend, ja oder nein?

Unser Freund Aribert vertrat in seinem Artikel zu diesem Thema die Ansicht, daß die Ablehnung des blauen Hemdes und seine Einführung in Berlin darin zu suchen ist, daß die FDJ nach 1946 die Kleidung und vieles andere von der SAJ übernommen hat. Ich glaube, die Ursache hat andere Gründe.

Wenn man auf die Arbeit der SAJ von vor 1933 schaut oder ältere Genossen davon erzählen hört, dann bleibt uns als sichtbares Zeichen dieser »schönen alten Zeit« das blaue Hemd, das rote Halstuch und der Falke. Um nun die Verbundenheit mit der damaligen Arbeiterjugend zum

Ausdruck zu bringen, wird in der heutigen sozialistischen Jugendbewegung vieles nachgemacht, was damals durch die Entwicklung des politischen und sozialen Lebens notwendig war, heute jedoch überholt ist. So auch die Bestrebung, bei uns in der Bewegung wieder Uniformen anzulegen. (...)

Fragen wir uns einmal ganz ehrlich, ob wir das, was die Uniform verkörpert, wirklich wollen? Sie ist doch ein Sinnbild für Gehorsam, Unterordnung und Abgrenzung. Aber müssen wir uns denn von den anderen, die etwas anderes wollen, schon rein äußerlich abgrenzen? Ist denn derjenige, der nicht meine Uniform trägt, ein weniger wertvoller Mensch?

Lieber Aribert, Du bist der Meinung, daß es in Hamburg gar nicht nach Uniform aussah. Ich habe jedenfalls einen Schreck bekommen, wie weit die Uniformierung der SJ schon fortgeschritten ist. Wenn es in Berlin bisher noch nicht soweit gekommen ist, wie es in Süd- und Westdeutschland der Fall ist, dann doch wohl aus der Erkenntnis heraus, daß der Einfluß einer Uniform nur ungesund und negativ sein kann. Ein markantes Beispiel beschert uns z. Zt. das »Soziale Jugendwerk« mit seinem Arbeitsdienst und auch die FDJ. Wir wollen nicht die Aufmerksamkeit durch Äußerlichkeiten auf uns lenken, sondern durch das was wir tun. *Werner Trapp* [10]

Antwort auf die Leserzuschrift »Blauhemd«, ja oder nein?

(...) Das blaue Hemd, so wie ich es vorschlage zu tragen, hat nichts mit Kordel, Schulterriemen usw. zu tun. Was ich meinte, ist das ganz einfache Hemd mit dem Organisationsabzeichen. Ob das nun mit einer Uniformierung der SJ zu tun hat, wage ich jedenfalls zu bestreiten. (...) Steht nicht der Arbeiter und seine Jugend in dem gleichen Kampf um den Sozialismus wie damals?

Wir sind heute, wie vor 20 Jahren und in der Illegalität während der Zeit des »tausendjährigen Reiches«, eine Kampforganisation der Jugend! (...) Wir wollen doch einmal ganz nüchtern nach Westdeutschland schauen, wo die SJ schon seit langem das blaue Hemd trägt. Warum tragen sie es denn? Eben aus der Zuspitzung der politischen und sozialen Verhältnisse heraus. Aber nicht nur deswegen, sondern weil es auch etwas gemeinsames hat, dieses blaue Hemd, das Gefühl des Zusammengehörens in einer großen Gemeinschaft. (...) Eine freie Jugend fand sich in Hamburg zum 8. Jugendtag zusammen. Ohne das Gefühl zu haben »uniformiert« zu sein, haben unsere Freunde das blaue Hemd getragen als äußeres Zeichen der Solidarität zu den arbeitenden Menschen. *Aribert Schulz* [11]

Mit dem Tragen des Blauhemdes, dieser traditionellen Kleidung der Arbeiter, sollte also symbolisiert werden, daß sich die Falken als Teil der Arbeiterbewegung verstanden. Das Anknüpfen der älteren, von Weimar geprägten Falken an Traditionen sowie die Absicht der jungen Falken, ihr Zusammengehörigkeitsgefühl und auch ihre Abgrenzung gegenüber anderen deutlich sichtbar zu zeigen, setzten sich relativ bald gegen die Bedenken der mittleren Generation im Verband durch. Man wollte sich die Symbole der Arbeiterjugendbewegung nicht von der FDJ wegnehmen lassen.

»Wir haben dieses Blauhemd aus Trotz getragen, weil die FDJ es auch trägt. Die sollten nicht unsere Symbole wegnehmen, sondern das war unser Symbol als Falken. Das Blauhemd war eines der Dinge, die uns zusammengehalten hatten.« (Peter Bischoff)

Auf andere Jugendliche haben die Blauhemden wahrscheinlich eher zwiespältig gewirkt. So attraktiv sie als Moment der Demonstration sein mögen, vergrößerten sie doch gleichzeitig die Distanz.

»Man hat ja auf bestimmte Dinge so unheimlichen Wert gelegt. Wir sind losgezogen durch Reinickendorf mit Blauhemd und Wimpel, so daß die anderen Jugendlichen gesagt haben: ›Das kennen wir doch irgendwie: der gleiche Keks wie früher.‹ Du bist am Wochenende mit dem Rucksack losgefahren. Die anderen haben das nicht so ganz verstanden.« (Barbara Greube)

Für die unorganisierten Mädchen und Jungen hatten die Falken etwas Altmodisches an sich. Ähnlich haben sie wahrscheinlich die Fahnen empfunden oder wenn die Falken im Marschrhythmus, die alten Arbeiterlieder singend, die Straßen entlangzogen. Der betonte Rückgriff auf Kultur und Symbole der Arbeiterbewegung machte sie für andere Jugendliche sicherlich nicht attraktiver. Offenbar gab es für die Falken Anfang der 50er Jahre keine andere Wahl, als auf das Alte zurückzugreifen. Aus der 12jährigen NS-Herrschaft resultierte nicht nur politische Apathie, sondern auch der Mangel an einer neuen kulturellen Orientierung.

Nicht zufällig dauerte es beinahe ein Jahrzehnt, bis sich breiter jugendliche Subkulturen entwickelten. Und es ist sicher auch kein Zufall, daß deren Symbole aus dem Ausland – insbesondere den USA – kamen. Insoweit war Anfang der 50er Jahre der Rückgriff der Falken auf die alten Symbole verständlich.

In neueren Ansätzen der Kultur- und Bildungsarbeit ab Mitte der 50er Jahre werden wir zeigen, daß man auch anders mit den Traditionen der Arbeiterbewegung umgehen konnte. Ohne wesentliche Inhalte über Bord zu werfen, wurden Texte und Lieder der Arbeiterbewegung so verändert, daß sie auch Jugendlichen in den 50er Jahren noch etwas sagten.

Antifaschismus, Antikommunismus, Antimilitarismus

Das politische Selbstverständnis der jungen Falken war Anfang der 50er Jahre wesentlich geprägt durch Antifaschismus, Antikommunismus und Antimilitarismus. Im Mittelpunkt der Bildungs- und Kulturarbeit als auch der politischen Aktionen des Jugendverbandes standen die »großen Ideen«.

Hier erhielten Jugendliche einen lebendigen Geschichtsunterricht, wenn z. B. ältere Gruppenleiter und Funktionäre den Falken von ihrer Verfolgung oder von ihren Erfahrungen im antifaschistischen Widerstandskampf und von ihren Erlebnissen als Soldaten berichteten. Auf die Bedeutung dieser Bildungserlebnisse für die jungen Falken werden wir später noch ausführlich zurückkommen. In ihrer antifaschistischen Grundhaltung wurden sie in den politischen Aktionen bestärkt, die die Falken gegen rechtsextremistische Positionen durchführten. 1952 organisierten die Falken eine Kundgebung gegen rechtsradikale Tendenzen im Bund Deutscher Jugend (BDJ). In den Wahlkämpfen konzentrierten sie sich vor allem auf die Deutsche Partei (DP), aus der in den 60er Jahren ein Teil der Gründungsmitglieder der NPD kam. Sie störten die öffentlichen Kundgebungen der DP, rissen deren Wahlplakate ab.

Siegfried Bilewicz, ein Kreuzberger Falke, erinnerte sich daran, daß es dabei oft nicht zimperlich zuging.

»Wir haben denen auch schon mal ihre Plakate weggenommen und sie dann anschließend verbrannt.«

Als unerträglich empfanden es die Falken auch, daß 1954 schon wieder ein Film des »Jud Süß«-Regisseurs Veit Harlan in die Kinos kommen konnte.

Über 10 Tage waren Falkengruppen bei verschiedenen Kinos in Aktion, um die Absetzung von »Sterne über Colombo« zu erzwingen. Vor den Kinos verteilten sie Flugblätter, in denen sie potentielle Besucher an die Rolle von Veit Harlan im Faschismus erinnerten. Mit lauten Zwischenrufen und kurzen Reden unterbrachen sie die Vorstellungen und erzwangen so immer wieder ihren Abbruch.

»Immer wieder sind wir in diesen Harlan-Film ›Sterne über Colombo‹ reingegangen und haben die Kinovorstellungen gestört. Wir haben hinten mit einem Plakat an einem langen Stiel die Klappe verdeckt. Einer ist vorne auf die Bühne gegangen und hat eine

Rede gehalten. Wir haben solange gestört, bis die Vorführung abgebrochen werden mußte. Da haben wir natürlich auch engeren Kontakt mit der Polizei bekommen.« (Rolf Hirschmann)

Auch wenn kein Zweifel an der lebendigen Auseinandersetzung mit dem Nationalsozialismus und rechtsextremistischen Tendenzen nach dem Krieg bestand, so gibt es doch Anzeichen, daß für große Teile der Berliner Falken im Höhepunkt des »Kalten Krieges« Ende der 40er/Anfang der 50er Jahre politische Aktionen gegen den Kommunismus im Vordergrund standen. Deutlich wird das auch in der folgenden Erinnerung von Werner Trapp:

»Die alten Nazis gab es ja praktisch nicht mehr. Es gab Leute, von denen wußte man: Das war mal ein Nazi, der sich aber anständig verhalten hat, mit dem man auch weiter geredet hat. Und es gab welche, die waren hier in der ›Freien Scholle‹ noch bekannt als scharfe Nazis. Die hat man eine Weile geächtet. Aber die Zeit hat dann die Wunden geheilt. Zum Teil leben sie heute noch als friedliche Bürger hier. Politisch aktuell war

Wieder Tumult um Harlan-Fi

Berlin, 9. 2. (DPA/Eigenmeldung). Zu 2
scheußfällen um den Harlan-Film „Sterne i
Colombo" kam es am Dienstagabend in
Kant-Lichtspielen in Charlottenburg.
größere Anzahl Angehöriger Westbe
Jugend-Organisationen störten durch Zwi
rufe die Aufführung, die schließlich
brochen werden mußte. Die Polizei hol.
reiche Störer aus dem Zuschauerraum
immer wieder in Sprechchören „N'
Harlan" gerufen wurde. Nach einige
der SPD-Vorsitzende Neumann ein,
von den Demonstranten mit Beifall

Schwere Tumulte im Kino

Neue Proteste gegen Veit-Harlan-Film / Polizei mußte einschreiten

Berlin (Eigenbericht). Zu Tumulten kam es gestern in der Abendvorstellung der Kant-Lichtspiele, als der Film „Sterne über Colombo" aufgeführt wurde. Eine große Anzahl von jungen Leuten brachte ihr Mißfallen über die Aufführung des Filmes durch Johlen, Pfeifen und Trampeln zum Ausdruck. Niespulver, Stinkbomben und weiße Mäuse fanden im Zuschauerraum Verwendung.

(dpa). Die Zwischenfälle in den Kant-Lichtspielen entwickelten sich binnen kurzer Zeit zu den größten, die es bisher bei diesem Film in Berlin gegeben hat. Die Polizei mußte immer neue vorläufig Festgenommene aus dem Zuschauerraum bringen.

In später Stunde traf der Berliner SPD-Vorsitzende Franz Neumann ein und verhandelte mit dem Polizeioffizier.

Erst nach mehr als einstündiger Dauer der Zwischenfälle konnte die Polizei nach 22 Uhr Ruhe und Ordnung wiederherstellen. Als das Kino geräumt wurde, kam es auch außerhalb zu lebhaften Auseinandersetzungen zwischen Demonstranten und Polizei, wobei die Polizei vom Gummiknüppel Gebrauch machte. Insgesamt etwa 33 vorläufig Festgenommene der jugendlichen Demonstranten wurden nach Feststellung ihrer Personalien wieder entlassen.

*

Weiße Mäuse waren schon einmal ein Kampfmittel. Die Nazis wollten damit die Aufführung des Films „Im Westen nichts Neues" verhindern. Die Idee ist also weder originell noch richtig.

Telegraf vom 1o.2.54

jetzt weniger der Haß oder die Rachegefühle auf die Alten, also auf die braunen Diktatoren, als vielmehr jezt das abzuwenden, was aus dem Osten kam. Denn das andere war tot, keine Frage. Was die SED gemacht hat, die Kommunisten mit Unterstützung der Russen – das war aber brandaktuell.«

In der besonderen politischen Situation Berlins nahm der Streit mit den Kommunisten, insbesondere mit der FDJ, von Beginn an breiten Raum ein. Ihre Zuspitzung fand diese Auseinandersetzung zur Zeit der Blockade 1948/49. In dieser Situation war auch für Falken eine Teilnahme an den großen Freiheitskundgebungen eine Selbstverständlichkeit. Zur Emotionalität und Aggressivität, mit der auch die Falken sich mit den Kommunisten auseinandersetzten, trugen auch die schweren Behinderungen der Arbeit der Falken in den Ostberliner Stadtbezirken sowie der Tod von Wolfgang Scheunemann bei – einem jungen Mitglied der Falken, der im September 1948 im Anschluß an eine Protestkundgebung von 300 000 Berlinern bei Auseinandersetzungen von Vopos erschossen wurde.

Ein Freund ging von uns

Beisetzung Wolfgang Scheunemanns – Starke Anteilnahme der Bevölkerung. (...) Vor dem Rathaus Tiergarten hatten sich um den mit Blumen und Kränzen reichgeschmückten Sarg Tausende von Berliner »Falken« mit ihren Wimpeln und Angehörige der anderen demokratischen Berliner Jugendorganisationen eingefunden. Der Vorplatz und die Straßen waren überfüllt von

Männern und Frauen aus allen Schichten der Berliner Bevölkerung. In seinen Abschiedsworten führte der Vorsitzende der Berliner »Falken«, Heinz Westphal, aus, daß mit Wolfgang Scheuncmann ein junger Mensch von den Lebenden gegangen sei, der die Ideale der »Falken« hatte zur Tat werden lassen. »Es war kein Nationalismus und kein Revanchegedanke, der die jungen Menschen zum Platz der Republik getrieben hat«, erklärte Westphal, »es war die Sehnsucht, endlich in einer freien Welt leben zu können. Diese Sehnsucht werden die Falken als Vermächtnis des Toten erfüllen. Diese Sehnsucht heißt: Freundschaft!«

»Als vor zehn Tagen zum vierten Male die Stadtverordneten an ihrer Arbeit gehindert wurden, spürte jeder, daß die Bedrohung unserer Freiheit in ein entscheidendes Stadium getreten war«, betonte die Stadtverordnete Hilde Lucht-Perske. Wolfgang Scheunemann habe nicht zu denen gehört, die sich am Brandenburger Tor hatten hinreißen lassen. Er habe sich schützend vor eine Frau gestellt, als diese in Gefahr war. »Du bist im Frieden gefallen, als Du Dein Bekenntnis zu Frieden, Freiheit und Menschlichkeit ablegtest«, sagte sie, »und Du wirst für uns Lebende ein Symbol des Berliner Freiheitskampfes bleiben.« (. . .) [12]

Die Auseinandersetzungen der Falken mit den Kommunisten spitzten sich 1949 weiter zu, als im Mai 9 Mitglieder des Verbandes beim Verteilen der Berliner Zeitung »Telegraf« in Ost-Berlin verhaftet wurden. Vier Wochen später wurden zwei von ihnen – darunter der 2. Landesvorsitzende der Berliner Falken, Jürgen Gerull, – vom Landgericht im Ostsektor zu 2½ Jahren bzw. 1 Jahr Gefängnis verurteilt. Am Tage der Urteilsverkündung wurde zudem noch der Vorsitzende der Berliner Falken, Heinz Westphal, von Zivilbeamten aus dem Gerichtssaal verschleppt und von einem Schnellgericht zu 6 Wochen Gefängnis verurteilt.

Schreckensurteil gegen »Falken«
Schwere Gefängnisstrafen für Verteilung des »Telegraf« im Ostsektor –
»Falken«-Vorsitzender verhaftet

Im Schauprozeß gegen neun Mitglieder der sozialistischen Jugendorganisation »Falken« verurteilte die Große Strafkammer des Landgerichts im Ostsektor unter Berufung auf die Direktive 38 des Kontrollrats den Zweiten Vorsitzenden der »Falken«, den 20jährigen Studenten Jürgen Gerull, zu zweieinhalb Jahren und den 18jährigen Kunstschmiedelehrling Werner Wilke zu einem Jahr Gefängnis. Die übrigen sieben angeklagten Jugendlichen wurden freigesprochen, da sie von Gerull zu ihrer Tat »angestiftet« worden seien. In der Direktive 38 heißt es in Abschnitt III: »Aktivist ist auch, wer nach dem 8. Mai 1945 durch Erfindung und Verbreitung tendenziöser Gerüchte den Frieden des deutschen Volkes oder den Frieden der Welt gefährdet.« Die Angeklagten hatten am 14. Mai in Bohnsdorf (Sowjetsektor) die ostdeutsche Ausgabe des »Telegraf« verteilt und sich nach Ansicht des ostsektoralen Gerichts damit als »Aktivisten« bewegt und »den Frieden des deutschen Volkes gefährdet«. (. . .)

Während des Schauprozesses im Gasag-Gebäude in der Neuen Friedrichstraße wurde der Erste Vorsitzende der Berliner »Falken«, Heinz Westphal, verhaftet und in das Polizeigefängnis in der Dircksenstraße eingeliefert. Westphal, der sich im Verhandlungsraum befand, wurde, als er den Gerichtssaal während der Verhandlung verließ, von Angehörigen der FDJ umringt und blutig geschlagen und von Volkspolizisten verhaftet. Während dieses Zwischenfalls, der sich vor dem Eingang zum Saal abspielte, durfte auf Anweisung des Gerichtsvorsitzenden niemand den Verhandlungssaal verlassen. Nach Abschluß des Schauprozesses wurde die Verlobte des Angeklagten Gerull, die 18jährige Helga Wels, auf dem Wege zur U-Bahn Jannowitzbrücke von Kriminalbeamten der Markgraf-Polizei verhaftet. Helga Wels, die Enkelin des verstorbenen Vorsitzenden der Berliner SPD bis 1933, Otto Wels, hatte während der Verhandlung neben Heinz Westphal gesessen. (. . .) [13]

Vor dem Hintergrund dieser Ereignisse waren für die Falken gemeinsame Aktionen mit der FDJ ausgeschlossen. Unter dem Einfluß des vom Kalten Krieg geprägten politischen Klimas wurde es für die Falken immer schwieriger, eine eigenständige, differenzierte Haltung in der Auseinandersetzung mit dem Kommunismus zu bewahren. Zunehmend setzte sich dann aber bei den Falken eine antistalinistische Position durch, die sich von der Gleichsetzung von Faschismus und Kommunismus distanzierte.

Harry Ristock erinnerte sich an 1953, als die Falken sich zwischen alle Stühle setzten und auch den Konflikt mit der SPD suchten:

»Am 17. Juni waren die Fronten verkehrt. Am 17. Juni standen wir als die eigentlichen Linken der Stadt – der Osten wollte Ruhe und Ordnung und hilfsweise schießen, und hier wollten sie auch alle Ruhe und Ordnung – und wir wollten Generalstreik in beiden Teilen Deutschlands. Und dann haben wir ihnen Vorwürfe gemacht, daß sie lahmarschig seien und die Arbeiter alleine gelassen haben, aber nicht so milde, wie ich das heute sagte.«

Auch wenn sich die Falken in der Abgrenzung von den Kommunisten und der Ablehnung der Entwicklung in der sowjetischen Besatzungszone und späteren DDR einig waren, so gab es doch sowohl Unterschiede in den Positionen als auch in den Motiven der Abgrenzung gegenüber den Kommunisten. Einige, wie z.B. Nils Diederich, waren in ihrer ablehnenden Haltung beeinflußt durch die damals vorherrschende Sichtweise, mit der Sozialdemokraten die Erfahrungen der Weimarer Republik reflektierten.

»Die Haltung zum Kommunismus war eher dadurch geprägt, daß wir gelernt haben, daß die Weimarer Republik auch zerbrochen ist an der Uneinigkeit der Arbeiterparteien. Aber die Schuldzuweisung ging eindeutig in Richtung Kommunismus aufgrund ihrer Kooperationsunfähigkeit mit den Demokraten. Das Versagen der Sozialdemokraten ist mir eigentlich erst während dem Studium klargeworden. Damals haben wir es eher so gesehen, daß die Sozialdemokraten im Stich gelassen worden sind; daß die Nazis an die Macht gekommen sind durch eine Art bürgerlicher Koalition, Bürgertum, sozusagen mit stillschweigender Hilfe der Kommunisten. Der Antikommunismus wuchs dann mit der Blockade – wenn man das miterlebt hat. Nach der Blockade war das fast eine selbstverständliche, natürliche Haltung. Wir haben die Kommunisten damals nicht mehr als Demokraten oder als Leute gesehen, die so etwas machen wollen wie demokratischen Sozialismus.«

Andere verbanden ihre ablehnende Haltung mit Erlebnissen bei dem Einmarsch der Russen in Berlin, die durch die Blockade aktualisiert wurden.

»Es gab ja vorher schon so eine gewisse Angst vor den Russen und auch einen Russenhaß. Alle, die den Einmarsch der Russen erlebt haben, sagten: ›Nein, so haben wir uns die Befreiung nicht vorgestellt.‹ Das waren die Erwachsenen. Aber wir Kinder haben auch mitbekommen, was die mit den Frauen gemacht haben.« (Werner Trapp)

Einige störten sich auch an dem missionarischen Auftreten der Kommunisten.

»Die waren schlimmer wie die Zeugen Jehovas. Dauernd wollten sie diskutieren. Wir waren denen einfach nicht gewachsen. Wir haben gesagt: ›Laßt uns in Ruhe. Wir machen unseren Mist und macht ihr euren.‹« (Herbert Bohn)

Eine Zusammenarbeit mit der FDJ, wie sie an einigen Punkten 1947 noch existiert hatte, war für die Falken in den 50er Jahren nicht mehr denkbar. Positionen wer die von Peter Weiß, der sich mit einer eher antistalinistischen Einstellung von der Politik

von SED und FDJ abgrenzte, aber auf der Notwendigkeit der rationalen Auseinandersetzung beharrte, waren Ende der 40er Jahre noch in der Minderheit. In dem Wilmersdorfer Heim, wo sich die Falken zu ihren Gruppenabenden trafen, hatte auch die FDJ einen Raum.

»Mit einigen dieser Leute haben wir sehr viel diskutiert. Wenn man über Antifaschismus sprach und über die Ziele der Arbeiterbewegung, dann gab es da eine große Identität, dann gab es überhaupt keine Unterschiede. Nur wenn es dann um Fragen der Freiheit und Gerechtigkeit und gegen Unterdrückung ging, dann wurde die Atmosphäre sehr hart und frostig. Das heißt also, für mich war Antikommunismus – und so waren auch unsere Gruppen – nur relevant im Hinblick auf die unterdrückenden Elemente, in bezug auf die autoritären und diktatorischen Elemente.«

Der Antimilitarismus spielte im verbandlichen Leben der Falken ebenfalls von Anfang an eine große Rolle. Auf den Gruppenabenden war er einer der wesentlichen Schwerpunkte. Man las dort zusammen Texte von Tucholsky (»Nie wieder Krieg«) oder von Wolfgang Borchert (»Draußen vor der Tür«), sang Antikriegslieder und bereitete Sketche bzw. kleine Theaterstücke gegen den Krieg vor. Die Jugendgruppen organisierten in den Jugendheimen Filmvorführungen, Kabarett- und Theaterabende.

Schon zu einer Zeit, in der die Wiederbewaffnung Deutschlands noch nicht im Gespräch war, führten die Falken Antikriegskundgebungen durch und traten in der Öffentlichkeit Versuchen der Verherrlichung bzw. Verharmlosung des Krieges entgegen. Nahezu alle unsere Gesprächspartner erinnerten sich an Aktionen gegen den Verkauf von Landserheften und Kriegsspielzeug.

»Wir hatten zwei Läden, die immer solche Landserhefte verkauft haben und so kleine Soldaten. Und da machten wir mal eine große Aktion gegen Kriegsspielzeug. Ich weiß, daß wir vor dem Laden eine Mahnwache gemacht haben. Wir haben uns zweistündig abgewechselt. Dann haben wir versucht, uns mit den Käufern auseinanderzusetzen, daß die nicht reingingen. Manch einen haben wir auch davon abgehalten. Auf unseren Gruppentreffen spielte das Lied eine große Rolle ›Nie, nie wollen wir Waffen tragen‹. Das war eines unserer Standardlieder. Wir haben es zu Beginn des Gruppenabends gesungen, uns an den Händen gefaßt im Kreis.« (Edith Töpfer)

»Wir haben damals große Aktionen gegen den Verkauf von Kriegsspielzeug gemacht. Wochenlang vor Weihnachten haben wir angefangen, Flugblätter zu malen und Kriegsspielzeug einzusammeln. Im Jugendheim haben wir Ausstellungen gemacht und dafür geworben, daß kein Kriegsspielzeug gekauft wurde. Die Wiederbewaffnung und die Bundeswehr – damit haben wir uns auch auseinandergesetzt.« (Barbara Greube)

Viel Wut und Empörung lösten die Initiativen der CDU zur Wiederbewaffnung aus. Aus dem Mißtrauen gegen die demokratische Gesinnung einer zukünftigen deutschen Armee – vor dem Hintergrund geschichtlicher Erfahrungen und aus dem Wissen darum, daß die Wiederbewaffnung die Chancen für eine Wiedervereinigung Deutschlands noch weiter reduzieren würde, protestierten die Falken über mehrere Jahre hinweg gegen diese Pläne der CDU. Es gab aber auch naheliegendere Feindbilder. Die ausgeprägt antimilitaristische Haltung der Falken prädestinierte die Pfadfinder geradezu dafür, zum Hauptobjekt der Abgrenzungsbestrebungen zu werden.

»Falke zu sein war ein Evangelium. Wir waren auch stolz darauf. Das äußerte sich auch in unseren erbitterten Fehden gegen die Pfadfinder. Die waren unser Todfeind Nr. 1.« (Christel Dittner)

Vor allem für die jugendlichen Mitglieder der Falken waren die Pfadfinder ein »rotes Tuch«. Ihr öffentliches Auftreten in Reih und Glied, ihr autoritätshöriges Verhalten und ihre apolitischen, konformistischen Einstellungen waren wesentlich für diese radikale Ablehnung der Pfadfinder.

»Ich habe nur die Erinnerung, daß uns dieses quasi militärische Auftreten gestört hat, die Ordnung und Disziplin bei denen und daß die deswegen unsere sozusagen natürlichen oder geborenen Feinde waren, mit denen wir uns anlegen mußten.« (Peter Bischoff)

Die Auseinandersetzungen mit den Pfadfindern fanden oft auf der »Blechwiese« im Glienicker Park statt, wo viele Falkengruppen am Wochenende oder in den Ferien zum Zelten waren. In den Erinnerungen unserer Gesprächspartner waren es immer die Pfadfinder, die die Auseinandersetzungen provozierten, indem sie im Rahmen ihrer Mutproben vor allem nachts versuchten, die Zelte der Falken umzustürzen. Wenn sie dabei erwischt wurden, ging es oft nicht sehr fein zu. Gerda Bohn erinnerte sich an einen dieser Vorfälle:

»Wir haben in einem kleinen Zelt geschlafen. Plötzlich hatte ich – ich schlief außen – ein paar Schuhe im Kreuz. Daraus wurde eine wüste Keilerei. Ich schrie aua! Herbert und Arno aus dem Zelt raus. Zuerst waren zwei Zelte am Keilen. Zum Schluß hat die ganze Blechwiese gelebt. Da sind mehrere blaue Augen nachher nach Hause gegangen. Auch die Mädchen haben da mitgemacht. Das war dir egal, auch wenn du nachher eine Schramme hattest. Du hast mitgemischt, warst da mitten drin und das war schön.«

Gremienpolitik ist Sache der Funktionäre

In einer Zeit, in der die überwiegende Mehrheit ihrer Generation dem konformistischen Klima des Adenauer-Staates nichts entgegensetzte, fanden Jugendliche bei den Falken den Raum, dagegenzuschwimmen – und wurden darin auch von den älteren Gruppenleitern und Funktionären unterstützt. Wenn sie sich an die politischen Erfahrungen jener Zeit positiv erinnern, so auch deshalb, weil es für die Gruppenleiter und Funktionäre selbstverständlich war, daß zur politischen Arbeit auch praktische Solidarität gehört. Politische Identität wird eben nicht nur über die Köpfe entwickelt. Alle unsere Gesprächspartner betonten die große Bedeutung der Gemeinschaftserlebnisse auf Demonstrationen, Fahrten, in Zeltlagern, insbesondere den internationalen Lagern. Die Jugendlichen wurden sowohl in ihrer Abwehr gegen Krieg und Faschismus bestärkt als auch in ihren Träumen und Hoffnungen von einer besseren Welt mit mehr Demokratie und Gerechtigkeit. Und ihr Traum bekam einen, wenn auch vagen Namen: Sozialismus.

Bis Mitte der 50er Jahre waren die politischen Aktivitäten des Verbandes wesentlich geprägt von den Erfahrungen mit der jüngsten deutschen Geschichte. »Nie wieder Faschismus, nie wieder Krieg« diese Leitlinie war für die Falken bestimmend. Konsequent wandten sie sich auch gegen die Bestrebungen der »Unbelehrbaren«, die die Wiederbewaffnung der Bundeswehr anstrebten. Vielfältige Veranstaltungen und Aktionen gegen die Wiederbewaffnung standen im Mittelpunkt der politischen Praxis der Falken.

Gesellschaftliche Mißstände, mit denen die Jugendlichen alltäglich in der Schule, bei der Lehrstellensuche oder am Arbeitsplatz konfrontiert wurden, lagen dagegen mehr im Hintergrund.

In den Jugendgruppen wurden wohl Erfahrungen ausgetauscht und die besonderen Probleme einzelner besprochen. Von den Gruppenleitern erhielten sie Ratschläge und Orientierungshilfen. Auf den Demonstrationen am 1. Mai traten sie auch für jugendpolitische Forderungen zur Verbesserung der Arbeits- und Ausbildungsbedingungen ein. Bei auftretenden Konflikten in Schule und Betrieb waren sie jedoch in der Regel auf sich alleine gestellt. Für die unmittelbare Konfrontation mit Lehrern, Meistern, Vorgesetzten, für eine organisierte Vertretung und Durchsetzung ihrer Interessen in Schule und Betrieb erhielten sie im Verband nur wenig Hilfestellung.

Um die Verbesserung der Lebensverhältnisse der Jugendlichen kümmerten sich vor allem die »Jugendpolitiker« des Verbandes. Sie setzten sich kritisch mit der Jugendpolitik auseinander, stellten jugendpolitische Forderungen nach einem Ausbau des Freizeitangebotes, nach Maßnahmen zur Bekämpfung der Jugendarbeitslosigkeit. Sie brachten ihre Forderungen in Jugendwohlfahrtsausschüssen und anderen gesellschaftlichen Institutionen, insbesondere aber in der SPD, ein und versuchten, durch Überzeugungsarbeit Mehrheiten für ihre Vorstellungen zu gewinnen. Die Falken waren ein jugendpolitischer Faktor in der Stadt. Die Jugendpolitik wurde jedoch im wesentlichen von den Funktionären des Verbandes getragen. Die Jugendlichen hatten damit nur wenig zu tun. Traditionell wollte ein Teil der Funktionäre die Jugendlichen weitgehend aus den politischen Aktionen des Verbandes heraushalten. Sie sahen die Funktion des Jugendverbandes darin, die Jugendlichen zu erziehen, zu bilden und auf ein späteres politisches Handeln in der Partei vorzubereiten; nicht aber deren eigenständiges politisches Handeln zu fördern.

Aber auch diejenigen, die für eine Politisierung des Verbandes eintraten, sahen eine Vertretung unmittelbarer materieller Interessen durch die Jugendlichen selbst in ihrem Konzept kaum vor. Letztlich war auch für sie die Veränderung der gesellschaftlichen Verhältnisse und der Kampf für die Interessen der Jugend eine Sache von Gewerkschaft und Partei, der qualifizierten Genossen in der Führung, in den Parlamenten und anderen gesellschaftlichen Institutionen.

Der Kampf für eine bessere Welt fand für die Jugendlichen weitgehend unter dem Schutz der Organisation statt und war zentriert um die »großen Themen«. Die Erinnerungen von Renate Kirchner erscheinen uns – trotz der etwas absoluten Formulierungen – im Kern sehr treffend; auch wenn die Falken am 1. Mai mit der Forderung nach mehr Lehrstellen auf die Straße gingen.

»Es war keiner auf die Straße gegangen und hat gesagt: ›Kinder, die aus der Schule kommen, müssen eine Lehrstelle haben; sie haben einen Anspruch darauf, und wir fordern das!‹ Ich kann nicht sagen, daß wir das als Forderungen angesehen haben, für die wir gestritten haben, für die wir mitgekämpft haben. Es waren die großen politischen Veränderungen, die angestrebt wurden, die bis zu mir gedrungen sind.

Man missionierte, aber man kämpfte nicht. Ich habe gelernt, daß man kämpfen muß, daß man sich trauen kann und daß es leichter ist, mit anderen zusammen eine

Meinung zu sagen, die nicht die gängige Meinung ist. Das ist aus dieser Zeit mit Sicherheit.«

Es liegt uns fern, diesen Mangel in der jugendpolitischen Praxis des Verbandes vor allem den Funktionären in die Schuhe zu schieben. Auf die besondere Bedeutung der »großen Themen« als Resultat des Zeitklimas Anfang der 50er Jahre hatten wir schon hingewiesen. Zudem hatten Jugendliche zu allen Zeiten – auch während der Jugendrevolten der 60er und 60er Jahre – häufig die Tendenz, ihren gesellschaftlichen Protest weniger in Schule und Betrieb zu artikulieren, wo der Druck und die Gefahr von unmittelbaren persönlichen Konsequenzen sehr groß ist. Diese Haltung hat um so mehr Berechtigung in einer Zeit wie den 50er Jahren, in der gesellschaftlicher Protest nur von einer sehr kleinen Minderheit getragen und von den Herrschenden noch in viel schärferer Weise als heute diffamiert und verfolgt wurde.

Und natürlich war auch diese Generation von der Tradition obrigkeitsstaatlichen Denkens und Verhaltens geprägt. Die gesellschaftliche Norm forderte Anpassung und Gehorsam gegenüber den Autoritäten. Kritikfähigkeit und eigenständiges Handeln waren nicht gefragt. Diese unter dem Hitler-Regime zementierten Grundhaltungen konnten auch in der verbandlichen Jugendarbeit der Falken natürlich nicht von heute auf morgen korrigiert werden. Sicher gab es auch politisch sehr bewußte und engagierte Jugendliche und Gruppen, die auch selbständig handelten und mit eigenen Vorschlägen und Kritik in die politischen Auseinandersetzungen im Verband eingriffen. Aber die Regel war doch, daß die Funktionäre stellvertretend für die Jugendlichen handelten. Aber die meisten von ihnen wollten es zu dieser Zeit auch noch nicht anders. Sie delegierten die Vertretung ihrer Interessen vertrauensvoll an die Genossen in den oberen Etagen. An der Entwicklung der politischen Positionen und Forderungen waren sie in der Regel nicht beteiligt.

»Wir waren also – das möchte ich fast für alle sagen – ganz autoritätsgläubig und haben auch delegiert. Ich habe hinterher hier in Zehlendorf noch eine Kindergruppe gehabt. Da, denke ich, war das nicht mehr so. Da habe ich – wenn auch nicht so, wie ich es heute machen würde – eher in diese Richtung gewirkt, zwar da zu sein, aber die Kinder viel mehr aktiv werden zu lassen. Aber ich selbst habe es für mich nicht so erlebt. Es gab ja Landeskonferenzen, und da wurden irgendwelche Beschlüsse gefaßt, und zu manchen Sachen haben wir uns geäußert, z. B. zur Bundeswehr. Aber das war auch so weit vorgegeben, daß es eigentlich keine Entscheidung für uns war. Wir wurden informiert darüber. Aber ich war auch nicht politisch interessiert in der Zeit. Ich hatte ein diffuses Zugehörigkeitsgefühl, einer guten Sache anzugehören und dabei zu sein, mich menschlich aufgehoben zu fühlen, mich wohlzufühlen in dieser Gruppe und einer Bewegung anzugehören, die ich gut finde und die dagegen war, also gegen den Strom.« (Renate Kirchner)

Renate Kirchner wirft jedoch auch die Frage nach den Möglichkeiten auf, die der Verband den Jugendlichen zur Beteiligung an den Entscheidungsprozessen bot.

Vor dem Hintergrund des Faschismus legten die Falken beim Wiederaufbau des Verbandes besonderen Wert auf eine demokratische Struktur. So haben die Untergliederungen (Kreise, Gruppen) im Vergleich zu anderen Jugendverbänden ein relativ weitgehendes Recht auf selbständiges Handeln im Verhältnis zu den Führungsgremien des Verbandes. Auch im Gruppenleben spiegelte sich dieses demokratische Selbstverständnis wider. Fragen, die die Gruppe betrafen, wurden nicht vom Gruppenleiter entschieden, sondern gemeinsam von allen Gruppenmitgliedern. Um den Jugendlichen die Chance zu geben, in der Wahrnehmung der Interessen anderer, verantwortliches Handeln einzuüben, wurden schon in den Gruppen verschiedene Funktionen geschaffen.

»Bei den Falken waren das damals regelrechte Rituale: die Wahl vom Gruppenleiter, vom stellvertretenden Gruppenleiter, die Wahl vom Schriftführer, vom stellvertretenden Schriftführer. Die verantwortliche Übernahme von Aufgaben war bei den Falken wirklich noch eine Ehre. Das haben wir jedenfalls so empfunden. Du warst stolz, wenn du gewählt worden bist und sei es nur, daß du Materialwart warst oder Musikinstrumente zu warten und zu pflegen hattest. Wenn du dann den Falkenwimpel mit nach Hause nehmen durftest von der Fahrt, denn hast du den gehütet wie einen Augapfel.« (Siegfried Stirba)

Jugendliche, die eine verantwortliche Funktion in der Gruppe innehatten, wurden dadurch natürlich gestärkt. Dieses typisch sozialdemokratische Konzept demokratischer Erziehung hatte allerdings auch seine Schattenseite. Es verfestigte die Unterschiede zwischen den aktiveren und den eher passiveren Gruppenmitgliedern. Dazu trug dann auch noch bei, daß die Funktionsträger in den Gruppen auch am ehesten von Kreisfunktionären für die Teilnahme an Verbandsseminaren auserwählt wurden, um sie auf eine Übernahme höherer Funktionen innerhalb des Verbandes vorzubereiten.

In einem Teil der Gruppe wurden die Funktionen häufiger gewechselt, um möglichst viele zu verantwortlichem Handeln zu erziehen. War jedoch erst einmal einer aus der Gruppe durch eine besondere Qualifikation aus der Gruppe herausgehoben, fand auch diese Rotation nicht mehr statt.

Siegfried Stirba, der über längere Zeit Leiter der Wilmersdorfer Gruppe »Lustige Geister« war, bestätigte uns, daß man durch die Gruppenleiterausbildung schon etwas Besonderes wurde.

Trotz der Ambivalenz dieses Demokratie-Konzepts und der herausragenden Stellung der Gruppenleiter waren die Jugendlichen in der Falkengruppe relativ weitgehend an den die Gruppe betreffenden Entscheidungen beteiligt. In der Rotation angelegte Ansätze, verantwortungsbewußtes Handeln bei allen Jugendlichen zu fördern, Machtstreben auch in der Gruppe entgegenzuwirken und der Herausbildung einer Mentalität der Stellvertreterpolitik etwas entgegenzusetzen, wurden nicht konsequent verfolgt. Der Einfluß der Gruppen auf den politischen Willensbildungsprozeß des gesamten Verbandes war dagegen gering. Nur selten trugen die Gruppen Kritik oder Vorschläge an die Gremien des Verbandes heran. Auch die Vertreter der Gruppen in den Gremien vertraten dort in der Regel ihre eigenen Positionen.

»Es war nicht so, daß du aus der Gruppe einen politischen Auftrag bekamst, den du in den Gremien der Bezirke vertreten hast, sondern – so habe ich es jedenfalls empfunden – die politische Richtung wurde von den Funktionären in die Gruppen getragen, nicht umgekehrt. In der Beziehung ist da ein Bruch in der demokratischen Willensbildung gewesen.« (Siegfried Stirba)

Dieser Bruch in der demokratischen Willensbildung war natürlich unvermeidbar. In jeder größeren Organisation gibt es diese Brücke im Verhältnis der örtlichen Gruppen zu den höheren Gremien. In einer sozialistischen Jugendorganisation, die auch zugleich Erziehungsorganisation ist, sind sie überhaupt nicht wegzudenken. Gruppenleben und Verbandsleben müssen notwendigerweise bis zu einem bestimmten Grad auseinanderfallen. Wenn das Gruppenleben von den Interessen der Jugendlichen bestimmt ist, wird es sich nicht mit sämtlichen politischen Fragen auseinandersetzen können, mit denen sich die Gremien des Verbandes auf Bezirks- und Landesebene beschäftigen.

In einer solchen Organisationsstruktur ist natürlich immer die Gefahr angelegt, daß von den Verbandsgremien Entscheidungen getroffen und politische Positionen entwikkelt werden, die von den Gruppen nicht nachvollzogen werden können. In den Nachkriegsjahren erwuchsen daraus bei den Falken jedoch keine größeren Konflikte. Das lag wohl vor allem auch daran, daß die überwiegende Mehrheit der Funktionäre selbst aktiv in der Gruppenarbeit stand und in Zeltlagern, auf Wochenendfahrten und Seminaren, auf öffentlichen Aktionen und in politischen Aktionen gemeinsam mit den Jugendgruppen handelte und lebte. Diese verschiedenen Aktivitäten des Verbandes, die von Gruppen in der Regel mitgetragen wurden, waren ein wesentlicher Garant für die Entwicklung gemeinsamer politischer Grundpositionen. Der von Siegfried Stirba erwähnte Bruch in der demokratischen Willensbildung hatte vor diesem Hintergrund keine wesentlichen negativen Auswirkungen. Bei der Beurteilung der innerverbandlichen Demokratie der Berliner Falken ist auch das schon in anderem Zusammenhang erwähnte stark autoritätsfixierte Verhalten von Jugendlichen zu berücksichtigen. Im Vergleich zu anderen Jugendverbänden – wie z. B. den Pfadfindern, die sehr viel stärker hierarchisch organisiert waren und ihren Mitgliedern kaum Einfluß auf verbandliche Entscheidungen gewährten – war die innerverbandliche Demokratie der Falken sehr weit entwickelt.

Zweifellos war es für einen Teil der Jugendlichen verlockend, eine Funktion zu übernehmen. Sie waren stolz darauf, Gruppenleiter zu sein oder über eine Funktion im Kreisausschuß bzw. Kreisvorstand oder sogar auf Landesebene ein Stück Macht und Einfluß zu bekommen. Nicht zufällig trafen hier allerdings vor allem die Mittelschichtsjugendlichen zusammen. Arbeiterjugendliche – die in diesen Jahren noch die Mehrheit bei den Falken bildeten – waren in den Gremien des Verbandes wie immer unterrepräsentiert.

Das war nicht ihre Welt – hier spürten sie ihre Unterlegenheit gegenüber den Sprachmächtigen, was nicht ausschließt, daß auch sie bisweilen Spaß an den kleinen Machtspielen hatten. Gerda Bohn, Mitglied bei den Plötzenseer Falken, erinnerte sich daran, daß sie mit den höheren Ebenen nichts zu tun haben wollte.

»Wir waren aber auch nie so an Posten interessiert, auf der Landesebene in Funktionen reinzukommen. Die haben wir immer mehr oder weniger gezwungenermaßen besetzt. Wir waren wirklich mehr so, daß wir sagten, wir wollen mehr unter uns sein und nach ›Hohem‹ streben wir nicht.«

Diejenigen Jugendliche, die in die Gremien gewählt wurden, bekamen hier noch einmal eine besondere politische Prägung. Die Beteiligung an den politischen Entscheidungsprozessen im Verband motivierte sie dazu, sich weiterzubilden und an den politischen Bildungsseminaren der Falken teilzunehmen. Sie lernten dort verstärkt, politische Positionen zu beziehen und gegenüber anderen zu vertreten.

Aber sie lernten dort auch die vielen kleinen Tricks und Spiele der Macht, die auch bei den Falken lustvoll betrieben wurden. Bei der Erringung von Mehrheiten war oft nicht die Überzeugungskraft der Argumente ausschlaggebend. Der Sprachgebrauch der Falken drückt dies deutlich aus: Mehrheit wurden »zusammengebracht«, mißliebige Kandidaten persönlich denunziert. Diese Seite des Verbandslebens hat viele Jugendliche nicht gerade begeistert.

Aber die meisten Jugendlichen hatten vor den Funktionären noch zuviel Achtung und Ehrfurcht, als daß sie es gewagt hätten, deren Verhalten offen zu kritisieren. Für die Verbandsfunktionäre gehörten dagegen diese Machtspiele zum politischen Leben dazu, sie wurden nicht in Frage gestellt.

Die Falkengrundsätze

Es gab damals eine Vielzahl von Symbolen und Regeln, die dem Gemeinschaftsleben der Falken einen festen Rahmen gaben. Insbesondere für die Jüngeren waren die »Grundsätze der Roten Falken« von großer Bedeutung:

»Was sehr wichtig war: Wir mußten die Grundsätze der Falken auswendig kennen. Ein Falke raucht nicht, ein Falke meidet Alkohol und Nikotin... Das mußten wir auswendig können. Das wurde auch oftmals am Gruppenabend richtig abgefragt. Da wäre auch überhaupt keiner auf die Idee gekommen, da nicht nach zu leben.« (Edith Töpfer)

Viel Wert wurde in den Gruppen auch auf Disziplin gelegt. Das schmeckte den Jugendlichen natürlich nicht immer. Auch Wolfgang Jahn paßte das manchmal nicht.

»Wir hatten in unserer Gruppe einen von uns selbst gewählten Gruppensprecher. Der hatte die Aufgabe, eine Anwesenheitsliste zu führen und mit jedem einzelnen zu

GRUNDSÄTZE DER ROTEN FALKEN

1. Der Rote Falke steht zu seiner Gemeinschaft
2. Der Rote Falke erfüllt stets die Aufgaben, die ihm seine Gemeinschaft stellt
3. Der Rote Falke ist hilfsbereit
4. Der Rote Falke ist mutig und nie verzagt
5. Der Rote Falke ist sauber im Denken und Handeln
6. Der Rote Falke ist wahr, seinem Wort kann man vertrauen. Er ist pünktlich u. zuverlässig
7. Der Rote Falke hütet und stählt seinen Körper und meidet alle Rauschgifte
8. Der Rote Falke ist ein Freund und Schützer der Natur
9. Der Rote Falke sieht jeden arbeitenden Menschen als Freund und Bruder an
10. Der Rote Falke achtet jede ehrliche Überzeugung, aber er bekämpft die Unduldsamkeit
11. Der Rote Falke ist ein Kämpfer für Gerechtigkeit und Frieden
12. Der Rote Falke fühlt sich mit den Sozialisten der ganzen Welt verbunden

SPD

SONNENWENDE
Feierstunde der Jugend Berlins
am 21. Juni 1947. 24 Uhr im
Sportpark Neukölln

Es sprechen
Kurt Mattick, Heinz Westphal

Fahrverbindung: U-Bahn Leinestr., S-Bahn Hermannstr.

besprechen, warum man nicht zu einem Treffen gekommen sei. Manchmal wurde mir dieser Zwang zuviel, so daß ich gesagt habe: ›Die können mich mal!‹ Dann stand wieder mein Bruder hinter mir und sagte: ›Paß mal auf, so läuft das nicht. Du bist Mitglied der Falken. Du hast Gruppenabend, also gehst du da jetzt hin oder du trittst aus.‹ Austreten wollte ich auf keinen Fall. Also bin ich leise weinend hingegangen und habe mich dann in diese Gemeinschaft eingefügt. Ich habe das nachher auch für richtig gehalten, weil es mir auch Spaß gemacht hat. Man muß dazusagen, daß die einzige Freizeitmöglichkeit, die wir hatten, eigentlich die Falken waren. Es gab nichts anderes.«

Siegfried Stirba erläuterte an einem anderen Erlebnis, was Falken damals unter Ordnung verstanden.

»Ich war damals schon Gruppenleiter. Wir waren zum Arbeiterjugendtag in Dortmund. Im Anschluß daran haben wir über zwei Mädchen praktisch zu Gericht gesessen. Wir hatten sie dabei erwischt, wie sie im Blauhemd getrampt und im Blauhemd auf der Straße Zigaretten geraucht hatten. Wir haben ernsthaft lange Zeit darüber diskutiert – das ging über mehrere Wochen – die deswegen aus den Falken auszuschließen. Das ist sicherlich heute unheimlich schwer verständlich, aber das war früher wirklich so. Wir hatten so das Gefühl, mit dem Blauhemd stellst du die Organisation dar, und diese Organisation ist so ein prima Verein, der darf durch solche – ich sag's jetzt mal so – Typen nicht verunglimpft werden. So war unsere Diskussion. Das war auch nicht so, daß von irgendwoher eine Beschwerde gekommen wäre. Wir haben uns praktisch selber in der Gruppe die Gehirne darüber zermartert, was wir nun mit den beiden machen sollten, die da nun so was Schlimmes begangen hatten, die also im Blauhemd auf der Straße geraucht hatten – entgegen den Grundsätzen der Falken.«

Über die Normen gab es aber auch Auseinandersetzungen innerhalb des Verbandes. Nicht nur Jugendliche empfanden sie bisweilen als etwas einengend. Auch unter den Gruppenleitern und Funktionären gab es unterschiedliche Meinungen dazu. Dementsprechend unterschiedlich wurden sie auch in der Praxis gehandhabt. Einige von ihnen wandten sich – vor dem Hintergrund ihrer Erfahrungen in der Zeit des Nationalsozialismus – gegen zu rigide Verbindlichkeiten des Gemeinschaftslebens, die die Freiheit der einzelnen zu sehr einschränkt.

»Wir waren gegen bestimmte Riten und Vorstellungen, die sich gegen die Individualität richteten. Wir waren gegen diese sozusagen verordnete Gemeinschaft. Normen wie z. B. ›Falken rauchen nicht und nehmen keine alkoholischen Getränke zu sich‹ wurden von uns nicht ganz ernst genommen. Ich habe nie geraucht, und wir haben auch immer gegen Rauchen gesprochen, weil es gesundheitsschädigend ist. Aber wir waren gegen jede verordneten Normen dieser Art, weil es uns auf Einsicht und Überzeugung ankam.« (Peter Weiß)

Wenn auch manchem Jugendlichen die Einhaltung dieser Normen ab und zu nicht in den Kram paßte, so machte doch zumindest für einen Teil von ihnen dieser Kanon von Werten und Normen einen Aspekt ihres Zugehörigkeitsgefühls zum Verband aus. Auch sie gaben ihnen ein bißchen das Gefühl, etwas Besseres, etwas Besonderes zu sein; ein Überlegenheitsgefühl, das sich u. a. in der Distanz zu anderen Jugendlichen ausdrückte. So stabilisierend die Falkengrundsätze auch nach innen gewirkt haben mögen, so abschreckend wirkten sie wohl nach außen. Viele andere Jugendliche ihrer Generation setzten die Zwangsorganisierung im Faschismus den Verpflichtungen eines Gemeinschaftslebens wie dem der Falken gleich. Für viele hatte die Einordnung in ein solches Gemeinschaftsleben einen zu starken Geruch nach Disziplin und Ordnung.

Bildungshunger

Bildung und Kultur spielten im verbandlichen Leben der Falken eine besondere Rolle. Das unterschied die Falken auch von den meisten anderen Jugendverbänden. Sie knüpften damit nach dem Krieg an eine alte Tradition der sozialdemokratischen Bewegung an, die in ihrem Milieu schon immer sehr viel Wert auf Bildung und Kultur legte.

Viele der Jugendlichen waren sowohl in ihren Einstellungen, als auch in ihren Bildungsinteressen durch ihre Eltern schon vorgeprägt. Das starke Interesse an den Bildungsangeboten der Falken erklärt sich darüber hinaus aus unbefriedigenden Schulerfahrungen. Arbeiterjugendliche waren ja schon immer im Bildungssystem benachteiligt. Für die Nachkriegsjugend kamen noch die schon beschriebenen Mängel der Schule in dieser Zeit hinzu. Oft hörte der Geschichtsunterricht bei Martin Luther auf.

Viele der jungen Falken hatten weder in der Familie noch in der Schule die Möglichkeit, ihre Orientierungs- und Bildungsbedürfnisse zu befriedigen. Die infolgedessen existierenden Lücken gaben daher dem Verband auch auf dieser Ebene eine große Bedeutung.

Im folgenden wollen wir darstellen, wie im Verbandsleben die erzieherischen Intentionen der Gruppenleiter und Funktionäre mit dem bei vielen Jugendlichen vorhandenen Bildungshunger in Einklang gebracht wurden. Und wir wollen auch zeigen, in welchem Verhältnis Bildung und Kultur zu den anderen Bedürfnissen der Jugendlichen standen; welchen Raum der Sport, sowie die handwerklichen Aktivitäten einnahmen – inwieweit der Verband auch den gerade bei Arbeiterjugendlichen sehr ausgeprägten körperlichen Bedürfnissen entgegenkam.

»Alles, was ich weiß, hab' ich durch die Falken«

Der zentrale Ort der kulturellen und politischen Bildung war in dieser Zeit die Jugendgruppe. Bis auf wenige politische Seminare wurde auf Landesebene nur die Ausbildung von Gruppenleitern und Kindernhelfern organisiert. Was in den einzelnen Gruppen jeweils ablief, war damit weitgehend abhängig von den Interessen der Jugendlichen, bzw. von denen des Gruppenleiters und seinem Wissen. In vielen Gruppen spielte fortschrittliche Literatur eine große Rolle. Auch in der Gruppenarbeit von Wilfried Gottschalch war das so:

»Tucholsky hat eine Rolle gespielt, Leonhardt Frank, ›Links, wo das Herz schlägt‹, verschiedene Nachkriegsromane, Jack London und Traven – aus diesen Büchern haben wir vorgelesen. Dann wurde darüber diskutiert. Dann kam es auch vor, wenn wir etwas von Traven lasen, daß dann jemand über ein mittelamerikanisches Land Bescheid wußte; wie es z. B. bei den Seeleuten zuging.«

Unsere Gruppen berichten

Gruppe »Vorwärts«
Jeden *Dienstag* um 20 Uhr im Jugendheim Albertstraße 12
07.04. »Moderne amerikanische Musik« mit Harry Ernsthaft
14.04. entweder:»Francis, ein Esel« oder Diskussion
21.04. Kirche-Religion-Sozialismus
28.04. Literaturabend über Gerhard Hauptmann
08.04. Mittwoch, Kreisheimabend im Jugendheim Eisenacher Str. 81, Raum 1, 19.30 Uhr, über das Thema:»Europa – von der Idee zur Wirklichkeit«. Es spricht zu uns Genosse Alfred Zeller vom Arbeiterbildungsinstitut- (Mit Farbfilm).

Gruppe »Freunde«
Jeden *Mittwoch* im Jugendheim Eisenacher Str. 81
01.04. Diskussion über allgemeine Tagesfragen
08.04. Kreisheimabend
15.04. Musikalische Plaudereien
22.04. Wir besuchen gemeinsam das Jugendforum
29.04. »Der Weg der Menschheit von der Kaulquappe zum homo sapiens«. Heiteres und Ernstes aus der Entwicklungsgeschichte der Menschheit.

Gruppe »Fröhliche Schar«
Jeden *Mittwoch* im Jugendheim Albertstaße 12
01.04. Europa – deine Heimat (Alfons Heinrich)
08.04. Kreisheimabend in der Eisenacher Str. 81
15.04. Diskussion über das neue Wahlgesetz (Martin Drescher)
22.04. Was ist Kunst?
29.04. Wir spielen Monopoli

Die Monatspläne der Gruppen »Zukunft« und »Wilde Gesellen« fehlen leider.[14]

Es wurden natürlich auch viele politische Themen angesprochen: Die Geschichte der Arbeiterjugend wurde natürlich durchgeackert, die Geschichte der Partei, Engels, Lenin und der Sowjetstaat oder die Entstehung der SED.

Die Gruppenabende verliefen im allgemeinen so, daß man am Anfang erst einmal in lockerem Gespräch alltägliche Erlebnisse austauschte. Der Gruppenleiter befaßte sich mit den besonderen Schwierigkeiten einzelner Jugendlicher in der Familie, in der Schule oder bei der Arbeit. Waren diese Gespräche besonders intensiv, so kam es auch vor, daß das eigentliche Thema des Gruppenabends fallengelassen wurde. In der Regel begann jedoch nach einer gewissen Zeit der offizielle Teil des Abends, der meist nach folgendem Schema ablief:

Zu Beginn faßten sich alle an ihre Hände, bildeten einen Kreis und sangen gemeinsam ein Lied. Dann wurden anliegende organisatorische Fragen besprochen, z.B. über die Vorbereitung von Fahrten oder Wochenenden. Anschließend wurde das Thema des Gruppenabends behandelt und zum Abschluß wurde noch einmal ein Lied gesungen.

Auch die Jugendlichen waren an der Vorbereitung der Gruppenabende beteiligt. Meist gestalteten sie Gruppenabende zu Themen bzw. Hobbies, mit denen sie sich schon längere Zeit beschäftigt hatten.

Besonders viel lief natürlich dort, wo die Gruppenleiter selbst sehr bildungshungrig waren, wie z.B. Peter Weiß und Rudi Uda aus Charlottenburg – beide Gruppenleiter und über mehrere Jahre im Landesvorstand verantwortlich für die Jugendarbeit. Peter Weiß schildert seinen eigenen Zugang zur Literatur unmittelbar nach Kriegsende:

»Eine große Rolle haben Kästner und Tucholsky in unserer Gruppenarbeit gespielt: ›Die brennende Lampe‹, ›Drei Minuten Gehör‹, ›Der Graben‹. Wir haben uns als Wilmersdorfer Jusos sonntags vormittags immer bei dem Gerd Stark getroffen. Da lagen dann ein ganzer Haufen Bücher auf dem Tisch. Der hatte das alles und darüber habe ich selbst das kennengelernt. Jeder hat sich was gegriffen und hat dann vorgelesen. Da saßen wir jeden Sonntagvormittag. Es gab guten Kaffee; die hatten so etwas. Das war ganz toll, das war ungeheuer prägend. Komisch, so was habe ich nie wieder erlebt. Das war toll, weil wir alles mit so großer Begeisterung aufnahmen. Ich habe sie für mich entdeckt und sie dann natürlich sofort umgesetzt in die Gruppenarbeit. Es

gab auch sehr früh Tucholsky-Bücher, die in Ostberlin verlegt worden waren. Die habe ich alle gekauft.« (Peter Weiß)

Für die Gruppenleiter wurde eine große Zahl von Materialien als Hilfestellung erarbeitet, denn Bücher hatten nur einige wenige Genossen.

»Der rote Faden« hieß die von Peter Weiß herausgegebene bekannteste monatlich erscheinende Broschüre, die später auch vom Bundesverband der Falken übernommen wurde.

Wir wollen zur Illustration im folgenden einige Themenvorschläge für die Gruppenarbeit Anfang der 50er Jahre vorstellen:

- Charles Dickens – Das Leben und Wirken eines Dichters
- Tucholsky – Gruppenabend
- Feierstunde für Rosa Luxemburg und Karl Liebknecht
- Diskussionsabend zur Frage des deutschen Wehrbeitrages mit Textvorlagen
- Quizabend zu Politik und Geschichte
- Buchbesprechungen
- Tips für Elternabende
- Technik als Hilfsmittel für die Gruppenarbeit
- Wie arbeite ich ein Referat aus
- Nullacht-fuffzehn. Eine antimilitaristische Lesung
- Die Gruppe spielt Parlament
- »Kristallnacht« – Symbol der Schande
- Widerstand und Verfolgung
- 1. Mai – Festtag der Arbeit
- Materialien für die Feiergestaltung in der Weihnachtszeit

Die Liste ließe sich noch verlängern, gibt aber auch in dieser Kürze die Vielseitigkeit der Anregungen wieder. Es wurden inhaltliche Vorschläge gemacht, aber auch methodische Überlegungen für den Gruppenabend gegeben.

Neben dem »Roten Faden« gab es verschiedene Broschüren getrennt für die Kinder- und Jugendarbeit, z. B. »Der Helfer«, »Du und Ich«, »Die Gruppe«, »Du und Deine Gruppe«, »Der rote Falke« und »Berliner SJ«. Zusätzlich dazu erstellten viele Bezirke noch eigene regionale Zeitungen für die Gruppenleiter und Falkenmitglieder.[15]

In einer Zeit des Mangels war hier eine Fülle von Gedanken und Ideen gesammelt, die begierig aufgenommen wurden. Erst zum Ende der 50er Jahre, als Bücher keine Besonderheit mehr waren, wurde auch die Bedeutung dieser Materialzusammenstellungen geringer.

Typisch für die Falkenarbeit in diesen Jahren war auch die Verbindung von politischer Bildung mit Gemeinschaftserlebnissen, die auch emotionale Betroffenheit auslösen sollten. Besondere Bedeutung hatten da die Ausgestaltungen von Festen und Feiern.

»Im Januar haben wir eine Rosa Luxemburg/Karl Liebknecht-Feier im großen Saal des Heims in der Uhlandstraße gemacht. Klaus Schütz und ich haben geredet. Wir haben Gedichte vorgelesen und die Gruppe hat gesungen.

Georg Heim, ein älterer Genosse, berichtete dann, wie er als Junge die Ereignisse des Januar 1919 erlebt hatte; vor allem über die große spontane Demonstration, nachdem der Mord bekanntgeworden war. Die Jugendlichen wußten natürlich nicht, wer Rosa Luxemburg und Karl Liebknecht gewesen waren. Wir haben ihnen das erklärt, daß das ihr Todestag ist und daß wir dazu eine Feier machen wollten. So wurde das dann schließlich auch ihre Sache, weil es eine Sache der Gruppe war. Die Funktion solcher Veranstaltungen war es, Identität und emotionale Bindung mit der Arbeiterbewegung herzustellen. Wenn du so willst, spielte das in der gesamten Gruppenarbeit eine Rolle. Auch den Kindern haben wir ja nicht irgend etwas vorgelesen. Da haben wir entweder von Bruno Schönlang die ›Großstadtmärchen‹ oder von Stefan Zweig ›Sternstunden der Menschheit‹ vorgelesen. Wir haben Texte ausgewählt, zu denen man anschließend etwas sagen konnte, zur Arbeiterschaft, zur Situation des Arbeiters, zur Solidarität im menschlichen Leben, zur Gerechtigkeit oder zum Antifaschismus. Das hatte Bezug zu unseren Liedern, über deren Texte wir auch gesprochen haben.« (Peter Weiß)

Häufig waren in den Gruppen auch ältere Sozialdemokraten zu Gast, die aus ihren Erfahrungen in der Arbeiterbewegung vor '33, über Verfolgungen unter Hitler und aus dem antifaschistischen Widerstandskampf erzählten. Einige aus dieser Generation waren selbst noch in den 50er Jahren als Gruppenleiter bei den Falken aktiv; wie z. B. Ernst Froebel, der bis Ende der 50er Jahre mehrere Jugendgruppen der Reinickendorfer Falken geleitet hatte. Er hat sehr viel von seinen eigenen Erfahrungen – insbesondere aus der Zeit des Nationalsozialismus und des antifaschistischen Widerstands – eingebracht, aber häufig auch Freunde und Kampfgenossen in die Gruppen eingeladen.

»Peter Utzelmann, der schon beim Spartakusbund und den revolutionären Obleuten 1917 mitgemacht hat, kam zu uns. Er war damals mit Max Hölz beim mitteldeutschen Aufstand dabeigewesen und ist in der Weimarer Republik schon zu lebenslänglich Zuchthaus verurteilt worden, weil sie die Leuna-Werke stillgelegt hatten. An Hindenburgs 80. Geburtstag ist er wieder freigelassen worden und ist mit uns dann wieder 1936 ins Zuchthaus gewandert. Der Peter Utzelmann kam zu uns und hat uns aus seinem Leben und aus der Geschichte der Arbeiterbewegung gesprochen. Walter Giesling aus Paris war hier und hat über den Widerstand und die Volksfront in Frankreich erzählt. Wir hatten Genossen aus Italien hier, die Geschichten über Pietro Nenni kannten, einen der früheren Sozialisten der Nachkriegszeit und Widerstandskämpfer, der das Buch ›Ein Todeskampf der Freiheit‹ geschrieben hat. Wir hatten Danilo Dolci da – den Ghandi von Sizilien – der in Sizilien gegen die Mafia und gegen das Analphabetentum gekämpft hat.« (Ernst Froebel)

Für Jugendliche war diese lebendige Vermittlung von Geschichte und von politischen Zusammenhängen natürlich besonders beeindruckend.

»Bei uns zu Hause gab es kein Buch. Wir sind damals oft in die Leihbücherei gegangen. Unheimlich interessiert hat uns natürlich die ganze Nazizeit. Wahrscheinlich sind die Anstöße, sich da weiter zu informieren von Leuten wie Ernst ausgegangen. Einmal kam auch einer von den Älteren und hat das ›Totenschiff‹ von Traven mitgebracht. Dann haben wir uns damit und ewig lange mit den anderen Büchern von Traven befaßt und haben dann gesagt: ›Ist ja ganz toll, was der da geschrieben hat. Was gibt es da noch mehr?‹ Durch die älteren Gruppenleiter und die Leute, die um den Froebel herum waren – die kamen also mit der Gitarre und haben mit uns Lieder gesungen, seine alten Knastkumpels – wurden wir einfach dazu motiviert, noch mehr darüber zu wissen, selber noch mehr zu machen. Die haben uns unheimlich imponiert. Wenn die erzählt haben, was sie erlebt haben, was sie gemacht haben, von ihrer Solidarität, die sie im KZ erlebt haben – das hat einen unheimlich beeeindruckt.« (Barbara Geube)

Begegnungen mit älteren Genossen waren zwar in dieser Zeit noch sehr häufig. Dennoch waren die Erlebnisse »der Kommenden« schon etwas Besonderes im Verband. Auch waren nicht alle älteren Genossen in der Lage, soviel an persönlicher Betroffenheit und Motivation für die Jugendlichen herzustellen. Renate Kirchner beispielsweise hatte andere Erfahrungen gemacht.

»Willi Huhn war mein Bildungsmensch in Charlottenburg. Der kam zu ganz bestimmten Gruppenabenden, eine ganze Reihe wurde da gemacht. Er berichtete über andere Länder und über politische Strukturen in anderen Ländern. Aber ich denke, daß es diesen Leuten nicht gelungen ist, zu vermitteln, wo man selber dabei steht. Ich wußte dann zwar Bescheid, was da läuft, aber was es für das Leben der einzelnen Leute dort heißt oder wie mein Leben hier aussieht unter diesen Vorgaben, die da sind, das ist bei mir nicht gelaufen. Ich will nicht sagen, daß der schlecht war, sondern ich habe das nicht so annehmen können.«

Für Siegfried Bilewicz, wie auch für andere junge Arbeiter, war die Falkengruppe vor allem der Ort, wo man gemeinsam mit anderen Jugendlichen seine Freizeit verbringen konnte. Das offizielle Gruppenprogramm löste auch bei ihm nicht immer Begeisterungsstürme aus.

»Es gab sicher auch Themen, wo du überlegt hast, ob du nicht nach Hause gehst. Also ich fühlte mich manchmal schon ein bißchen überfordert, wenn es um Dinge geht, die plötzlich auf dich zukommen, so war zum Beispiel die Geschichte der Arbeiterbewegung für mich was völlig Neues. Wenn man dann mit dem Geschichtsdefizit von der Schule in so eine Geschichte 'reinrutscht, dann ist das ganz schön problematisch.«

Hans Maasch kritisierte im Rückblick diese in eine feste Programmstruktur gepreßte Form der politischen Bildung, weil sie letztlich die Jugendlichen, ihr Leben, ihre Erfahrungen und Bedürfnisse nicht ernst genug genommen habe.

»Wenn die in so einem Gruppenvortrag gesessen haben – später, als es dann um Nato-Strategien und Wiederbewaffnung ging – da war manchmal das Thema so bewegend und ergreifend, daß es deutlich gefühlt haben, das hängt mit ihrem Kreislauf ganz eng zusammen. Aber es gab auch viele andere belehrende Vorträge - mir fällt jetzt keiner ein – wo sie sich wie kleine Wühlmäuse vorkamen und gedacht haben: Eigentlich wäre ich doch heute viel lieber in die Kneipe gegangen. Was bin ich für ein Schwein. Die sind diskriminiert worden mit ihren ganz einfachen Bedürfnissen und Wünschen. Ich rede da sehr gerne drüber, es ist das, was mir auch selbst sehr viel Not gebracht hat. Gruppenabend hieß also, es gab ein Thema. – Ich brande heute noch mit großem Zorn auf, mit einer Wut, die ich manchmal nicht beschreiben kann, wenn Pädagogen sagen: ›Welches Thema haben wir denn jetzt?‹ Da reden sie über Jugend. Die haben aber kein Thema, die haben Leben – die haben Angst, die haben Hoffnungen und Wünsche, für die ist Leben kein Thema, sondern für die ist das eine unmittelbare Bewegung. ›Unser heutiges Themata‹ – den Osten hat man später im Kabarett damit aufgezogen.«

Die Kritik von Renate Kirchner und Hans Maasch an der unzureichenden Berücksichtigung der Erfahrungen, Probleme und Wünsche der Jugendlichen in der politischen Bildung berührt eine ihrer zentralen Schwächen. Die weitgehende Aussparung des Alltagslebens der Jugendlichen aus der politischen Bildung ließ kaum Vermittlungen der politischen Informationen zum eigenen Leben zu. Das hatte Konsequenzen: Die Jugendlichen fühlten sich häufig nicht richtig betroffen von dem, was ihnen vermittelt wurde. Sie entwickelten so nur schwer ein Bewußtsein, mit dem sie erkennen konnten, daß es notwendig und möglich ist, daß auch sie – und nicht nur die Funktionäre – an der Veränderung der Gesellschaft aktiv teilnehmen.

In der Weimarer Republik konnte solch ein politisches Selbstverständnis von jungen Arbeitern über alltägliche Erfahrungen selbst entwickelt werden: in der Teilnahme an den ökonomischen und politischen Kämpfen der Arbeiterbewegung sowie in den dichten Schutz- und Kampfzusammenhängen der Arbeitermilieus. Junge Arbeiter begriffen sich selbstverständlich als Teil der Arbeiterklasse, und die meisten fühlten sich auch der für eine andere, bessere Welt eintretenden Arbeiterbewegung zugehörig. Die Wirklichkeit für die Berliner Arbeiterjugendlichen in den 50er Jahren sah anders aus. Sie hatten kaum eine Chance, in der Teilnahme an Kämpfen der Arbeiterbewegung ein Stärkegefühl und ein Bewußtsein von sich selbst als Subjekt gesellschaftlicher Veränderungen zu entwickeln.

Um so wichtiger wäre es gewesen, in der Bildungsarbeit des Jugendverbandes die alltäglichen Benachteiligungserfahrungen der Arbeiterjugendlichen aufzunehmen und daran die gesellschaftlichen Machtverhältnisse zu verdeutlichen.

Bei der Diskussion dieser Schwächen der politischen Bildung muß allerdings berücksichtigt werden, daß Anfang der 50er Jahre nirgendwo eine andere Praxis verfolgt wurde. Eine breitere öffentliche Diskussion über die Didaktik der politischen Bildung sowie über Konzeptionen der Arbeiterbildung begann erst Ende der 60er Jahre.

Zu berücksichtigen ist auch, daß nach 12 Jahren Faschismus es vielen der jüngeren Gruppenleiter sowohl an politischen als auch an pädagogischen Kenntnissen und Erfahrungen mangelte.

Trotz dieser Schwächen wollen wir betonen, daß Anfang der 50er Jahre, in der Phase des Kalten Krieges, die Falken einer der wenigen Zusammenhänge waren, in denen Jugendliche beispielsweise etwas über die Geschichte der Arbeiterbewegung, sozialistische Theorie und Praxis, den Faschismus oder die Herrschaftsstrukturen der Bundesrepublik Deutschland erfahren konnten. Es gab in jenen Jahren nur wenige andere Institutionen bzw. Organisationen, die Jugendliche mit den Werken von Schriftstellern wie Tucholsky, Kästner, Zweig, Traven vertraut machten. Von besonderer Bedeutung scheint uns, daß die politische Bildung bei den Berliner Falken nicht nur über Bücher und Referate erfolgte, sondern daß die Jugendlichen häufig die Möglichkeit hatten, aus der lebendigen Vermittlung von Geschichte durch ältere Genossen zu lernen. Zweifelsohne trug somit die Bildungsarbeit dazu bei, insbesondere die antifaschistische und antimilitaristische Haltung der jungen Falken zu stabilisieren.

An den Erinnerungen unserer Gesprächspartner wird jedoch deutlich, daß sie den Stellenwert der Bildungsarbeit für ihre politische Entwicklung sehr unterschiedlich bewerten. In den Gesprächen mit ihnen vermittelte sich uns der Eindruck, daß für die politischen Einstellungen vieler junger Falken internationale Jugendtreffen, Demonstrationen und andere Gemeinschaftserlebnisse bedeutsamer waren.

Andere sahen die Bedeutung der Bildungsarbeit eher in ihrem Beitrag zur Allgemeinbildung, in der Beseitigung von Lücken, die die Mängel der Schule entstehen ließen.

Manfred Eisenblätters folgende Berwertung scheint uns typisch zu sein – zumindestens für die im Verband organisierten Arbeiterjugendlichen.

»Die Gruppe ist für mich prägend gewesen. Meine Partnerin sagt oft: ›Menschenskind, was du alles weißt. Das kannst du doch nie in der Schule gelernt haben.‹ Ich sage: ›Nee, Mädel, das sind alles Sachen, die ich nur bei Falkens lernen konnte.‹ Ich habe eine ganz normale Volksschulbildung, also keine weiterführende Bildung erhalten. Alles, was ich mehr weiß, hab' ich durch die Falken. Und das ist im Grunde genommen auf allen Gebieten so. Man hat ja jedes Gebiet irgendwann gestreift, sich etwas mehr damit befaßt. Und wenn man dann Interesse an einer Sache gefunden hat, dann hat man sich ein Buch aus der Leihbücherei besorgt und mit dem Gruppenleiter die Sache noch mal durchgesprochen.

Und dann hat sich der auch mit dir mal für eine Stunde hingesetzt und hat gesagt: ›Da müssen wir der Sache mal auf den Grund gehen.‹ Dadurch habe ich eigentlich auf allen Gebieten eine gute Allgemeinbildung.«

Neue kulturelle Bedürfnisse wurden geweckt

Viele Jugendliche hatten vor ihrer Zeit bei den Falken noch kein Buch in der Hand gehabt. Auch ihre Einstellung zur Musik wurde häufig verändert. Bei den Falken wurde viel gesungen. In vielen Bezirken trafen sich Volkstanzgruppen und Chöre.

»Einmal in der Woche war der Volkstanzabend und der Chor. Da bin ich dann auch mal hingegangen. Ich habe bei den Falken auch ein Musikinstrument spielen gelernt, was mir die Falken besorgt haben. Da bin ich auch einmal in der Woche hingegangen. Ich bin heute sehr froh, daß ich bei den Falken Arbeiterlieder gelernt habe, die ich heute noch im Text beherrsche. Ich bin immer wieder froh, wenn ich mit alten Genossen zusammentreffe, die dann Texte hervorholen müssen, während ich das bei den Falken so gelernt habe, daß ich das nie vergessen werde.

Diese Interessen sind eigentlich erst bei den Falken geweckt worden. In der Schule habe ich Singen als Zwang empfunden. Der Lehrer hat es nie verstanden, daß du mit Freude gesungen hast. Bei den Falken war das anders.« (Siegfried Stirba)

Das gilt genauso für das Theater. Für die meisten Jugendlichen gehörte das Theater zu einer anderen Welt, die sie noch nie vorher betreten hatten.

»Über die Falken habe ich persönlich auch so ein bißchen Zugang gefunden zum Theater. Wir haben vor dem Theaterbesuch meist darüber gesprochen, was da passiert. Es ist ja schwierig, wenn man da zwei und eine halbe Stunde sitzt und gar nicht weiß, worum es nun eigentlich geht. Sehr behaglich ist mir das erste Mal nicht zumute gewesen. Für uns Kreuzberger war es ja am Anfang sehr ungewohnt, ins Theater zu gehen.« (Siegfried Bilewicz)

Auch Kinobesuche bzw. die Organisierung von Filmabenden waren ein fester Bestandteil in den Aktivitäten der meisten Gruppen. In einer Zeit, wo in den kommerziellen Kinos häufig nur Heimat- und Liebesschinken aus den Beständen der faschistischen Filmproduktion oder amerikanische Filme zu sehen waren, ermöglichten die Falken ihren Jugendlichen, aber auch Außenstehenden, andere Kinoerfahrungen.

Die Kulturarbeit der Falken war jedoch nicht nur nach innen gerichtet. Singegruppen, Sprechchöre, Volkstanzgruppen und Laienspielgruppen traten im Rahmen von internationalen Fahrten und bei Feierstunden auf; aber auch in Jugendheimen, auf von den Falken organisierten Sportfesten, bei Veranstaltungen befreundeter Organisationen, wie z. B. den Gewerkschaften, vor allem aber auf Parteiveranstaltungen der SPD.

Zur Weiterentwicklung der Kulturarbeit trugen vor allem ältere, entsprechend qualifizierte Sozialdemokraten bei, wie z. B. Rudolf Barthel, der Leiter der Volksmusikschule Neukölln, Horst Braun, Regisseur des sozialistischen Theaters »Barrikade«, Charlotte Sarcander, Jule Hammer, Gerhard Schönberner oder Norbert Adrian. Sie leiteten bzw. unterstützten die Kulturgruppen der Falken, organisierten Fortbildungsseminare und arbeiteten auch teilweise im Kulturreferat des Landesverbandes mit. Diese vielfältigen Kulturaktivitäten dürfen jedoch nicht darüber hinwegtäuschen, daß die kulturelle Öffentlichkeitsarbeit der Falken nur von einigen Gruppen der Falken getragen wurde. Es mangelte vor allem an entsprechend qualifizierten Leitungskräften.

Die folgende Beschreibung der Kulturarbeit der »Wrangelburg« der Falken im Südosten Kreuzbergs kann daher auch nicht als typisch für die Gruppenarbeit der Falken angesehen werden. Manfred Eisenblätter, der von 1952–56 Mitglied der Laienspielgruppe der »Wrangelburg« war, gab uns einen Einblick in die Kulturarbeit der Falken und was sie für ihn bedeutete:

»Die Kulturgruppe ›Wrangelburg‹ wurde 1952 auf Initiative von Hans Maasch aufgebaut. Zunächst war es eine Singegemeinschaft, aus der später der Chor wurde. Zu seiner Blütezeit haben dreißig von uns mitgemacht. Dann kam diese Antikriegsbewegung. Da haben wir darüber gesprochen, daß man nicht nur so einen Friedensgesang, sondern einen Sprechgesang oder sogar ein richtiges Theaterstück auf die Beine stellen müßte. Dann haben sich 10–12 Leute dazu zusammengefunden – alles Arbeiter oder Handwerker. Die Madame Collat, eine ältere Parteigenossin, hatten wir als Regisseurin. Vor zwei Jahren ist die im Alter von 87 Jahren gestorben. Sie war damals schon eine alte Dame, aber sehr fein. Aus Litauen kam sie. Hier in Berlin ist sie bei Schauspielern bekannt gewesen. Sie hat Sprechübungen mit denen gemacht. Da hat sie auch in der Freien Volksbühne mitgewirkt. Also, die war schon eine Koryphäe. Und die hat dann mit uns erstmal einen ganz normalen Gruppenabend gemacht und gefragt, was wir eigentlich wollen; was wir eigentlich mit unserem Wunsch, Laienspiel zu machen, anstellen wollen, ob wir mal Schauspieler werden wollen oder das irgendwie mit der Parteiarbeit zu tun hat. Wir haben ihr dann erklärt, daß wir was gegen die Wiederbewaffnung machen wollten. ›Naja‹, sagte sie, ›das ist ja schön.‹ Na und dann fingen wir an. Ganz, wie Schauspielschüler anfangen müssen, mit Worten, mit Sätzen sprechen lernen. Sie sagte: ›Wenn ihr etwas bringen wollt, dann müßt ihr es aber auch richtig bringen.‹ Dann hat sie mit uns eben Sprachunterricht gemacht. Ja, das fing ganz blöd an: A, E, I, O, U. So haben wir sprechen gelernt. Also das, was ich jetzt mache, ist kein Sprechen, das ist ein Quasseln. Zu der Zeit haben wir sprechen und gehen gelernt. Ja, die wollte eben, daß das, was wir auf der Bühne zeigen, auch ein bißchen fundiert ist; daß man nicht so wie ein ›Bauernlümmel‹ auf die Bühne geht, sondern sich auch ein bißchen bewegen kann. Das war ganz schön. So manch einer hat Haltungsschäden damit korrigieren können. Dann haben wir angefangen, uns Manuskripte zu suchen, die zu dem Thema passen und Rollen sprechen zu lernen. Das hat natürlich sehr lange gedauert, bis sowas erst mal richtig gesessen hat. Ja, und dann kristallisierte sich das immer mehr raus, daß wir im Böcklerpark einen großen Abend machen wollten. Der erste Abend, da sollten nur die Eltern, Falken und Parteileute eingeladen werden. ›Nie wieder Krieg‹ von Tucholsky und Ausschnitte aus ›Draußen vor der Tür‹ von Borchert wollten wir bringen. Ein halbes Jahr haben wir an den Proben dafür gesessen. Aber es wurden 1000 Entwürfe dafür gemacht und wieder verworfen. ›Nee, so können wir das nicht bringen.‹ Es gab Schwierigkeiten mit den Geräten, die wir dafür brauchten, z. B. einen Dia-Projektor zu beschaffen. Das war doch noch recht schwierig, solche Geräte aufzutreiben. Auch die Jugendförderung konnte da vielfach nicht helfen, weil sie eben auch nicht über die Mittel verfügt hat. Was wir brauchten, mußten wir überwiegend in Handarbeit herstellen. Manchmal hat man schon gesagt: ›Ach, schmeißen wir den ganzen Mist hin. Das wird doch nichts.‹ Aber diese Frau Collat hat uns dann immer wieder aufgemuntert. Kutte Wolt ist hier dann der SS-Mann drin gewesen, Sachse, jetzt Feuerwehrmann, der hat hier den Bully gespielt. Ich war der Wirtvater. Im großen Ganzen hat es einen Riesenspaß gemacht, obwohl man geschwitzt hat beim Büffeln. Aber schön war's doch. Das war eben eine wirkliche Arbeit. Zu Hause oder auf der Arbeit hat man sogar seine Rolle noch gelernt. Irgendwie sollte es ja auch harmonieren, wenn du das erste Mal dann auf der Bühne stehst, wenn das Licht dann ausgeht und du alleine dastehst und in dieses schwarze Loch siehst, wo du weißt, da sind etliche 100 Leute, die du nun unterhalten bzw. nachdenklich machen sollst.

Vier Aufführungen hatten wir. Die erste war wie gesagt für Eltern und Nächste. Die anderen drei waren offen. Also da waren junge und ältere Leuten gekommen. Es wurde sogar Werbung gemacht, daß wir, die Kulturgruppe Kreuzberg, da so einen Abend macht. Es gab Leute, die gesagt haben: ›So ein Scheiß. Wie können die so einen Scheiß bringen? Krieg wollen wir alle nicht, aber wir brauchen Soldaten.‹ Wir haben gesagt: ›Wir brauchen nicht mal Soldaten.‹ Eine Frau lief schreiend raus, weil sie ihren Mann auch im letzten Krieg verloren hatte. So hart sollte es nicht ausfallen, aber der sind die Nerven durchgegangen. Naja, es ist schon ein tolles Gefühl, etwas darzustellen, was man ja eigentlich nicht ist. Aber irgendwie identifiziert man sich nachher mit der Rolle, und man ist dann tatsächlich ein Skelett oder ein SS-Mann.

Wir haben auch herbe Kritiken einstecken müssen, aber überwiegend von der mehr oder weniger rechts gerichteten Bevölkerung. Sogar aus der eigenen Partei haben wir Kritik bekommen, daß das eben zu hart wäre, was wir bringen. Aber da haben wir ihnen gesagt: ›Lieber wir bringen es jetzt hart, als daß das uns nachher umso härter trifft.‹ Aber überwiegend waren es positive Reaktionen. Später haben wir auch noch ein ganzes Theaterstück zur Aufführung gebracht, ›Die Illegalen‹ von Günter Weisenborn. Das war aber schon 1956. Wir haben dann noch öfter Bunte Abende organisiert, insbesondere für die Ostberliner SPD. Wir sind da mit unserer Laienspielgruppe und Teilen des Chores hingefahren und haben dort Lieder und Sketche vorgetragen, wie z. B., ›Baustil 55/56‹, Sachen von Kästner, Tucholsky und Ringelnatz. Ich habe dort auch Akkordeon gespielt. Zeitweise habe ich auch beim Chor mitgesungen. Die Chorarbeit hat Hans Maasch geleitet. Der hatte einige Zeit beim Rupenhorner Singekreis mitgemacht. Da hat er wohl einiges gelernt, aber ansonsten war er Autodidakt. Mitunter sind sogar richtige Kantaten, Chorwerke mit mehreren Stimmen entstanden. Hans hat dazu entsprechend die Stimmen umgeschrieben. Die sind sogar in Kirchen mit dem Chor aufgetreten, z. B. in einer Kirche am Schulenburgring in Tempelhof und in der katholischen Frauenkirche in der Wrangelstraße.

Wo wir gerade über Hans Maasch reden, fällt mir noch eine kleine Begebenheit ein. Wir hatten ja bei uns so ein großes Aquarium. Nach dem normalen Gruppenabend haben wir einmal noch dagesessen, Hanne hat die Klampfe gehabt, ein bißchen darauf rumgeklimpert. Da sagte Hanne: ›Du hast doch das Akkordeon.‹ Ich sage: ›Ich kann doch nicht spielen.‹ ›Komm, guck nur das Aquarium an und das, was du siehst, was du da empfindest, das versuch mal in Töne zu bringen.‹ Gerhard Simon war auch noch dabei. Der hat Gitarre oder Blockflöte gespielt, brillant sogar. Ja, da haben wir so dagesessen, drei, vier, fünf, sechs Figuren noch. Es war dunkel. Nur das Aquarium war zu sehen. Wir haben dagesessen, gequatscht und den Geräuschen aus dem Aquarium gelauscht, blum, blum, blum. Jeder hat so seinen Gedanken zu dem Aquarium nachgehangen und hat versucht, dazu was zu spielen. Zu Anfang gab es noch ein paar Mißtöne, aber dann kam doch irgendwie ein gewisses Thema zustande. Einer ist dann auf die Idee gekommen, das auf Tonband aufzunehmen. Wir waren angenehm überrascht, daß das im Grunde das Aquarium war, man hätte diese Musik glattweg ›Das Aquarium‹ nennen können.«

Körperliche Bedürfnisse – Mauerblümchen im Verbandsleben

Zweifelsohne standen Kultur und Bildung in den Jugendgruppen der Falken im Mittelpunkt. Die Möglichkeiten von Arbeiterjugendlichen, innerhalb des Verbandes auch ihre Bedürfnisse nach körperlicher Betätigung zu befriedigen, wollen wir

zunächst über einen Einblick in die Sportarbeit der Falken darstellen. Im Mittelpunkt werden die Erinnerungen von Werner Trapp und Siegfried Bilewicz aus Reinickendorf und Kreuzberg stehen. Beide hatten sich 1947/1948 als Jugendliche den Falken angeschlossen und waren die ganzen 50er Jahre hindurch an den sportlichen Aktivitäten der Falken beteiligt gewesen.

Ende der 40er Jahre war der Sport im wesentlichen auf die Fahrten und Zeltlager der Falken begrenzt. Im alltäglichen Verbandsleben spielte er keine Rolle. Sportlich interessierte Jugendliche waren daher oft parallel zu den Falken noch in einem Sportverein.

»Wir sind aus einer richtigen Sportfeindlichkeit des Verbandes bei einem ortsansässigen Verein gelandet und haben dort Handball gespielt. Das war auch so ein Anlaß hier im Kreis Kreuzberg zu sagen: Handball könnte man eigentlich auch bei den Falken spielen. Das führte dann auch zu dieser Sportgemeinschaft. Das lief über den Herbert Gnauck und den Schorch. Hier bei uns war ziemlich dicke der Ete Dankert drin gewesen. Der war damals Sekretär gewesen bei den Falken. Der gehörte auch zu unserer Gruppe. Ich glaube schon, daß unsere Flucht in den Sportverein dazu wesentlich mit beigetragen hat. Wir waren eine ziemlich große Gruppe und eigentlich auch eine ziemlich aktive Gruppe.« (Siegfried Bilewicz)

1950 wurde daher die Sportarbeitsgemeinschaft der Falken aufgebaut. Sie zielte auch darauf ab, neue Jugendliche für den Verband zu gewinnen.

»Die Vereine sind damals noch nicht verreist. Anfang der 50er Jahre gab es die Sportjugend noch nicht. Sie war noch nicht dem Landesjugendring angeschlossen und kriegte also noch keine öffentlichen Zuschüsse. Die Falken bekamen aber für Reisen aller Art diese üblichen Zuschüsse. Fahrtkosten fielen damit praktisch nicht an. Darüber haben wir so manchen, der ein bißchen mit uns sympathisierte, zu uns herübergezogen.« (Werner Trapp)

Die Sportarbeitsgemeinschaft bot den jungen Falken ein breites Spektrum der verschiedensten sportlichen Aktivitäten an: Handball, Fußball, Tischtennis, Boxen, Leichtathletik, Schwimmen, Kanufahren. Man organisierte regelmäßig Handball- und Tischtennisturniere, an denen die Sportgruppen der Bezirke teilnahmen. Schwimmfeste und Sommersportfeste, bei denen Hunderte von Jugendlichen mitmachten, sowie Sportfeste der Arbeitsgemeinschaft der schaffenden Jugend – dem Zusammenschluß der Arbeiterjugendverbände (DGB-Jugend, DAC-Jugend, Schreberjugend, Naturfreundejugend und SDJ- die Falken) gehörten zu den Höhepunkten der Sportarbeit.

Im folgenden Ausschnitt aus dem Programm eines solchen Sportfestes im Mai 1954 wird die Besonderheit einer solchen Veranstaltung deutlich. Zu Beginn sprach in der Regel der Landesvorsitzende, und der Falkenchor sang Arbeiterlieder. Gemischte Wettbewerbe mit Jungen und Mädchen waren damals in der Jugendarbeit außergewöhnlich:

Sozialistische Jugend Deutschlands – Die Falken, Landesverband Berlin
Sportgemeinschaft

Der Landes-Sportausschuß hat in seiner gestrigen Sitzung beschlossen, bei diesem Sportfest nur Mannschaftskämpfe zu starten, um den Gruppen – nicht nur den Kreisen – Gelegenheit zu geben, Mannschaften aufzustellen. Wenn Ihr Euch das nachstehende Programm genau anseht, werdet Ihr feststellen, daß wir vielen bisher nicht beachteten Bedürfnissen gerecht werden wollen. Nehmt dieses Programm als Ausdruck unserer Sportarbeit allgemein gesehen. Nicht die Leistung entscheidet hier, sondern die Freude am Mitmachen ist für uns das wichtigste Moment.

Das Programm des Tages sieht folgendes vor:

09.^{30} Uhr Eintreffen aller Gruppen
10.^{00} Uhr Begrüßung und gemeinsames Lied
10.^{15}–12.^{00} Faustballspiele – 2 × 10 Min.
  1 Mannschaft = 5 Spieler
  für Jungen und Mädel, auch gemischt
  1000 m-Lauf für Jungen
  1 Mannschaft = 4 Jungen
  (die ersten 3 Jungen jeder Mannschaft werden gewertet)
  Völkerballspiele – für Rote Falken[16] – 2 × 10 Min.
  Mädel und Jungen getrennt

  10 × ½ Runde (200 m) für Jungen
  alle Kreise, die eine Handball- oder Fußballmannschaft haben, müßten hier mindestens eine
  Mannschaft stellen können.

12.^{00}–13.^{30} Mittagspause
  während der Pause: Tanz aller Volkstanzkreise, offenes Singen

13.^{30}–16.^{00} Schwellstaffel für Rote Falken
  1 Mannschaft = 5 Jungen und 3 Mädel
  200 m J.; 75 m M.; 200 m J.; 75 m M.; 200 m J.;
  100 m J.; 75 m M.; 100 m J.;
  Brennballspiele – 2 × 10 Min.
  1 Mannschaft = 10 Jungen und Mädel gemischt
  Pendelstaffel (möglichst viele Meldungen erbeten)
  1 Mannschaft = 10 Jungen *oder* 10 Mädel
  Sprungstaffel (Schlußsprung)
  1 Mannschaft = 5 Jungen und 5 Mädel

16.^{00}–17.^{10} Handballspiel
  Naturfreunde gegen Falken-Stadtmannschaft
  Abschluß
  großer Kreis und gemeinsames Lied

Während dieser Zeit werden unsere Falken auf einem Nebenplatz ihren Falkentag begehen.
  Für die Wanderfalken haben wir eine extra Aufgabe: Aufbau eines Zeltdorfes. In diesem Zeltdorf soll dann eine Bilderausstellung von unserer Arbeit in den Gruppen berichten.[17]

Zum großen Vergnügen aller traten oft als Höhepunkt die Mitglieder des Landesausschusses und des Landesvorstandes der Falken gegeneinander an, wie hier im Jahre 1955:

Mannschaftsaufstellung

LV. – LA.

LV.		Weiß			
		Saegert		Uda	
		Punt	Döhring	Koffke	
Pirch		Masteit	Ristock	Dittner	Gottschalch
LA. Müller	Heinrich	Heim	Götsch	Fickler
	Seydlitz	Gutjahr	Lipinski	Ersatz: Drescher
Glaser	Brettschneider		Pawlaczyk	
		Köppen			

Schiedsrichter: Simanowski (Kontrollkommission) [18]

Peter Weiß und Harry Ristock beschrieben das widersprüchliche Verhalten der Funktionäre gegenüber dem Sport.

Peter: »Ich selber hatte für regelmäßigen Sport keine Zeit. Ich empfand den Sport eigentlich immer als etwas sehr Unpolitisches. Um die Jahrhundertwende hat der deutsche Kronprinz gesagt: ›Wenn es den Fußball nicht gäbe, müßte man ihn erfinden, um die Arbeiter von der Politik abzuhalten.‹

Harry: Ich habe ihn aus taktischen Gründen soweit wie möglich gefördert. Heute weiß ich, daß das nicht sehr intensiv war.

Peter: Wir hatten keine Abneigung gegen unseren Falkensport; das auf gar keinen Fall. Wir haben ihn gefördert.

Harry: Meine Reden bei Sportveranstaltungen drückten Begeisterung und Bewunderung aus, dienten der Aufmunterung aller Beteiligten. Allgemein ging es uns darum, die Plattform der Falken so breit wie möglich zu machen.

Peter: Aber wir als politische Funktionäre waren nicht diejenigen, die den Sport selbst gestalten konnten.

Harry: Heute fällt mir auf, daß es im Kreis der politischen Funktionäre niemanden gab, der diese Interessen wahrnahm.«

Am attraktivsten war für die Jugendlichen die Teilnahme an Falken-Sportfesten in Westdeutschland sowie den internationalen Sportbegegnungen der IUSY Camps.

»Das waren natürlich die Hauptereignisse der Sportgemeinschaft. Das fing an mit dem Arbeiterjugendtag in Hamburg 1951. Dort sind wir erstmals mit unserer Handballmannschaft aufgetreten. Vor 5000 Zuschauern haben wir dort Handball gespielt und Leichtathletik betrieben. 1952 waren wir in Wien beim IUSY-Camp und zu einem großen Nordwestdeutschen Sportfest in Hamburg.« (Werner Trapp)

Das Bedürfnis der Jugendlichen, sich auch innerhalb des Verbandes sportlich zu betätigen, setzte sich in den 50er Jahren zunächst gegen die Gleichgültigkeit vieler Verbandsfunktionäre durch.

Überall dort, wo aber Arbeiterjugendliche im Verband eher unter sich waren, gab es nicht nur die meisten Sportgruppen, sondern wurden die körperlichen Bedürfnisse auch in anderen Aktivitäten ausgelebt: in der Lust, politische Gegensätze zur FDJ oder zu den Pfadfindern auch mal handfest auszutragen oder auch im Aufbau bzw. der

Renovierung ihrer Treffpunkte, wie z. B. beim Aufbau des Zeltlagerplatzes der Falken in Heiligensee.

»Wir haben Heiligensee aufgebaut in Hunderttausenden von Stunden. Wir haben es immer wieder geschafft, das Gelände zu vergrößern. Wer da hinkam, mußte einen Stein mitbringen – einen auf jeden Fall. Die kamen natürlich mit fünf oder mit zehn Steinen. Ich habe gesagt: ›Nicht klauen, Kinder, geht zum Polier und sagt dem, daß ihr euch ein eigenes Jugendheim baut und daß er euch einen Stein schenken soll. Dann wird er ihn euch schenken.‹ Aber die Bande hat doch zehn Steine geklaut. Damit habe ich auch gerechnet, daß sie zehn bringen und nicht einen. Ich habe mir auch schnell in mein Motorrad in den Beiwagen zwanzig 'reingeschmissen. Das hilft übrigens auch noch für die Gemeinschaft, zusammen den Weihnachtsbaum organisieren – aus dem Wald, wo es verboten ist.« (Ernst Froebel)

Hans Maasch erinnerte sich beispielsweise noch gut daran, wie die jungen Falken aus dem Südosten Kreuzbergs 1952 ihre kahle und ungemütliche »Wrangelburg« verschönerten.

»Ungefähr ein Vierteljahr hat das gedauert. Was da rauskam, würde man heute nicht sonderlich gut finden, aber damals hatte das seine Bedeutung. Abgesehen von den Stühlen und Tischen haben wir alles selber gebaut.«

Renate Kirchner sah darin eher eine Ausnahme und beschreibt so die ersten Unterschiede zwischen Arbeiter- und Mittelschichtsbezirken:

»Wir haben gesungen und gespielt. Aber letzten Endes waren alle Falkengruppen, die in Charlottenburg, Zehlendorf und auch Wilmersdorf waren, auf politische Bildung, auf Bildung überhaupt aus. Also wenn es nicht politische Bildung war, dann ging es darum, in Literatur und Musik ganz bestimmte Wege zu weisen. Das andere war nicht so gefragt. Aber das muß man aus der Zeit sehen. Es gab ein unbeschreibliches Defizit.«

Die Förderung körperlicher Aktivitäten galt demgegenüber schon damals vielen als unwichtiger.

Diese gleichgültige bis skeptische Haltung vieler Falkenfunktionäre wurde von einigen damit begründet, daß sportliche Aktivitäten die Jugendlichen von der Teilnahme an politischen Auseinandersetzungen abhalte. Bei anderen war sie aus der Erinnerung an die Verherrlichung des Körpers in der Zeit des Nationalsozialismus gespeist; einer Verherrlichung von körperlicher Stärke, Härte, Unterdrückung von Gefühlen und Durchhaltevermögen. Mit der Ablehnung alles Militärischen ging so eine Distanz auch zu Sportwettkämpfen und körperlicher Kraftdemonstration einher.

Die Bildungs- und Kulturarbeit der Falken sowie ihre politischen Aktionen orientierten die Jugendlichen gegen den Strom der herrschenden Politik und Kultur. Gleichzeitig ging sie aber auch mit dem Strom der Zeit, indem sie den sozialen Aufstieg ermöglichte. Wir wollen damit die positive Bedeutung dieser Bildungsprozesse für die Jugendlichen nicht mindern. Aber die große Bedeutung, die viele Gruppenleiter und Funktionäre Bildung und Kultur beimaßen, implizierte schon Anfang der 50er Jahre eine Tendenz zur Unterbewertung und Mißachtung körperlicher Fähigkeiten und Bedürfnisse. Vor allem der Mittelschicht zugehörige Gruppenleiter und Funktionäre förderten diese Einstellung.

Dieser Trend setzte sich in den folgenden Jahren noch weiter durch. So verschwand Ende der 50er Jahre binnen kürzester Zeit die anfangs so starke und erfolgreiche Sportarbeitsgemeinschaft der Falken.

Gerade das, woraus Arbeiter vor allem ihre Kraft und ihr Selbstbewußtsein bezogen, hatte in der dominierenden Wertorientierung der Falken (Bildung, Kultur, politische Bewußtseinsbildung und Aktion) einen geringeren Stellenwert. Die handwerklichen und körperlichen Bedürfnisse von Arbeiterjugendlichen sind aber sehr bedeutsam für ihr Selbstbewußtsein. Sie sind zum einen eine Vorbereitung auf spätere Berufe und zum anderen oft unterschätzte praktische Fähigkeiten zur Bewältigung aller möglichen Probleme des Alltags. Wir werden später zeigen, wie daraus eine Stärke der Arbeiterjugendlichen in Aktionen oder in Zeltlagern erwachsen kann. Wenn aber in der Bildungsarbeit solche Lebenserfahrungen weitgehend ausgespart bleiben, so folgt daraus nahezu zwangsläufig, daß Arbeiter ihre Zugehörigkeit zur Arbeiterklasse nicht positiv bestimmen können.

Wie Falken zu Frauen und Männern wurden

Wie sahen Anfang der 50er Jahre die allgemeinen Normen für die Erziehung von Jungen und Mädchen aus?

Jungen sollten mutig sein, keine Angst haben, sie sollten nicht weinen. Sie sollten hart sein können gegenüber sich selbst und gegenüber anderen – stark sein, keine Schwächen zeigen. Mädchen wurden auf ihr späteres Leben im Privaten vorbereitet, auf ihre Rolle als Ehefrau und Mutter. Sie sollen später einmal fähig sein, einen Haushalt zu führen, Kinder aufzuziehen, ihren Ehemann zu bekochen und mit Liebe zu versorgen. Entsprechend unterschiedlich waren die Anforderungen, die an Mädchen gestellt wurden. Von ihnen wurde Einfühlsamkeit und Zurückhaltung erwartet. Vor den »Gefahren, die überall im öffentlichen Leben lauern«, sollten sie eher bewahrt werden. So wurden die Jungen zum »starken Geschlecht«, die Mädchen zum »schwachen Geschlecht« erzogen. Wenn in diesem Abschnitt vor allem von Mädchen und Frauen die Rede sein wird, so ist das sicherlich kein Zufall. Die Frauen, mit denen wir gesprochen haben, erinnerten sich viel intensiver als die Männer an Privates aus ihrer Kindheit und Jugend.

Vielleicht haben wir die Männer in unseren Gesprächen zu wenig herausgefordert.

Frauen waren eben »Expertinnen« in diesen Fragen, weil sie vor allem im Privaten lebten. Sie waren traditionell die Verantwortlichen für Zärtlichkeit, Liebe und Glück. Die Reduzierung ihres Lebens darauf und die Mißachtung, die sie durch den Mann erfahren, ist für viele Frauen heute eine Quelle von Unzufriedenheit, ein Stachel für die Beschäftigung mit ihrer Geschichte. Männer dagegen erzählten kaum aus diesem Privatleben. Sie schritten immer aktiv voran, den Blick nach vorne gerichtet. Das Private war für sie eher Bereich der Erholung von den »Härten« des öffentlichen Lebens. Und wenn zu Hause wirklich einmal etwas schief ging, hatten sie ja ihren Ausgleich, ihre Bestätigung in der Arbeit oder in der Politik oder in einem Verein.

Im folgenden wollen wir zunächst eine unserer Gesprächspartnerinnen ausführlich zu Worte kommen lassen, weil wir meinen, daß in dem, was sie von ihrem Leben erzählt, viel Typisches für die Entwicklung eines Mädchens zur Frau in der damaligen Zeit enthalten ist.

Erinnerungen an die Entwicklung vom Mädchen zur Frau

Renate Kirchner, 1937 in Berlin geboren, erlebte ihre Kindheit im wesentlichen mit ihrer Mutter und ihrer 5 Jahre älteren Schwester.

»Ich bin ja weitgehend ohne Vater großgeworden, weil er erst ziemlich spät aus der Gefangenschaft zurückgekommen ist. Ich teile ja so ein ganz typisches Frauenschicksal aus der Zeit. Wir sind ja alles Mädchen, die ohne Väter groß geworden sind.

Meine Mutter war eine Frau mit zwei Kindern, die alleine war. Wir wohnten in einer Siedlung, wo jeder jeden kannte. Aus der Siedlung raus gingen wir überhaupt nicht. Es spielte sich alles dort ab. Gefährdungen durch Autos gab es nicht. Gefährdungen durch Männer auch nicht so sehr, weil ja fast keiner da war. Wo du jetzt auf kleine Mädchen aufpassen mußt, war das damals nicht so. Ich denke, daß meine Mutter auch ganz froh war, daß ich es so gemacht habe; sie hat mich nicht sehr geleitet und gelenkt – überhaupt nicht. Meine Mutter war Schneiderin, mein Vater Schneider. Es gab ja wenig anzuziehen in der Zeit, und ich kriegte als einziges Mädchen lange Hosen, Latzhosen mit großen Hosentaschen, wo ich immer alles drin gesammelt habe.

Ich sollte eigentlich ein Junge werden, nun war ich leider ein Mädchen geworden. Vielleicht kam es auch daher, daß ich ein bißchen Freiheit kriegte. Ich bin gerne herumgestromert und habe aber auch mit Puppen gespielt. Ich habe immer mit einem Jungen gespielt. Mein Nachbar war ein Junge. Wir waren befreundet, im gleichen Alter. Wir haben zusammen geklaut und mit Puppen gespielt. Das lief zusammen ab und war eigentlich sehr schön. Als ich zu der Falken kam, hatte meine Mutter wohl so die Vorstellung, daß sie mich da einfach hingehen lassen kann, da hat sie nie nachgeguckt. Sie war auch nie in der Schule, hat nie an Elternabenden teilgenommen. Sie interessierte sich auch vielleicht nicht so sehr dafür, was bei den Falken passierte. Von daher hatte ich ein ganz glückliches Mädchenschicksal, weil jedenfalls in dieser Zeit keine Grenzen von dort kamen. Das wurde, als ich Jugendliche wurde, natürlich ganz anders...

Ich ging zur Schule, als Jungen und Mädchen in getrennten Klassen unterrichtet wurden und die Geschlechter sehr getrennt voneinander waren, sich fremd waren. Bei den Falken war es in dieser Hinsicht phantastisch, z.B. gemeinsam zu zelten. Es war klar, man schlief in einem Zelt. Dieses Geheimnisvolle und Unbekannte und Angstmachende und weiß der Geier, was da alles wirkt – das fiel natürlich völlig weg. Es war eine enorme Chance. Eine für euch unvorstellbare Prüderie herrschte ja in der Zeit und wirklich ein Defizit an Informationen und Wissen, was den eigenen Körper, Sexualität, Verhütung anging.

Für drei, vier Gruppenabende hat auch ein Arzt, Dr. Brandt, mit uns darüber gesprochen. Ich denke, daß es jemand war, der in für uns völlig ungewöhnlicher Weise Sachen angesprochen hat, die tabu waren. Das war so was Unvorstellbares. Ich denke, das muß da so leise gewesen sein wie bei der Mitternachtsmesse.

Ich weiß, daß alle da waren an den Abenden, daß er was erzählt hat und wir fragen durften und alles beklemmend, scheu und vorsichtig war, aber daß es von der Atmosphäre gut gewesen ist, so untereinander auch. Aber das kann sich niemand vorstellen, was in dem Bereich so gelaufen ist...

Ich hatte auch kein anderes Frauenbild als meine Mutter, aber ein tiefes Unbehagen darüber. Es war mir jedoch nicht möglich zu sagen: Es geht auch anders. Letztlich hatte ich ein Verständnis von der Rolle der Frau; das aus dem vorigen Jahrhundert stammte.

Ich weiß nicht, ich meine, ich hätte meinen Weg aus der Familie heraus nie ohne einen Mann geschafft. So wie das heute möglich ist, daß du alleine rausgehst oder mit

Freundinnen – also diesen Schritt aus dem Elternhaus raus hätte ich nicht gekonnt. Ich war eine klassische Frau. Es war wirklich nur so möglich. Ich bin letzten Endes von einer Versorgungseinrichtung in die Nächste gegangen. Ich war alleine nicht lebensfähig – denke ich ...

Wenn ich mir die Falkengruppen angucke, dann denke ich, waren die alle voll im Strom drin; also die, die ich kenne, die Mädchen in den Gruppen. Letzten Endes ging es darum, irgendwann zu heiraten, Familie und Kinder zu haben. Ich hab' wie andere auch einen Falken geheiratet. Die unterschieden sich schon von anderen Männern. Dieses Einbeziehen der Frauen, wenn man sich traf oder wenn man irgendwas machte: Das war schon was, was sich unterschied von dem, was drumrum passierte. Auch der Wunsch dieser Männer, Frauen zu haben, die berufstätig sind oder die auch was tun, aus welchen Gründen auch immer; die nicht blockierten und sagten: ›Kommt überhaupt nicht in Frage oder wollen wir nicht.‹ Ich meine, daß sie es nicht immer leben konnten – sie waren ja auch in einer bestimmten Zeit erzogen worden – und daß da auch immer wieder Rückfälle kamen und daß das was war, was über den Kopf lief, aber letzten Endes noch nicht Haltung war, das ist eine andere Sache. Aber das war schon anders.

Aber Kritik brachte man nicht an. Vielleicht hat es auch was damit zu tun – das weiß ich aus meiner Kindheit – welche Bedeutung Männer hatten. Es gab ja so wenige. Es waren also fast alle im Krieg und viele kamen nicht zurück. Viele sind gefallen. Vielleicht hatten sie deshalb so eine Sonderposition ...

Daß man dagegen aufbegehren kann und daß man also laut werden kann und seine Meinung sagen kann – das war nicht so. Da äußerte man keine Kritik. Da guckte man, ob man selbst vielleicht Ansprüche hat, die nicht in Ordnung sind. Irgendwo muß ich unbequem gewesen sein. Ich habe sehr deutlich immer hingeguckt, wenn mit Leuten was passierte und habe dann auch was dazu gesagt. Also für andere, aber nicht für mich selbst. Vielleicht habe ich heute ganz viel Angst verloren, anders zu sein. Mein Wunsch, angepaßt zu leben und nicht aufzufallen, ist sehr, sehr groß gewesen. Das muß man, denke ich, alles erst los haben, um zu sagen: So wie ich bin, bin ich. Auch wenn die anderen mich gar nicht gut finden. Aber das ist mein Weg, und so will ich ihn gehen und mache ich ihn. Das ist bei mir ganz spät gelaufen.

Ich bin ja doch dazu erzogen worden, daß man nichts zu fordern hat, zufrieden sein muß mit dem, was kommt und sich bescheiden muß, und es wird schon seinen Sinn haben. Wenn du so auf Anpassung erzogen wirst, dann dauert das ein halbes Leben, das wieder loszuwerden, manchmal auch ein ganzes.«

Mädchen und Jungen werden traditionell erzogen – aber sie machen neue Erfahrungen

Die Generation der zwischen 1930 und 1940 Geborenen erlebte eine ganz besondere Kindheit und Jugend. Ein Teil von ihnen lernte die Väter nie bewußt kennen; andere erlebten die Väter nur wenige Jahre.

Eine vaterlose Generation. Die Kinder wuchsen mit Müttern auf. Mütter, die über einen langen Zeitraum nicht nur Haushalt und Kinder zu versorgen hatten, sondern auch für den Lebensunterhalt der Familie aufkommen mußten. Und das in einer Zeit, wo es jahrelang ausschließlich darum ging, das Überleben zu sichern. Für Kinder und Jugendliche, die so aufwuchsen, hatte das natürlich einschneidende Auswirkungen. Den Mangel an Orientierung und Sicherheit haben wir schon an anderer Stelle erwähnt; ebenso die positive Auswirkung der geringen Kontrolle durch die Eltern.

Für viele der Jungen war das wahrscheinlich nicht so etwas Besonderes. Ihnen wurden schon immer größere Freiräume zugestanden. Für Mädchen dagegen war es etwas Besonderes. Viele von ihnen waren sicherlich in normalen Zeiten behüteter aufgewachsen.

Haben die veränderten Anforderungen, mit denen Frauen über viele Jahre hinweg konfrontiert wurden, auch zu einem anderen Frauenbild ihrer Töchter geführt? Gerade in den ersten Jahren der NS-Herrschaft war die Reduzierung der Frauen auf ihre Rolle als Versorgerin des Mannes und Mutter noch einmal gestärkt worden. Der Krieg entzog aber der NS-Familienideologie den Boden und veränderte das Leben der Frauen. Die Frauen wurden nun dazu benötigt, die Produktion aufrechtzuerhalten.

In diesen Notzeiten bewiesen Frauen große Kraft und Stärke in der Aufrechterhaltung des öffentlichen und des privaten Lebens. Unter dem Druck der Verhältnisse hatten sie ihre traditionelle Rolle gesprengt und alles Gerede von der naturhaften weiblichen Schutzbedürftigkeit, Schwäche und Passivität Lügen gestraft.

Wurde nun diese Stärke der Frauen von ihren Kindern anerkannt? Einige unserer Gesprächspartner(innen) erzählten uns, wie ihre Mütter sie vor der Hitlerjugend bewahrten. Ansonsten wurden in ihren Erinnerungen die Mütter eher als blaß und schwach beschrieben; als Frauen, die sehr stark belastet waren. Oft schwang auch ein Unterton von Enttäuschung darin mit, daß sie den Kindern zu wenig an Unterstützung und Orientierung vermittelt hätten.

»Ich habe nie mit meiner Mutter über irgendwelche Probleme gesprochen, das mache ich heute noch nicht. Da fällt mir noch etwas ein: Bevor ich bei den Falken war, war ich mit meiner Klasse in einem Zeltlager vom Bezirksamt Reinickendorf. Da kam meine Mutter raus und hat uns besucht, um zu gucken, was da los ist und was sich da abspielt. Das fand sie ganz interessant. Aber sonst hat die sich da überhaupt nicht drum gekümmert. Die hat sich auch um keine Jungsgeschichten gekümmert. Sie hatte da auch keine Angst. Die wußte zwar, daß wir da zusammen in den Zelten geschlafen haben, wenn wir unterwegs waren, aber das hat sie überhaupt nicht interessiert. Ich weiß auch nicht, was für ein Verhältnis ich da zu meiner Mutter oder sie zu uns hatte. Natürlich war das Überarbeitung, Überlastung, daß sie das nicht interessiert hat. Aber auf der anderen Seite hat sie uns – wenn wir zu so einem Tanzvergnügen gegangen sind, von den Falken oder vom Bezirksjugendring – 2 Mark mitgegeben und hat gesagt: Was du nicht brauchst, bringst du wieder. Dann hast du 25 Pfennig ausgegeben und hast ihr 1 Mark 75 wiedergegeben. Als starke Person habe ich meine Mutter nicht gesehen. Die habe ich woanders gesucht, weil ich ja nie zu meiner Mutter mit irgendwas gehen konnte. Die hatte keine Zeit.« (Barbara Greube)

Von der Stärke ihrer Mütter scheint sich den Töchtern wenig vermittelt zu haben. Sie registrierten vielmehr Verluste. Vielleicht kann dies als ein Hinweis darauf verstanden werden, daß Frauen zwar in Notzeiten unter dem Druck der Verhältnisse praktisch ihre alten Rollen sprengen, damit aber nicht gleichzeitig schon eine neue Identität entwickeln. Es war wohl auch nicht die richtige Zeit dafür. Der permanente Zwang, das Überleben zu sichern, ließ keinen Raum dafür. Die Selbständigkeit der Frauen war ein Produkt der Not, war begleitet von Leiden und Trauer über Trennungen von den Menschen, die ihnen am nächsten standen. Nur zu natürlich ist es, daß der Krieg den Wunsch nach Wärme und Geborgenheit bestärkte. Die Realisierung dieses Wunsches war geknüpft an die Wiederherstellung der Kleinfamilie, mit den traditionellen Rollen. Mit der Rückkehr der Männer aus Krieg bzw. Kriegsgefangenschaft verabschiedeten sich viele Frauen wieder vom öffentlichen Leben. Wenn es aus ökonomischen Gründen nicht erforderlich war, gingen sie auch nicht mehr arbeiten, sondern widmeten sich wieder den Aufgaben als Ehefrauen und Mütter.

Die Männer bestanden massiv auf der Wiederherstellung der alten Rollen. Selbst in den Fällen, wo Frauen arbeiteten, gab es wenig partnerschaftliche Formen des familiären Zusammenlebens. Frauen kam es aber auch kaum in den Sinn, ihre Doppelbelastung in Frage zu stellen.

Über die Väter wissen wir weniger. Ohne Zweifel hatten sie – bedingt durch ihre langjährige Abwesenheit – geringeren Einfluß auf die Kindheit dieser Generation. Es gab die Tendenz, die abwesenden Väter zu idealisieren – der Soldat als ideale Verkörperung von Kraft, Mut, Stärke, Sicherheit und Schutz. Es entstanden Traumbilder von Männern. Aber viele der aus dem Krieg zurückgekehrten Männer hatten große Schwierigkeiten mit dem normalen Leben. Sie wurden von den Kindern widersprüchlich erlebt, da die Väter oft schwere Identitätskrisen durchzustehen hatten.

Das Bild, wie Frauen und Männer sein sollten, unterschied sich aber kaum von dem früherer Generationen.

Gleichzeitig machten insbesondere die Mädchen reale Erfahrungen, die den traditionellen Bildern entgegenstanden. Die besonderen Lebensbedingungen jener Zeit gaben ihnen einen erweiterten Erfahrungsspielraum. Und sie erlebten auch, wie ihre Mütter über mehrere Jahre hinweg ihre traditionelle Rolle sprengten.

Uns scheint viel dafür zu sprechen, daß dies wesentliche Momente sind, daß sich Töchter später nicht mehr vollständig im Bild der Hausfrau und Mutter aufgehoben fühlten und ein Bedürfnis nach einem eigenständigen öffentlichen Leben entwickelten.

Die herrschende gesellschaftliche Moral der 50er Jahre trug wenig dazu bei, dieses Bedürfnis zu fördern, im Gegenteil. Zwar wurde 1952 in Berlin von der SPD die koedukative Schule durchgesetzt, daß heißt gemeinsame Schulklassen von Mädchen und Jungen eingeführt. Die Mehrzahl der politischen Parteien und gesellschaftlichen Gruppen, an vorderster Stelle die Kirchen, trat dennoch weiterhin für eine getrennte, geschlechtsspezifische Erziehung von Jungen und Mädchen ein, wies den Frauen ihren Platz am Herd zu, den Männern ihren Platz draußen in der Härte des beruflichen Lebens. Im deutschen Schlager aus dieser Zeit wurden die Probleme verklärt. Hier waren die Männer auf großer Fahrt und in weiter Ferne als Cowboys, Gauchos, Seemänner oder Vagabunden. Von der nicht weit zurückliegenden Soldatenrealität sprach man allerdings nicht mehr so gern.

Der lachende Vagabund
(Fred Bertelmann 1953)

Was ich erlebt hab, das konnt' nur ich erleben,
Ich bin ein Vagabund.
Selbst für die Fürsten soll's den grauen Alltag geben,
Meine Welt ist bunt! Meine Welt ist bunt!
Ha-ha-ha-ha-ha.   La la la la la la la la.

Denk' ich an Capri, dann denk' ich auch an Gina,
Sie liebte einen Lord.
Aber als sie mich sah, die schöne Signorina,
lief sie ihm gleich fort, lief sie ihm gleich fort.
Ha-ha-ha-ha-ha.   La la la la la la la la.   (...)

Die deutsche Frau mußte um diesen tollen Mann in der Fremde leiden, denn irgendwie liebte sie ihn noch immer.

Cindy oh Cindy
(Margot Eskens 1956)
Cindy, oh Cindy, dein Herz muß traurig sein,
Der Mann, den du geliebt, ließ dich allein.

Er kam, als du erst 18 warst, von großer Fahrt zurück.
Er küßte dich so scheu und zart und sprach vom großen Glück.
Am Kai, da riefen die Möwen, als er dich wieder verließ!

Cindy, oh Cindy, dein Herz muß traurig sein,
Der Mann, den du geliebt, ließ dich allein. (...)

»Bei den Falken war einiges anders«

Insbesondere die Mädchen hatten bei den Falken Chancen, sich zu entwickeln und Erlebnisse zu machen, die sich ihnen woanders nicht boten. Von allen unseren Gesprächspartnern, auch von den Frauen, wurde betont, daß es keine Unterschiede zwischen Mädchen und Jungen in den Gruppen gegeben habe. Die Beziehungen zwischen Mädchen und Jungen werden als sehr kameradschaftlich, als beinahe geschwisterlich beschrieben. Die Mädchen seien gleichberechtigte Mitglieder der Gruppen gewesen. Von allen unseren Gesprächspartnerinnen wurde hervorgehoben, daß sie in den Gruppen von den Jungen respektiert und akzeptiert wurden – und zwar unabhängig von ihrer Geschlechtszugehörigkeit.

Sicher gab es bei der Bewältigung der anstehenden Aufgaben auf Fahrten oder in Zeltlagern Unterschiede. Die mehr körperliche Kraft und handwerkliches Geschick erfordernden Aktivitäten wurden mehr von den Jungen, Näharbeiten oder Verwaltungsarbeiten mehr von Mädchen gemacht. Dennoch war diese Rollenverteilung nicht rigide. Es bestanden für Mädchen Möglichkeiten, auch mädchenunspezifische Sachen zu übernehmen. Bei der Bewältigung der Putz- und Küchenarbeiten wurde Wert darauf gelegt, daß Jungen und Mädchen gleichermaßen daran beteiligt waren. Die Falken waren sicherlich kein Paradies der Gleichberechtigung, aber Mädchen und Jungen konnten hier Erfahrungen partnerschaftlichen Zusammenlebens machen.

Aber noch etwas anderes machte die Besonderheit und Attraktivität der Falken für Jugendliche in diesen Jahren aus. Jungen und Mädchen konnten hier Erfahrungen machen, die ihnen woanders kaum möglich waren. So erzählten uns beispielsweise ehemalige Pfadfinder, daß sie als Jungen oft etwas neidvoll auf die Zeltlager der Falken gesehen hätten, weil dort Mädchen und Jungen zusammen sein konnten. Mädchen und Jungen hatten die Möglichkeiten, auf Gruppenabenden, Fahrten und in Zeltlagern sich kennenzulernen. Sicher gab es bei den Falken auch moralische Grenzen. Das, was an Liebeleien öffentlich möglich war, war stark abhängig von den Moralvorstellungen der älteren Gruppenleiter.

Im »offiziellen Teil« des Verbandslebens wurden allerdings Beziehungen zwischen Mädchen und Jungen nicht gerade gefördert, »Pärchenwirtschaft« war verpönt. Etwas List war schon notwendig, um diesen Bedürfnissen auch im offiziellen Verbandsleben Geltung zu verschaffen.

»Da lernte einer aus dem Südosten von Kreuzberg ein Mädchen kennen und sagte: ›Wollen wir die nicht mal besuchen?‹ Der hatte auch nur das Mädchen im Auge und hat die ganze Gruppe aufgefordert mitzukommen. Um nicht so aufzufallen mit seinem Wunsch, hat er erstmal angefangen mit der politischen Bedeutung eines solchen

Gruppenbesuches. Wenn er das 10 Minuten besprochen hatte, dann war dieses Garn abgespult. Dann griff er immer noch mal in die Tasche und holte das raus, was ihn bewegte und sagte: ›Und außerdem sind da auch schöne dufte Mädchen‹, weil meistens die Männer der gesellschaftlichen Tradition folgend diejenigen waren, die rumrennen und ›Muh‹ machen mußten.« (Hans Maasch)

Die Erfahrungen, die Mädchen und Jungen im Verband machen konnten, nahm den Geschlechtern etwas von der Aura des Geheimnisvollen, das sie in diesen Jahren umgab. Die Bedeutung dieser Erfahrungen ist aus heutiger Sicht vielleicht etwas unverständlich. Man muß sich aber die Prüderie jener Jahre vergegenwärtigen, die sich beispielsweise in den lautstarken und militanten Protesten vieler Menschen gegen den Film »Die Sünderin« äußert wegen einer kurzen Szene, in der Hildegard Knef nackt gezeigt wird. Zur Verteidigung der Ehre der Mädchen und Frauen wurden u.a. Kinos verbarrikadiert. Vor diesem Hintergrund wird auch verständlich, warum sich die meisten unserer Gesprächspartner an gemeinsames Nacktbaden erinnerten.

»Innerhalb der Gruppe gab es keine Schwierigkeiten. Keiner schloß sich da aus. Wir haben aufgepaßt, ob ein Polizist kommt. Das hat uns einfach Spaß gemacht; wahrscheinlich auch, weil es ganz was Ausgefallenes war. Damals gab es diesen schwedischen Film »Sie tanzte nur einen Sommer«.[19] Da gab es große Proteste. Da haben wir gesagt: ›Ist doch selbstverständlich, machen wir immer.‹ Wenn du das Außenstehenden erzählt hast, haben die dich ganz kritisch angeguckt. Das war also nicht selbstverständlich, es war auch innerhalb des Verbandes nicht selbstverständlich.« (Barbara Greube)

Und geradezu revolutionär war auch die Sexualaufklärung, die die Falken unter Hinzuziehung eines fortschrittlichen Arztes organisierten. In einer Zeit, wo Sexualität ein absolutes Tabu war, wo man nicht darüber sprach, wo voreheliche Sexualität als Sünde, als lotterhaft angesehen wurde, war eine Sexualaufklärung, die nicht von Bienen handelte, sondern von Menschen, schon etwas Besonderes.

Hans Maasch zeigte dagegen auch die Grenzen der Diskussion über Sexualität in den Falkengruppen:

»Das ist nur auf eine geradezu groteske Weise thematisiert worden, indem Dr. Brandt kam. Der hat dann über ›Bub und Mädel‹ geredet. Das Thema war wirklich so. Er hat gesagt: ›Passen Sie auf bei Geschlechtskrankheiten.‹ Eigentlich bestand sexuelle Aufklärung nur in dem dringenden Hinweis darauf, daß es außerordentlich gefährlich ist. Erstens kann man Kinder kriegen, das stimmte auch damals noch. Das war wirklich ein Problem, und es wurde über die drohenden Geschlechtskrankheiten aufgeklärt. Aber dieser Dr. Brandt war insofern ein lieber Mann, als er das mit viel Augenzwinkern machte. Aber die brennende Frage der Jungs und Mädchen: ›Wie liebt man denn?‹ – die ist nicht berührt worden.«

Anders waren die Falken auch hinsichtlich der erotischen Beziehungen, die sie Mädchen und Jungen ermöglichten. In den 50er Jahren – bevor mit der »Sexwelle« die öffentliche Enttabuisierung der Sexualität einsetzte – war dies sicherlich ein wesentliches Moment für die Attraktivität der Falken für Jugendliche.

Aber dieses Anderssein hatte auch Grenzen, z.B. die Rolle der Frauen als schmükkendes Beiwerk auf den Falkenkonferenzen oder die Dominanz der Männer in den politischen Gremien. Nicht zufällig waren die Frauen hier unterrepräsentiert. Sie waren in den höheren Verbandsfunktionen bis Anfang der 60er Jahre überwiegend im Bereich der Kinderarbeit zu finden. Auch unter den Gruppenleitern der Jugendgrup-

pen waren Frauen eine Ausnahme. Entgegen ihren programmatischen Ansprüchen waren die Falken der 50er Jahre ein von Männern dominierter Jugendverband, in dem männliche Verkehrsformen vorherrschten.

»Knutschen in der Gruppe ist für uns Gemeinschaftsstörung«

Im öffentlichen Verbandsleben wurden Liebesbeziehungen in der Regel skeptisch betrachtet. Der Umgang der Gruppe »Wrangelstraße« mit diesen Fragen war etwas Besonderes, weil hier eine Auseinandersetzung mit Tabus stattfand.

»›Zauselabend‹ war ein Abend, wo jeder jedem gesagt hat, was ihm an ihm stinkt – eine schlimme Erfindung. Am ›Zauselabend‹ haben die Jungs, die kein Mädchen gefunden haben, natürlich auch über die Pärchen geschimpft. Das waren ›Zauselabende‹. Da flogen dann die Haare und die Fetzen. Die Mädchen haben mit der Haltung teilgenommen: ›Na, soll er mich doch in Ruhe lassen, wir wollten doch gar nichts!‹ Und die Jungs haben sich verteidigt: ›Solche Schweine sind wir doch gar nicht‹ und ›es sei doch gar nicht so schlimm.‹ Wenn keiner widersprochen hat, konnten sie also auch allmählich sagen, daß es doch ganz schön sei. Schließlich – was sei überhaupt dagegen einzuwenden? Aber es blieb alles so ein bißchen in der Verteidigung.

Wenn das mal ausgestanden war und endlich ein Pärchen legitimiert worden war, dann war die Hektik aus der Gruppe raus. Dann setzten sich alle zurück und sagten: ›So, jetzt können wir politische Bildung machen.‹ Nun hatten trotzdem noch nicht alle eine Freundin, aber sie wußten, jetzt können sie eine suchen, und der Gruppenleiter und der nächste Verbandsfunktionär kommt nicht in die Gruppe und sagt: ›Das ist natürlich klar, daß ihr nichts lernen könnt. Ihr habt ja nur die Weiber im Kopf.‹ Es wurde wirklich so gesprochen.« (Hans Maasch)

Andere Gruppen waren rigider, z. B. die Plötzenseer:

»Das gibt es nicht, haben wir gesagt. Außerhalb könnt ihr machen und knutschen, aber knutschen in der Gruppe ist für uns Gemeinschaftsstörung. Das können die machen, wenn die beide alleine sind, aber wir wollen kein Schauspiel erleben. Das gab's nicht. Wenn einer geheiratet hat, dann war es meistens so, daß er so ein Jahr erstmal völlig abgeschaltet hat und aus der Gruppe weggeblieben ist. Dann kamen die irgendwann wieder. Das waren rauhe Sitten.« (Herbert Bohn)

»Ich würde sagen, daß man vielleicht darum nicht angebändelt hat, weil es in dieser Gruppe keine Geheimnisse gab. Wenn ich z. B. mit einem Mädchen angebändelt und die ersten Streicheleinheiten mit ihr gemacht hätte, hätte ich vielleicht das Gefühl gehabt, in dem Augenblick wüßte das die gesamte Gruppe. Das war zwar kein Mißtrauen, aber es gehörte sich einfach nicht, in der Gruppe ein Geheimnis mit einem anderen zu haben. Du darfst nicht vergessen, so wie man heute über Sexualität offen und ehrlich sprechen kann, war das damals nicht. Meine Mutter hat über Sexualität nicht gesprochen. Nur ein einziges Mal – als ich mich gewaschen habe – da hat sie gesagt: ›Guck mal an, du wirst ja langsam ein Mann.‹ Das war für mich schon unheimlich peinlich. Da habe ich mich nicht mehr zu Hause gewaschen, sondern bin dann zum Duschen in die Badeanstalt gegangen. Da war denn die Kindheit zu Ende. Aber meine Mutter hat mich nicht mit einem Schritt weitergeleitet.

Als wir älter geworden sind, haben wir Falkenjungen immer mehr diese Beschützerrolle der Mädchen übernommen. Das war das einzige, daß wir, wenn es dunkel wurde, eben eine Ecke weitergegangen sind mit unseren Mädchen und haben sie nach Hause gebracht. Wir waren eifersüchtig um unsere Mädchen, das stimmt.« (Wolfgang Jahn)

auf grosser Fahrt

Auch Edith Töpfer schilderte an zwei Beispielen die absolute Tabuisierung von Beziehungen zwischen Jungen und Mädchen ihrer Gruppe.

»Achim Höhne hat meiner Freundin mal gesagt, daß der sie küssen will. Und das hat sie uns erzählt. Ich weiß es noch wie heute:
Wir saßen dann alle im großen Kreis und haben ganz intensiv beraten, ob wir ihn aus der Gruppe schmeißen oder nicht. War ein ganz ernstes Anliegen. Das tut man nicht und schon gar nicht in unserer Gruppe. Küssen schon gar nicht, aber auch den Gedanken daran zu haben – das gehörte nicht in die Gruppe. Das mag jetzt rückschrittlich sich anhören, aber das war so. Wir waren so erbost und haben ihm dann gestattet, gnädigerweise, nachdem die Erika, unsere Gruppenleiterin, auch noch mal eingelenkt hat, daß er in der Gruppe bleiben durfte. Das war so: Wir gehörten alle zusammen, und da kann nicht der eine mit dem anderen ganz alleine – das sprengt unseren Gruppenrahmen. Die Sexualität spielte darin – bin ich im nachhinein der Meinung – überhaupt keine Rolle. Als Gruppe haben wir alle den gleichen Stellenwert, und da hat nicht einer mit dem anderen ein Techtelmechtel zu haben. Wir waren echt empört, daß einer so ein Ansinnen stellen konnte. Ein anderes Mal hat mir der Heinz einen Liebesbrief geschrieben. Aber den hat er mir nicht gegeben, sondern hat er jemand anderem aus der Gruppe gegeben, und die haben den gelesen, bevor ich den überhaupt kriegte. Und als ich den dann kriegte, haben wir nicht drüber gelacht, sondern da hat die Erika dann mit dem Heinz wohl mal gesprochen, denn ich wollte nicht. Ich weiß nicht, ob ich da noch so unreif war oder ob er nicht mein Typ war. Ich mochte ihn furchtbar gerne, weil er mir eben auch sehr leid tat. Der ging in unserer Familie ein und aus. Aber wie der mir dann schrieb: ›Ick liebe Dir, ick kann ohne Dir nicht mehr leben‹, das fand ich nicht gut. Da hat dann die Erika wohl auch mal mit ihm darüber gesprochen, daß wir doch eine Gruppe sind, in der so was nicht der Hintergrund sein darf.«

Liebe und Sexualität waren also auch in vielen Falkengruppen in den 50er Jahren noch tabuisiert und wie die Beispiele aus verschiedenen Gruppen zeigen, auch von seiten der Jugendlichen mit Ängsten und Unsicherheit besetzt. Die Normen des verbandlichen Lebens wurden aber letztlich von den älteren Gruppenleitern und Funktionären geprägt. Von ihren Einstellungen und Haltungen sowie ihrem theoretischen Hintergrund in dieser Frage soll im folgenden die Rede sein.

Wie fortschrittlich waren die Gruppenleiter?

Wie auch in vielen anderen Fragen orientierte sich vor allem die erste Generation der Gruppenleiter an Theorie und Praxis sozialdemokratischer Erziehung in der Weimarer Republik. Einführend wollen wir daher Kurt Löwenstein, einen ihrer führenden Theoretiker und Praktiker, zitieren. Zum besseren Verständnis dieser Textpassagen muß berücksichtigt werden, daß Kurt Löwenstein diese programmatischen Aussagen in Auseinandersetzung mit der bürgerlichen Doppelmoral und vielfältigen Anfeindungen der Kirche und anderer gesellschaftlicher Gruppen gegen die sozialdemokratische Gemeinschaftserziehung verfaßt hatte. Die in ihnen zum Ausdruck kommende Sexualitätsfeindlichkeit sollte vor diesem Hintergrund gesehen werden.

»Wenn Mann und Frau im beruflichen und im öffentlichen Leben gleichberechtigt wirken sollen, so ist das nur möglich, wenn das geschlechtliche Verhältnis von Mann und Frau so einfach, gesund und gesellschaftsfördernd gestaltet wird, daß sie nebeneinander arbeiten, kämpfen und wirken können, ohne daß die überspannte erotische Romantik oder schlüpfrige Unkultiviertheit die Sicherheit und Sachlichkeit des Zusammenwirkens stört. (...)

Die sozialistische Gemeinschaft wird eben gar keinen Trennungsstrich ziehen. Von frühester Jugend an wird sie die Geschlechter beisammen lassen, und durch dieses Beisammensein in schaffender Arbeit und in freudigem Genießen wird sie eine Entspannung des Geschlechtslebens herbeiführen. Alle die kleinen Hilfsmittel schaffender Gemeinschaft, das frohe An- und Einpassen im Spiel, das willige Gehorchen sachlicher Notwendigkeit gemeinsam geförderter Arbeit und das Einfügen in das Zusammenwirken in der Gemeinschaft werden mit all den geschlechtlich unbetonten Freuden und Sorgen den Ausgleich schaffen. So vorbereitete Jugendgemeinschaft ist durch den Reichtum ihres Solidaritätsbewußtseins auch in der kritischen Zeit geschlechtlicher Heranreifung behütet, in der launenhaften Sprunghaftigkeit das harmonische Werden zu bedrohen scheint. In dem Leben der Gemeinschaft sind Sicherheitsventile genug, man braucht nicht noch besondere Moral und Strafandrohung. (...)

In die Zeltlager kommen sie nur, wenn sie bereits sechs Monate lang sich durch das Gruppenleben auf das Zeltlager vorbereitet haben. In den Gruppen aber finden sie die Kameradschaft zwischen Jungen und Mädeln vor. Das Zeltlager selbst bietet wenig Anreize für geschlechtliche Phantasie. Das natürliche, gesunde und abhärtende Leben wirkt sich außerordentlich günstig aus. Der Körper wird gebadet, sauber gehalten und durch Bewegung und Arbeit angestrengt.

Man wird aber auch verstehen, daß in dieser Welt der Natürlichkeit, der Reinheit, der erfüllten Aufgaben, der gesunden Müdigkeit und der hilfsbereiten Kameradschaftlichkeit die Giftpflanzen überreizter Sinne und Phantasien heimlicher und verzerrter Gewohnheiten nicht gedeihen.«[20]

Grundlinien dieses Selbstverständnisses von Gemeinschaftserziehung und Sexualmoral haben wir in unseren Gesprächen mit verschiedenen Gruppenleitern wiedergefunden.

Wolfgang Götsch gehörte zu den Gruppenleitern, für die Liebe und Sexualität im Verbandsleben nichts zu suchen hatten.

»Wenn wir Zelten gegangen sind, dann haben Jungen und Mädchen in der Regel in getrennten Zelten geschlafen, weil wir nicht wollten, daß daraus dann naturgemäße Konfliktsituationen erwachsen. Für uns war damals klar: Die Gruppe leidet, wenn sie in Pärchenwirtschaft auseinanderfällt. So haben wir es damals gesehen. Das war eigentlich unser Hauptmotiv, nicht irgendeine sexuelle Verklemmung. Wir waren zufrieden, wenn wir sagen konnten, wir behandeln unsere Mädchen so, wie es sich gehört, nämlich gleichberechtigt als geschlechtslose Wesen. Sie uns auch, verstehst Du, das war relativ klinisch alles. Die Frauen wurden respektiert, aber eher als geschlechtslose Wesen. Ich finde es bei einer Arbeit auch gut. Durch meine Sozialisation bedingt war für mich der Grundsatz klar: ›Dienst ist Dienst und Schnaps ist Schnaps.‹ Das war damals unsere Haltung. Ich sage nicht, daß es nicht auch anders sein kann. Aber ich bin heute auch noch nicht so ganz überzeugt, ob nicht also – wenn so allgemeines Geschmuse anfängt – der politische Kampfauftrag des Verbandes leiden könnte. Darüber sich zu unterhalten, wäre eine höchst aktuelle Sache. Oft habe ich mit meiner Frau an Fahrten oder internationalen Begegnungen teilgenommen. Wir hatten damals gespürt, daß diese in der Pubertät befindlichen Jungen und Mädchen uns das hoch angerechnet haben, daß wir ihnen da nicht sozusagen ein schlechtes Vorbild waren mit Knutschen und Schmusen. Das siehst du heute ganz anders, das gehört mit dazu. Ich würde es vielleicht heute auch nicht mehr so sehen, weil ich mir heute klarer bin über die Herkunft solcher strengen Selbstanforderungen. Im letzten weiß ich nicht, was da besser ist.«

Peter Weiß gehörte zu den Gruppenleitern und Funktionären, die dafür sorgten, daß Mädchen und Jungen nicht zu engen Kontakt miteinander bekamen.

»In Wien habe ich aufgepaßt, wo meine Mädchen nachts blieben, daß die nicht in anderen Zelten bei irgendwelchen Delegationen waren. Das kann die Christa Richter noch erzählen – wie ich sie aus anderen Zelten rausgeholt habe. Ich habe zu den Mädchen gesagt: ›Ihr seid mit mir und der Gruppe gefahren und könnt hier nicht irgendwelche Geschichten machen. Das belastet uns und kann zur Diffamierung des Verbandes genutzt werden. Ihr seid mit der Gruppe jetzt hierhergefahren. Jetzt verhalten wir uns hier zusammen.‹ In unseren ersten Zeltlagern schliefen auf der einen Seite des Zeltes die Jungen, auf der anderen Seite die Mädchen. Wenn da zwei verschwunden waren, gab es natürlich Krach. Insofern war ich völlig von den Socken, als die Polizei dann Krach machte im Glienicker Park, weil dort eine Falkengruppe gemeinsam im Zelt angetroffen wurde. Bei uns hieß es: ›Was ihr privat macht, ist eure Sache. Aber in der Gruppe und im Gruppenzusammenhang gibt es das nicht. Wenn ihr befreundet seid, bitte. Aber stört die Gruppe nicht.‹ Diese Sexualmoral war aber auch in der Arbeiterjugend offizielle Lehre.«

Im Glienicker Park wurde eine Falkengruppe von der Polizei überrascht. Die rechte Presse nutzte diesen »Vorfall« sofort zu einer Kampagne. Die Falken sahen sich zu einer Gegendarstellung gezwungen:

Die Falken stellen richtig

(. . .) Was war geschehen? Am 20. September veröffentlichte eine Berliner Montagszeitung unter der Überschrift »Koedukation im Falken-Zeltlager« einen Bericht, der nicht ohne Widerspruch bleiben kann.

Hier zunächst der Sachverhalt: Am 22. August war eine Jugendgruppe der Sozialistischen Jugend »Die Falken«, bestehend aus sechs Mädchen und drei Jungen in den Glienicker Park gefahren. Nach dem Baden wurden sie auf dem Weg zu ihrem Zeltplatz von einer Funkwagenstreife angehalten, weil sie unbewußt einen verbotenen Weg benutzt hatten. Dabei erhielt die Streife Kenntnis von der Absicht, auf dem Zeltplatz ein gemeinsames Zelt zu errichten und hier die Nacht zu verbringen. Unter Hinweis auf eine Polizeiverfügung, die eine gemeinsame Übernachtung von nicht verheirateten Personen auf städtischem Gelände untersagt, forderten sie die Gruppe zur getrennten Übernachtung auf. Dieser Aufforderung wurde entsprochen.

In dem Pressebericht wird dieser Sachverhalt folgendermaßen kommentiert: »Es ist also nichts passiert, aber nur weil die Polizei glücklicherweise zur Stelle war. Nach Aussage der Jugendlichen hat aber die Falken-Organisation nichts gegen ein gemeinsames Übernachten einzuwenden gehabt. – Von der Organisation sind die Zeltscheine ausgegeben worden. Halten wir das fest: für sechs Jungen und drei Mädchen ein Zelt. Die Eltern, die ihre Kinder den Falken überlassen, müßten also wissen, womit sie zu rechnen haben.«

Was sagt die Sozialistische Jugend zu diesem Bericht? (. . .) Obwohl die Falken auch in den Jugendgruppen die Koedukaton grundsätzlich bejahen, werden gemeinsame Übernachtungen nur in den Gruppen zugelassen, die innerlich so gefestigt sind, daß eine natürliche Gemeinschaft beider Geschlechter ohne die geringste Beeinträchtigung von Sitte und Moral möglich ist. Wo auch nur der leiseste Zweifel besteht, wird aus pädagogischer Verantwortung auf getrennter Übernachtung bedingungslos bestanden. Auch das sei zur Beruhigung der durch sensationslüsterne Journalisten aufgerüttelten Erwachsenen mit besonderem Nachdruck festgestellt. (Blickpunkt Oktober 1953, S. 22).

Ernst Froebel, ein Gruppenleiter der Weimarer Generation interpretierte diese Moral anders:

»Über Sexualität zu sprechen, das gehörte in unseren Gruppen mit dazu. Sicher wurde nicht so viel darüber gesprochen wie heute, sondern wir haben uns um gesunde sexuelle Beziehungen der Menschen und insbesondere der jungen Generation bemüht.

Wir haben uns vor allem gegen die Verlogenheit der Gesellschaft gewehrt, wo die Alten vor Moral triefen, und sobald sie mal von Muttern wegkommen, sind sie es, die in Hamburg auf der Reeperbahn zu Hause sind oder hier in Berlin im Puff. Die wollten die junge Generation erstmal erziehen, daß die sexuellen Beziehungen zwischen Mann und Frau, Bub und Mädel zueinander was Geheimnisvolles, was Verbotenes sind, diesen Makel der Sünde haben. Die sexuellen Bedürfnisse der heranwachsenden Generation sind durch diese Umstände geprägt. Man macht die ersten Erfahrungen im Hausflur, oben auf der Treppe oder im Keller... immer geheimnisvoll, immer verlogen, mit der Angst, daß man erwischt wird. Sexualität wird so als etwas Verbotenes mit hineingetragen ins spätere Leben.«

Wie schwer sich manche Gruppenleiter damit taten, über Fragen der Sexualität in ihren Gruppen zu sprechen, wird auch an dem folgenden Beispiel deutlich. Wilfried Gottschalch, bis Mitte der 50er Jahre als Gruppenleiter und Jugendfunktionär bei den Falken aktiv, wurde in den darauffolgenden Jahren ab und an als Referent bzw. Berater zu Gruppenabenden eingeladen.

»Es gab damals manchmal Konfliktfälle in einzelnen Gruppen, beispielsweise zu sexuellen Problemen, wo wir heute lächeln würden. Ich bin mal nach Steglitz gerufen worden nach irgendeinem Vorfall im Zeltlager. Am Telefon wurde mir nur eine dunkle Andeutung gemacht. Ich habe mindestens an so was wie eine Gruppenvergewaltigung oder Orgie im Zelt gedacht. So habe ich mir das ausgemalt. Und dann komme ich da hin, und dann sagt mir die Gruppenleiterin: ›Weißt du, ich war mit einer Gruppe von 15jährigen in einem Zeltlager in Kiel an der Ostsee, und die Jungen, die haben nicht verstanden, warum die Mädchen an einigen Tagen nicht baden wollten.‹ Und da habe ich gesagt: ›Wenn weiter nichts ist, da reden wir mal zwei Abende darüber und dann hat sich der Fall.‹ In der damaligen Zeit war die Koedukation noch eine ziemlich schwierige Sache. Und die Gruppenleiter haben sich da oft nicht rangetraut.

Bei uns in der Wilmersdorfer Gruppe ›Junges Europa‹ war das dann fast so was wie eine ungeschriebene Geschichte, daß man Intimbeziehungen schon haben kann mit Mitgliedern von anderen Gruppen, aber nicht in der eigenen Gruppe. Aber ich kann mich erinnern, daß wir ab und zu mal solche ›Knutsch-Wochenenden‹ gehabt haben. Die fand ich auch sehr schön. Da wurden dann auch nicht so viele Betten gebraucht. Das durfte niemand wissen. Deshalb sind wir dann eben in solche Häuser gegangen, wo wir den Heimleiter gut kannten; von dem wir wußten, der kapiert das, der schwärzt uns nicht bei den konfessionellen Verbänden an. ›Knutsch-Wochenende‹ – also so nenne ich das jetzt, damals hatte es überhaupt keinen Namen – waren Wochenende, wo man Freund und Freundin mitbrachte. Dann sahst du eben dann, daß die zusammenkrochen. Viel passiert ist da nicht. Es blieb beim Knutschen, beim Schmusen oder so. Das war alles.«

Viele Gruppenleiter gaben den Jugendlichen diesen Erfahrungsspielraum nicht. Zum Teil auch aus Angst vor Angriffen der Öffentlichkeit wachten sie ängstlich darüber, daß Mädchen und Jungen keinen zu engen Kontakt hatten. Diese Angst hatte sicherlich auch ihre Berechtigung, denn in den 50er Jahren stand die koedukative Praxis der Falken bei vielen im Verdacht, ein Sündenpfuhl zu sein.

Zweifelsohne waren die Falken zumindest bis Ende der 50er Jahre ihrer Zeit voraus. In den Erinnerungen der verschiedenen Gruppenleiter wurden jedoch auch die Grenzen deutlich, die in vielen Falkengruppen bestanden, daß zumindest ein Teil der älteren Falken von der lustfeindlichen Sexualmoral jener Jahre geprägt war. Da konnte es auch schon zu tragisch-komischen Vorfällen kommen. Eine solche Geschichte erzählte Gerda Bohn, damals 17 Jahre alt.

Der geopferte Blinddarm

»Eines Abends haben wir mal mit Arno Riemann und Christa, zwei anderen Falken, in der Laube, wo Herbert wohnte, gefeiert. Es war sehr spät geworden. Ich hatte solch einen Schiß, alleine nach Hause zu gehen. Herbert und Arno waren ziemlich knülle. Da hat einer in der Küche gepennt. Wir haben in dem eigentlichen Wohnzimmer gepennt. Ich bin also dageblieben. Es war morgens. Der Manfred Hertz, war oben auf dem Dach und hat den Schornstein gemauert. Auf einmal sagt er: ›Du, dein Schwager kommt!‹ Mit 'nem Rennrad kam der an und sagte: ›Mensch, laßt euch was einfallen, dein Vater kommt.‹ Wir in heller Aufregung. Ich hatte Wochen vorher mal eine Blinddarmreizung gehabt, die war aber wieder vorbeigegangen. Der Doktor hatte gesagt: ›Ist weiter nichts, alles in Ordnung.‹ Was war nun zu machen? Ich, butt, butt, butt in das Bette 'rin. Mein Vater kam an. ›Die Gerda hatte solche Schmerzen gehabt, wir konnten die nicht...‹ ›Was! Und dann liegt das Mädel hier! Hast du schon einen Arzt geholt?‹ Nein, einen Arzt hätte er noch nicht geholt. Bald danach kam auch meine Mutter angetrabt. Dann wurde ein Bereitschaftsarzt geholt. Der kam dann auch. Ich habe mich ja nicht getraut, was zu sagen. Dann hat er gedrückt. Nun wußte ich ja, wie die Schmerzen sind. ›Aua, aua‹, habe ich immer gerufen. Da hat er gesagt: Krankenwagen, Krankenhaus. Ich hätte ja einen Arsch voll gekriegt. Ich hätte mich nicht wiedergefunden. So bin ich dann ins Krankenhaus gekommen und habe den Blinddarm verloren.«

Gemeinschaftserziehung der Falken – Fortschritt in Grenzen

Im Adenauer-Staat der 50er Jahre fand eine Wiederbelebung des traditionellen Bildes der Frau statt. Frauen waren zuständig für die Erziehung und Versorgung der Kinder, für den Haushalt, die Versorgung des Mannes und für die Bereitstellung eines ordentlichen und gemütlichen Zuhauses. Sie hatte sich auf seinen Zeit- und Lebensrhythmus einzustellen, sich seinen Neigungen und Bedürfnissen unterzuordnen. Sie hatte schön zu sein für ihn. Sie war für Liebe und Phantasie zuständig, denn er arbeitete ja.[21]

Berufsarbeit war in diesem Bild nur vorgesehen für Frauen ohne Kinder, für alleinstehende Frauen oder aufgrund ökonomischer Zwänge. Es schien natürlich, daß Frauen von dem Recht auf Arbeit, das im Grundgesetz allen Menschen zugestanden wird, ausgenommen waren. Auch die Gewerkschaften betrachteten die Frauen nur als »Mitverdienerinnen«.[22] Für die Frauen schien in dieser Zeit eine Naturgesetzlichkeit zu existieren, die eine Reihe von Artikeln des Grundgesetzes für sie außer Kraft setzte. Frauen wurden als Menschen zweiter Klasse behandelt. Auch die Doppelarbeit der Frau in Haushalt und Beruf wurde als normal angesehen. Wenn Frauen mit Kindern arbeiten gingen, ohne daß ein ökonomischer Zwang vorlag, wurden sie als »Rabenmütter« angesehen. Ein politisches Engagement war für Frauen nicht vorgesehen.

Die Gemeinschaftserziehung der Falken ermöglichte den in ihnen organisierten Mädchen und Frauen in Ansätzen Erfahrung von Gleichberechtigung. Sie förderte ihre Bildungsinteressen, ihre beruflichen Interessen und ihr politisches Engagement. Sie stärkte ihr Selbstbewußtsein, ihr Durchsetzungs- und Kritikvermögen und relativierte damit die traditionelle Erziehung von Mädchen. Die traditionellen Rollenzuschreibungen für Frauen und Männer blieben davon jedoch nahezu unberührt. Oder wie es einer unserer Gesprächspartner sinngemäß ausdrückte:»Unterschiede zwischen Mädchen und Jungen gab es eigentlich nicht. Aber das Sagen hatten doch die Herren der Schöpfung.«

War die Festlegung der Jugendlichen auf eine Rolle als »Neutren« auch gerade für die Mädchen ein Schutz gewesen, weil sie nicht auf ihr Geschlecht reduzierten, so verhinderte sie doch andererseits, daß die Jugendlichen Sicherheit und Orientierung in Liebesbeziehungen erwerben konnten.

Machte die gewisse Freizügigkeit der Falken für Jugendliche bis Mitte der 50er Jahre ein Moment der Attraktivität aus, so wurden sie ab Ende der 50er Jahre durch die »Sexwelle« von der gesellschaftlichen Entwicklung eingeholt bzw. überrollt. Die Sexualisierung der Öffentlichkeit, die Enttabuisierung der Sexualität nahm den Falken auch etwas von der Aura des Besonderen.

Ihre »Graumäusigkeit« sollten sie erst Ende der 60er Jahre verlieren – für alle sichtbar – mit dem Schweden-Zeltlager 1969.

Aus Mädchen werden Frauen – ein Wiedersehen in der Falkenfamilie

Viele Falkenmädchen, insbesondere diejenigen, die über längere Zeit mit dabei waren, heirateten auch einen Falken. So entstanden viele Falkenfamilien – zwei Drittel unserer Gesprächspartner(innen) gründeten eine solche Familie.

Renate Kirchner sprach in ihren Erinnerungen an, daß die Falkenmänner »tolle Männer« waren. Sie drückte damit zweierlei aus. Falkenmänner waren für sie schon anders als andere Männer, weil sie sich im Alltag solidarischer, partnerschaftlicher verhielten. Noch mehr wollte sie damit jedoch ausdrücken, daß es ihr – und wohl auch den meisten anderen Frauen in diesen Jahren – nicht in den Sinn gekommen wäre, diese »tollen Männer« zu kritisieren, etwas von ihnen zu fordern.

Gerda Bohn hat 3 Kinder großgezogen. Die zwei Jungen sind jetzt schon Ende Zwanzig. Ihre 18jährige Tochter lebt noch zu Hause. Bis auf die allerersten Jahre nach der Geburt der beiden Söhne hat sie ihr ganzes Leben gearbeitet. Seit Jahrzehnten ist sie aktives Mitglied der SPD. Seit mittlerweile 12 Jahren ist Gerda Bohn Bezirksverordnete in Charlottenburg.

»Ich habe meine 3 Kinder bedingt durch seinen Dienst fast alleine großgezogen. Unsere beiden Jungs sind nur 1½ Jahre auseinander. Wie die so 16, 17 waren, da war das eine schwere Zeit. Die haben beide in so einem kleinen Zimmer gewohnt, bis ich dann gesagt habe: ›Herbert, das geht nicht mehr‹. Wegen nichts sind die wie eine Kanone aufeinander losgegangen, sogar mit Stühlen. Das war manchmal furchtbar gewesen, so daß ich dann auch mal zu Herbert gesagt habe: ›Mensch, du hast es leicht.‹ Jede Elternversammlung, sich um Schule und Lehrstellen kümmern für die Jungs und für Kirsten – alles habe ich gemacht. Herbert ist dann nur noch mitgekommen und hat das Kringelchen runtergemalt. Zur Abschlußfeier ist er dann mit zur Schule gekommen. Aber das sind alles so Rollenspiele, wo man sagt, da ist er und erledigt das da, und ich erledige die anderen Sachen. Wir sprechen viel, auch über seine Arbeit. Ich nehme da mit dran Anteil. Wenn er Höhen und Tiefen hat, kommt er, und wir sprechen darüber.

Ich muß sagen, wie die Kinder noch klein waren, hat Herbert auch mal eine Waschmaschine angestellt und hat mal geholfen, aber nachher hat er das alles nicht mehr gemacht. Dann kam eine neue Maschine und er hat gesagt: ›Ich weiß gar nicht, wie die Maschine geht.‹ Wie die Jungs kleiner waren, hat er doch schon mal was gemacht. Ich mache alles, was ich machen kann. Ich stelle mich dann auch gerne mal hin nachts um 12, wenn er dann noch nicht da ist und bügele Oberhemden. Das fällt mir überhaupt nicht schwer. Ich kann auch ranklotzen.

Bei meinen Söhnen mit ihren Kindern ist das heute anders. Wenn ich frage, wo denn ihre Frau ist, kriege ich zur Antwort: ›Meine Frau hat heute Stricktag.‹ Dann ist es selbstverständlich, dann haben die – der eine hat einen 1½jährigen, der andere einen 3jährigen – den ganzen Samstag oder Sonntag das Kind zu versorgen. Ich denke immer an meine Zeit zurück. Das hätte ich nie gewagt damals zu sagen. Das ist heute ganz normal. Wahrscheinlich war die Zeit damals noch nicht so, daß ich gesagt habe: ›Herbert, heute hast du die Kinder, heute habe ich mal einen Nachmittag frei.‹ Du hast dir die Kinder auf den Rücken gebunden und bist mit den Kindern gegangen.

Ich weiß nicht, ob ich das so gewollt hätte. Aber ich sage mir heute, wenn ich mir meine Söhne so betrachte, haben das meine Schwiegertöchter gut.«

Kurz nach der Geburt des zweiten Sohnes fing Gerda Bohn 1959 wieder an zu arbeiten – zunächst als Küchenhilfe in der Bildungsstätte der Falken, später dann als Reinigungsfrau in einem Altenheim. Seit 19 Jahren arbeitet sie nun halbtags als Köchin in einem Kindergarten. Zwischendurch hatte sie auch noch eine betriebliche Prüfung abgelegt.

»Ich kann mich jetzt Koch schimpfen – aber nur innerhalb des Senats. Wenn ich dort mal ausscheide, dann nicht mehr. Aber das ist ja nicht die Welt. Ich war eben ungelernt und bin ein bißchen stolz, daß ich mich da ein bißchen gerappelt habe. Als unsere Jungs ausgelernt hatten, meinte Herbert: ›Willste nicht aufhören zu arbeiten?‹ Da war ich auch schon Bezirksverordnete. Manchmal war ich auch ganz schön kaputt. Da habe ich gesagt: ›Nee, 5 Minuten habe ich zur Arbeit, nun bin ich so viele Jahre dabei, dann gebe ich lieber mein Bezirksverordnetenmandat ab.‹ Das wollte er nun wieder nicht. Er hat sich dann damit abgefunden. Ich bin 19 Jahre dabei und wäre dumm, wenn ich es aufgeben würde. Mich befriedigt das. Ich bin nicht nur Hausfrau. Ich kann mal mit der Kollegin am Arbeitsplatz sprechen über Theater, Bücher oder Mode.«

Seit 1972 ist Gerda Bohn Bezirksverordnete. Vor 12 Jahren erst als Nachrückerin hineingekommen, wurde Gerda Bohn bei den letzten Wahlen auf einen der obersten Listenplätze gesetzt.

»Ich möchte sagen, hier in unserem Wahlkreis auf dem Zettel ganz oben gestanden zu haben, das hat für uns hier einiges gebracht. Ich will nicht überheblich sein, aber viele kennen dich doch und du bist ein Ansprechpartner. Ich bin dann auch ganz gut durchgekommen. Seit 6 Jahren habe ich im Sozialausschuß den Vorsitz. Und ich muß sagen – es macht mir sehr viel Spaß. Ich bin dann noch im Rechnungsprüfungsausschuß, im Eingabe- und Beschwerdenausschuß und im Haushaltsausschuß drin. Mein Schwerpunkt ist aber der Sozialausschuß. Da muß ich auch viele Veranstaltungen besuchen. Ich gehe bis mittags arbeiten, Herbert geht um 14 Uhr aus der Wohnung. Die frühesten Sitzungen fangen um halb 5 an, und dadurch kann ich das gut bewerkstelligen. Wenn er ein Mann wäre, der um 5 nach Hause kommen würde, ließe sich das wahrscheinlich nicht vereinbaren. Aber die Kinder sind inzwischen aus dem Haus, jedenfalls die beiden Jungs. Wir haben nur noch die Tochter im Hause, und so läßt sich das ganz gut einrichten.

Unsere Beziehung zueinander wird auch darüber gefestigt, daß wir mit nichts angefangen haben und uns alles erarbeitet haben. Es ist nicht zurückgegangen, sondern immer bergauf gegangen. Das ist ein schönes Gefühl.

Herbert ist ganz schön autoritär. Vor 20 Jahren hätte ich mir das nicht zugetraut. Aber heute ist es so, daß ich das kann, und er akzeptiert das dann auch. Ich laß mich heute nicht mehr so an die Seite drücken.«

Was für Renate Kircher und Gerda Bohn gilt, trifft auch für andere Frauen zu, mit denen wir gesprochen haben: Sie sind nach ihrer Heirat trotz der Belastungen durch Haushalt und Kinder weiter beruflich tätig gewesen, und zwar nicht nur aus ökonomischen Gründen. Sie haben die Kraft gehabt, sich beruflich weiterzuqualifizieren und weiterzuentwickeln. Und sie sind teilweise nach einer 25–30jährigen Mitgliedschaft immer noch aktiv in der SPD, manche auch als Funktionärinnen und beteiligen sich an aktuellen Friedensaktionen. Ihre Interessen und Bedürfnisse nach einem öffentlichen Leben, nach Selbstverwirklichung im Beruf und politischem Engagement, die durch die Falken in ihnen geweckt wurden, verwirklichen sie auch noch als Ehefrauen und Mütter. Sicherlich haben wir nur mit einigen Frauen Interviews durchgeführt. Aber unsere Gesprächspartnerinnen haben uns von vielen anderen Frauen erzählt, deren Leben in ähnlicher Weise von den Falken geprägt wurde.

Natürlich gab es auch Mädchen, für deren Entwicklung die Mitgliedschaft bei den Falken weniger bedeutsam war, die nach ihrer Heirat ein klassisches Frauenleben führten. Barbara Greube erzählte uns von einer Begegnung mit diesen Frauen anläßlich des Wiedersehenstreffens ihrer Jugendgruppe zum 70. Geburtstag von Ernst Froebel.

»Ich habe einige Mädchen überhaupt nicht wiedererkannt. Da saßen nun – um das mal vorsichtig auszudrücken – die richtigen Muttis da, die irgendwann mal geheiratet haben, Kinder gekriegt haben, Hausfrauen waren. Damit war das erledigt. Die haben sich nicht mehr engagiert seitdem. Also ich hatte da Schwierigkeiten im vorigen Jahr mit denen. Mit einigen biste sofort hingekommen. Da war alles wieder da. Es waren im Grunde genommen diejenigen, mit denen man damals schon den engeren Kontakt hatte; die zu den politischen Aktiveren und Engagierteren gehörten.«

Und die Falkenmänner? Offensichtlich akzeptierten die meisten dieser Männer zumindest das Interesse ihrer Frauen nach einem öffentlichen Leben. Auch wenn sie sich partnerschaftlich verhielten, sprechen viele Anzeichen dafür, daß sie die traditionelle Rollenverteilung zwischen Frauen und Männern nur modifizierten. Wir haben keine Anzeichen dafür gefunden, daß Haushalt und Kindererziehung bei den Falkenmännern größere Beachtung gefunden haben. Wir haben vielmehr den Eindruck, daß die Frauen auch in den Falkenfamilien ihre Interessen, Beruf sowie politisches und soziales Engagement mit einer erhöhten Belastung bezahlen mußten. In der Regel hatten wohl auch in diesen Familien die öffentlichen Karrieren der Männer den Vorrang vor denen der Frauen. Es scheint uns, als wenn die Erziehung zur Gleichberechtigung bei den Männern weniger Spuren hinterlassen hätte als bei den Frauen.

Wenn wir schreiten Seit' an Seit' – Falken und SPD

Sowohl für die jungen Sozialdemokraten als auch für die älteren ehemaligen »SAJ'ler« und »Kinderfreunde« bestand nach dem Krieg bei dem Aufbau der Falken kein Zweifel darüber, daß die Falken Teil der sozialdemokratischen Bewegung zu sein hätten. Auch die organisatorische Unabhängigkeit der Falken von der SPD stellte dieses Selbstverständnis nicht in Frage. Ein Teil wünschte dieses Selbstverständnis aus pädagogischen Gründen. Sie verstanden die Falken eher als Erziehungsgemeinschaft, die sich von der Politik weitgehend fernhalten sollte. Andere verbanden damit eher eine Erweiterung des politischen Spielraums der Jugendorganisation. Alle sahen jedoch in der SPD ihre Partei. Alle waren sich einig über eine möglichst enge Zusammenarbeit zwischen Jugendorganisation und Partei, wenn es auch über ihre konkreten Formen unterschiedliche Meinungen gab. Viele der Kinder und Jugendlichen der ersten Generation, die sich nach dem Krieg den Falken anschlossen, hatten den sozialdemokratischen »Stallgeruch«.

»Meine Eltern hatten sich in der ›Sozialistischen Arbeiterjugend‹ kennengelernt. Mein Vater war Gewerkschaftssekretär, und zwar Jugendsekretär beim Zentralverband der Angestellten. Er war vor 33 Jahren auch mehrere Jahre Vorsitzender der SAJ in Berlin gewesen und stellvertretender Vorsitzender des Reichsverbands der SAJ, zusammen mit Ollenhauer. Meine Mutter hat mit uns zu Hause auch oft zur Laute die alten Wanderlieder und auch politische Lieder gesungen. Da war man auch in der Atmosphäre schon so ein bißchen drin. Meine Mutter hat sehr früh mit einer ganzen Reihe von anderen Genossen zusammen hier in Zehlendorf Kindergruppenarbeit gemacht. In diesem Haus, in das wir gezogen sind – das war uns zugewiesen worden – kamen schon im Herbst 1945 zwanzig, dreißig Kinder zusammen. Das war schon der Kern für die Kinder- und Falkenarbeit in Zehlendorf. So bin ich also von da aus schon dabei.« (Nils Diederich)

Edith Töpfer war schon als Kind in die Parteiarbeit einbezogen.

»Ich weiß, daß meine Mutter sofort in die Partei eintrat, dort auch Kassiererin wurde und wir immer die BS verteilen mußten. Damals hieß es aber ›Berliner Sozialdemokrat‹. Die wurde dann jeden Sonnabend von uns Kindern an die Genossen verteilt.«

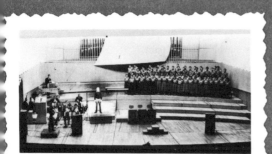

»Die SPD war wie eine Glocke über der Falkenarbeit«

Die Falken wurden von der Partei finanziell unterstützt. Es war selbstverständlich, daß sie ihre organisatorischen Aktivitäten in Bürogemeinschaft mit der SPD abwickelten. Falkenfunktionäre waren auf Kreis- und Landesebene in den Parteigremien vertreten und arbeiteten mit den sozialdemokratischen Verantwortlichen für Jugendfragen in den verschiedenen jugendpolitischen Institutionen zusammen.
Eine ganze Reihe von Falken hatte auch Parteifunktionen inne. Im Selbstverständnis der SPD waren die Falken der Jugendverband der Partei, die Falkenfunktionäre ihre Jugendpolitiker.
Aber die vielfältigen Kontakte mit der Partei waren nicht auf die Funktionäre beschränkt. Auch im Alltagsleben der Kinder- und Jugendgruppen war die Partei in dieser Zeit stark präsent. Das war schon durch die Gruppenleiter gegeben, für die es selbstverständlich war, Mitglied der SPD zu sein. Auch wenn die meisten Gruppenleiter eher passive Parteimitglieder waren, weil sie ihren praktischen Schwerpunkt bei den Falken sahen, so verkörperten doch insbesondere die zahlreichen älteren Gruppenleiter ein Stück lebendige Geschichte der sozialdemokratischen Bewegung. Manfred Eisenblätter, der nicht aus einem sozialdemokratischen Elternhaus kommt, hat über seinen Gruppenleiter Bezug zur Sozialdemokratie bekommen.

»Karlchen Herhut war ein lieber, netter Kerl. Er hat viele Geschichten aus der Parteiarbeit erzählen können. So fing es an, daß man an's Politische rangeführt wurde. Man bekam so das Gefühl, daß wir die Jugend der SPD sind; die junge Gruppe von den Alten. Das fanden wir eigentlich eine dufte Sache.«

Konkrete positive Erfahrungen machten viele Jugendliche auch mit älteren Sozialdemokraten, die als Jugendpfleger, Jugendheimleiter oder Hausmeister die Falken besonders unterstützten.

»In den 50er Jahren haben wir Glück gehabt, daß wir einen sehr guten Hausmeister hatten. Wir waren die ersten, die als Ostkreis in Westberlin eigene Räume bekamen.[23] Wir hatten in dem Schulgebäude in der Strelitzer Schule Kellerräume bekommen, die nie als Freizeiträume zugelassen worden sind. Aber der Hausmeister hat sich darum nicht gekümmert. Er war ein alter Sozialdemokrat und hat gesagt: ›Paßt mal auf! Ich schließe euch den Keller auf. Ihr könnt unten renovieren und könnt alles machen. Wenn ihr abends fertig seid, schließt die Tür ab. Den Schlüssel packt ihr auf's Fensterbrett. Klopft mal kurz, damit ich Bescheid weiß und den Schlüssel wegnehme‹. Wir wußten, wenn wir abends kamen und er nicht da war – oben liegt der Schlüssel. Das war natürlich ein Vorteil. Wir hatten mehr Spaß dran, weil wir eigene Räume hatten. (. . .)
Wir haben oft mit alten Genossen gesprochen, die aus der Arbeiterbewegung kamen. Das war ja üblich gewesen, daß alte Genossen in die Gruppenabende reingekommen sind und über ihre Erfahrungen gesprochen haben. Es war auch immer so ein Aufhänger für einen Gruppenleiter, wenn er nichts mehr wußte. Dann ging er rein in die Abteilung und sagte: ›Willst du nicht mal was erzählen? Komm doch mal rüber.‹«
(Wolfgang Jahn)

Es war auch selbstverständlich, daß führende sozialdemokratische Funktionäre – insbesondere vom traditionalistischen Flügel der SPD – wie Franz Neumann (bis Ende der 50er Jahre Landesvorsitzender der SPD) oder Willi Kressmann (Bezirksbürgermeister in Kreuzberg) zu Falkenkonferenzen, Sportfesten, Feierstunden oder anderen besonderen politischen und kulturellen Veranstaltungen der Falken kamen.

Die Falkengruppen wiederum unterstützten auf vielfältige Weise auch die SPD. Insbesondere zu besonderen Anlässen wie Weihnachten und dem 1. Mai wurden die Gruppen zu Abteilungs- bzw. Kreisversammlungen der Partei eingeladen, wo sie Sprechchöre und Lieder vortrugen. Für viele der jüngeren Falken war das Politischste im Gruppenleben, daß über allem irgendwie die Partei stand.

»Wir hatten zum Beispiel prima Volkstanzgruppen in Wilmersdorf. Es war ganz klar: Geübt wurde für den 1. Mai, damit man auf Parteiveranstaltungen am 1. Mai Volkstänze vorführen kann. Gesungen haben wir eine ganze Menge. Es war klar, daß wir bestimmte Lieder gelernt haben, um sie dann vor der Partei zu singen. Damals war das so die Glocke über unserer Arbeit.« (Siegfried Stirba)

»An den Aktionen der sozialdemokratischen Partei waren wir immer dabei. Als Otto Suhr zu Grabe getragen wurde, waren die Reinickendorfer Falken da. Es war ein Sauwetter, aber die Jungs sind in blauen Hemden und mit roten Fahnen dabei gewesen. Wir werden uns keine Regenjacke anziehen. Wir sind Falken. Wenn Einmarsch war in eine große Kundgebung oder bei großen Demonstrationen, waren wir immer dabei.« (Ernst Froebel)

In einer Zeit, wo die Wahlkämpfe noch nicht durch die Arbeit großer Werbeagenturen und durch Schaukämpfe in den Medien geprägt waren, galten auch die einfachen Mitglieder in der SPD noch mehr. Für alle unsere Gesprächspartner war die Beteiligung am Wahlkampf selbstverständlich. Sie gehörte zu den Höhepunkten der politischen Aktivitäten der Jugendgruppen. Bei den etwas rauhbeinigen Falkengruppen war besonders das nächtliche Plakatkleben sehr beliebt, weil hier auch ein Hauch von Abenteuer und das Prickeln von Gefahr mit dabei war. Wenn die Wahlplakate der SPD geklebt wurden, zerfetzte man zunächst die Plakate der rechten Deutschen Partei. Das endete häufig mit wüsten Prügeleien.

»Es ist nicht bloß einmal passiert, daß mich meine Mutter von der Polizei abgeholt hat. Einmal haben ein paar Jungen von der FDJ ihre Plakate auf unsere schon geklebten SPD-Plakate raufgeklebt. Das haben wir beobachtet. Die haben wir uns geschnappt und dann mit den Köpfen in den Leimtiegel reingetunkt. Die haben kein anderes Plakat mehr überklebt! Na ja, dann wurde Krach geschlagen und es kam die Polizei vom Revier 109 in der Schlesischen Straße. Die nahmen uns dann mit. ›Schupo-Ente‹ war meistens als Wachhabender dabei. Den kenne ich sogar noch aus dem Krieg. Dann sind die Wachtmeister losgefahren und haben unsere Eltern geholt. Die haben uns dann vom Revier abholen müssen. Eine Strafe haben wir aber nicht bekommen. Revier 109 war ja fest in eigener Hand.« (Manfred Eisenblätter)

»Schupo-Ente« war Sozialdemokrat und das Revier 109 »in sozialdemokratischer Hand«. Das war allerdings nicht typisch für die Nachkriegszeit.

Während in der ersten Blütezeit der Falken bis Ende der 40er Jahre – als sie über 7000 Mitglieder in mehr als 300 Gruppen zählten – viele Sozialdemokraten ihre Kinder noch selbstverständlich zu den Falken schickten, mußten die Falken schon Anfang der 50er Jahre zu ihnen hingehen und sie überzeugen. Einige Sozialdemokraten brachten ihre Kinder sogar in kirchliche Jugendgrupen. Nils Diederich erinnerte sich an entsprechende Erlebnisse:

»Bei vielen Sozialdemokraten war so das Gefühl: Ich bin Sozialdemokrat, aber die Kinder sollen in die Gesellschaft allgemein erzogen werden und nicht in einer politischen Jugendorganisation. Das gab's schon. Aber das war eigentlich nicht die Regel.

Oftmals kamen auch Genossen und sagten: ›Macht doch eine Kindergruppe. Unsere Kinder sollen irgendwie beschäftigt werden.‹ Die Auseinandersetzungen kamen dann eher anläßlich bestimmter Demonstrationen, wenn die Falken provoziert hatten. Dann kamen die Genossen und sagten: ›Das ist eine linksextreme Organisation. Da schicken wir unsere Kinder nicht mehr hin.‹ Das hat's auch gegeben.«

Die Falken waren also in diesen ersten Jahren auf vielfältige Weise mit der SPD verbunden. Für alle Mitglieder – das heißt also auch für die Jugendlichen – waren die Falken unbestritten die Jugendorganisation der SPD. Daran wollte damals auch noch niemand etwas ändern. Die SPD war für die jungen Falken Träger ihrer Hoffnungen auf große gesellschaftliche Veränderungen.

Die enge Verbindung mit der SPD, die seit 1947 in der kommunalen Politik bestimmend war, ermöglichte den Falken auch die Verwirklichung einer Reihe aktueller jugendpolitischer Forderungen. Die jugendpolitische Zusammenarbeit zwischen Verband und Partei wurde auch darüber erleichtert, daß einzelne Falken von Anfang an führend am Aufbau der öffentlichen Jugendarbeit beteiligt waren. So waren schon 1948 mit Ilse Pottgießer (Reichel) und Erwin Beck zwei Falken an führender Stelle im Hauptjugendamt tätig.

In den Auseinandersetzungen über Maßnahmen gegen die Jugendarbeitslosigkeit übten die Falken scharfe Kritik an Überlegungen innerhalb des Senats, eine Art Arbeitsverpflichtung von Jugendlichen einzuführen. Sie forderten statt dessen Programme, die den Jugendlichen ein Minimum an Berufsausbildung zukommen ließen. Auch in die verabschiedeten Gesetze, die den Jugendarbeitsschutz und die Berufsausbildung regelten, konnten die Falken zumindest einige ihrer Vorstellungen einbringen.

In dieser Phase gab es noch eine gemeinsame Identität von Falken und SPD. Das Verhältnis von Jugendverband und Partei war durch Vertrauen und solidarische Zusammenarbeit geprägt. Das schloß die Möglichkeit der politischen Auseinandersetzung ein.

Das Verhältnis war nicht völlig ungetrübt

Wie schon erwähnt gingen einem Teil der Partei die politischen Aktionen der Falken zu weit. Unbehagen und Kritik vor allem von Vertretern des rechten Parteiflügels entzündeten sich an der Form einzelner politischer Aktionen, wie z. B. an der Veit-Harlan-Aktion oder den handgreiflichen Interventionen von Falkengruppen gegenüber der DP. Mit dieser Kritik stimmte auch ein Teil der Falken überein; vor allem diejenigen, die aus der Tradition der »Kinderfreunde« kamen. Sie sahen in einer zu starken Gewichtung des tagespolitischen Engagements der Falken eine Gefährdung der Kinderarbeit des Verbandes.

Obwohl die Mehrheit des Verbandes Anfang der 50er Jahre einen Kurs der politischen Anpassung gegenüber der SPD vertrat, gab es doch in einigen Fragen auch Mehrheiten für eine Kritik an der SPD. So forderten die Falken auf ihrer Landeskonferenz 1951 die SPD beispielsweise zum Verlassen der Großen Koalition mit den bürgerlichen Parteien auf. Auch viele Jugendliche standen ihr ablehnend gegenüber. Für Wolfgang Jahn war es »eine schlimme Geschichte«. Er hatte sich mit anderen im Wahlkampf für die SPD stark engagiert, um dann zu hören, daß die Partei eine Große Koalition eingegangen war. Es war für ihn wie eine kalte Dusche. Einig war sich die Mehrheit der Falken auch in der Kritik an der Gestaltung des 1. Mai durch die SPD, die gemeinsam mit den anderen Parteien den 1. Mai als Freiheitskundgebungen organisierte. Die Falken forderten dagegen, daß er als Feiertag der Arbeiterbewegung

erhalten werden müsse. Sie beteiligten sich daher an den Kundgebungen auch mit eigenständigen Parolen, die die sozialen und politischen Forderungen des Verbandes öffentlich machten.

Vertreter der linken Minderheit kritisierten darüber hinaus den undifferenzierten Antikommunismus sowie das mangelnde politische Profil der sowohl in der Partei als auch im Jugendverband dominierenden Rechten.

Nach und nach gewann die Verbandslinke an Einfluß. 1952 organisierte sich eine Gruppe von linken Studenten bei den Falken, unter anderem auch Harry Ristock. Sie hatten das Ziel, zunächst eine linke Mehrheit bei den Falken zu gewinnen und über den Jugendverband auch die Mehrheiten innerhalb der SPD zu verändern.

Ein selbstverständlicher Parteibeitritt und enttäuschende Erfahrungen

In der Erinnerung von Barbara Greube spielt sich der Beitritt der Reinickendorfer Jugendgruppe »Die Kommenden« so ab:

»Als wir 18 waren, sind wir geschlossen in die Partei eingetreten. Da wurde mit der SPD zusammen eine Feierstunde gemacht, und dann hat uns der Kreisvorsitzende geschlossen in die Partei übernommen. Das war für uns eine ganz große und wichtige Sache. Es war für alle selbstverständlich, daß man weiter in die Partei geht.«

Dieser geschlossene Eintritt in die Partei war jedoch nicht typisch für den Verband. Wenn es auch nicht überall so zuging wie in Reinickendorf, so war es doch für viele Jugendliche, die über längere Zeit bei den Falken dabei waren, selbstverständlich, der SPD beizutreten.

»Das hast du mit in die Wiege gekriegt, daß deine spätere politische Arbeit immer bei der SPD sein wird. Du wußtest genau, auch wenn du weiter bei den Falken bleibst, am Ende bist du Mitglied der SPD.« (Wolfgang Jahn)

Hans Maasch erinnerte sich, daß es auch für die Jugendlichen der Falken im Südosten Kreuzbergs selbstverständlich war – auch für diejenigen, die nicht bereits mit dem sozialdemokratischen »Stallgeruch« zur Welt gekommen waren.

»Da gab es immer mal den einen oder den anderen, der ein bißchen gezögert hat; aber mehr, weil er sich nicht überreden lassen wollte. Weißt Du so: ›Brauchen wir nicht drüber zu reden, muß ich selber entscheiden.‹ Aber die waren alle auch gleichzeitig Mitglied der SPD, die Männer mehr als die Frauen. Die Frauen waren ein bißchen zögernder, die hielten die Politik ohnehin nicht für ihr Geschäft.«

Kaum einer unserer Gesprächspartner, der Anfang der 50er Jahre der SPD beitritt, kann sich jedoch an positive Erfahrungen erinnern. Nils Diederich war in der Zehlendorfer SPD sehr isoliert.

»Für mich persönlich war es selbstverständlich, mit 18 Jahren in die Partei zu gehen. Ich bin dann auch 1952 in die Partei eingetreten. Ich war dann in der Partei hier in Zehlendorf eigentlich immer in einer Minderheitsposition, weil ich aus den Falken kam. Und das waren die Verschrienen, die Linken. Aber das hat mich nie so gekratzt, weil ich nur am Anfang ein bißchen aktiv war. Nachher wurde ich sowieso nicht mehr als Delegierter gewählt. Dann bin ich jahrelang in der Partei nicht mehr aktiv gewesen.«

Aber für die jungen Falken stellte sich nicht nur das Problem, vereinzelt in den SPD-Abteilungen mit rechteren politischen Positionen konfrontiert zu werden. Es gab auch ein besonderes Generationsproblem. Vor dem Hintergrund des in der Generation der zwischen 1920 und 1940 Geborenen weitverbreiteten politischen Desinteresses war auch die SPD sehr stark überaltert. Die jungen Falken trafen also in der SPD oft auf Mitglieder, die meist 20 Jahre älter waren.

So verwundert es nicht, daß die wenigsten Jugendlichen in der Partei politisch aktiv geworden sind. Sie waren selbstverständlich Mitglieder der SPD geworden. Aber einen Spielraum für politisches Handeln bot die Partei den einfachen Parteimitgliedern nicht. Der politischen Kultur der Sozialdemokratie entsprechend fanden ihn nur diejenigen, die mit der Erfahrung der Gremiensozialisten auch relativ schnell zu Funktionären in der Partei wurden. Einige engagierten sich in der Gewerkschaft oder anderen sozialdemokratisch orientierten Organisationen. In dem Maße, wie andere Beziehungen für die Jugendlichen wichtiger wurden, fiel ein Teil von ihnen nicht nur aus den Falken heraus, sondern verlor jegliche Bindung an einen aktiven politischen Zusammenhang. Andere zogen es vor, ihren politischen Interessen weiterhin bei den Falken nachzugehen, die ihnen mehr Möglichkeiten als die SPD boten – und zwar sowohl in der Entwicklung ihrer politischen Positionen als auch hinsichtlich möglicher Erfahrungen persönlicher Bestätigung. Viele von ihnen wurden Gruppenleiter und Funktionäre des Verbandes. Bezeichnend ist vor diesem Hintergrund auch die Tatsache, daß viele der nach dem Krieg entstandenen Jugendgruppen bis zu 10 Jahren zusammenbleiben; einige sogar bis zu 15 Jahren. Im Gegensatz zu den Falken war die SPD schon Anfang der 50er Jahre weit davon entfernt, für die einfachen Parteimitglieder Lebenszusammenhang zu sein. Zwischen dem vielfältigen Verbandsleben der Falken und der Öde des Parteialltags lagen Welten.

Gab es noch ein sozialdemokratisches Milieu?

Aus den vorangegangenen Kapiteln durfte deutlich geworden sein, daß der Wiederaufbau der Falken nach dem Krieg in einer Kontinuität zu den sozialdemokratischen Kinder- und Jugendorganisationen der Weimarer Republik stand. Viele ehemalige Mitglieder der »SAJ« und der »Kinderfreunde« waren entscheidend daran beteiligt. In Formen, Inhalten, Normen und Werten, in ihren Einstellungen zu sozialistischer Erziehung und Koedukation, ihrer Bildungs- und Kulturarbeit sowie in ihrem Selbstverständnis als Teil der sozialdemokratischen Bewegung, als Vorfeldorganisation der SPD knüpften die Falken an die Zeit vor 1933 an.

Es gelang den Sozialdemokraten eine sehr rasche Reorganisierung der Partei und der Gewerkschaften. Schon 1947 hatte die SPD den Mitgliederstand von 1933 erreicht. Neben den Falken wurden auch die anderen sozialdemokratisch orientierten Jugendverbände wie Naturfreundejugend und Gewerkschaftsjugend wiedergegründet. Auch der Arbeitersamariterbund, die Arbeiterwohlfahrt, der Verband der Freidenker sowie sozialdemokratische Wohnungsbau- und Siedlungsgenossenschaften entstanden wieder. Nicht wieder aufgebaut wurden dagegen die zahlreichen sozialdemokratischen Organisationen, die vor 1933 ein breites Freizeitangebot bereitstellten. Von der Parteiführung wurde die Devise ausgegeben, daß Sozialdemokraten in die bürgerlichen Sport-, Kultur- und Bildungsorganisationen hineingehen sollten, um diese im Sinne der Sozialdemokratie zu beeinflussen. Dieser Versuch ist im wesentlichen mißlungen. Während vor 1933 Zehntausende über die Arbeitersportvereine und die sozialdemokratischen Kulturorganisationen ihre Bindung an die Sozialdemokratie erfuhren, war das nach dem 2. Weltkrieg für sportlich und kulturell Interessierte nicht mehr möglich.

Es fand also in den Nachkriegsjahren eine gewisse Wiederbelebung des sozialdemokratischen Milieus statt, das jedoch weder qualitativ noch quantitativ dem Milieu der Weimarer Republik entsprach.

Der NS hatte kräftige Spuren hinterlassen. Ein Teil der alten Kader war von den Faschisten ermordet worden. Ein Teil der Sozialdemokraten hatte seine aktive Bindung an die SPD verloren. Viele waren im Krieg gefallen. Ein besonderes Problem war die Überalterung vieler sozialdemokratischer Organisationen. Wie bereits erwähnt, war nur eine kleine Minderheit der Jüngeren nach dem Krieg bereit, sich in der Sozialdemokratie zu organisieren.[24]

Nur noch in den traditionellen sozialdemokratischen Hochburgen, insbesondere in genossenschaftlichen Wohnsiedlungen wie in der »Hufeisensiedlung« in Britz oder der »Freien Scholle« in Reinickendorf sowie in Teilen der traditionellen Arbeiterbezirke, gelang es, nach dem Krieg einen starken Milieuzusammenhang wiederherzustellen.

Wie wirkte sich nun dieser schon in den Nachkriegsjahren feststellbare Substanzverlust des sozialdemokratischen Milieus in Berlin auf die Falken aus?

Er hatte zunächst einmal Auswirkungen auf die Anzahl der Kinder und Jugendlichen, die sich bei den Falken organisierten. Die Kindergruppen erreichten weit weniger Kinder als die Berliner »Kinderfreunde« vor 1933. Darüber hinaus klagten die Falken in dieser Zeit ständig über einen Mangel an Gruppenleitern für die Kindergruppen. Auch der SJ-Ring, in dem die Jugendlichen organisiert waren, hat 1952 – nach dem kurzen Aufschwung Ende der 40er Jahre – mit ca. 1200 Mitgliedern nur noch ein Drittel der durchschnittlichen Mitgliederstärke der Berliner »SAJ« der Weimarer Republik.

Die im Verband organisierten Kinder und Jugendlichen erlebten jedoch die Falken noch als Teil eines sozialdemokratischen Milieus. Auf vielen Ebenen wurden sie mit der Partei konfrontiert, aber auch mit anderen Milieuorganisationen, wie den befreundeten Jugendorganisationen, dem Arbeitersamariterbund, der Arbeiterwohlfahrt oder den Freidenkern, wo viele ihre Jugendweihe erhielten. In vielen Aspekten ihrer Arbeit an die Erfahrungen der sozialdemokratischen Bewegung von Weimar anknüpfend, bildeten die Falken Anfang der 50er Jahre gemeinsam mit dem traditionalistischen Flügel der SPD den Kern des sozialdemokratischen Restmilieus. In den folgenden Abschnitten werden wir unter anderem darstellen, welche gesellschaftlichen Faktoren den weiteren Zerfalssprozeß dieses Arbeitermilieus beschleunigten. Wir werden aber auch zeigen, wie die Falken entgegen ihrer Absicht diese Entwicklung nicht verhindern konnten.

III. Wirtschaftswunderwellen (1954–1963)

Vom Arbeitermilieu zur politischen Opposition

Der Gummi-baum

Jedem sein Huhn im Topf

Dieses schöne Ziel eines französischen Königs vor 300 Jahren wurde kürzlich von einem deutschen Wirtschaftler zeitgemäß ausgedrückt:

Jedem Haushalt seinen Kühlschrank

Die Forderungen nach besonders wirtschaftlichen Haushalt-Kühlschränken sind in der großen Reihe der modernen BOSCH-Kühlschränke glänzend erfüllt. Jeder von ihnen vermittelt in Aufmachung, Ausstattung und Leistung überragenden Kühlkomfort. Die sinnvolle Kühlraumnutzung ist eine Eigenschaft aller BOSCH-Kühlschränke. In allen Teilen ist die bekannte BOSCH-Qualität augenfällig. Der geringe Stromverbrauch und die sprichwörtliche Langlebigkeit machen BOSCH-Kühlschränke ungemein wirtschaftlich.

Fragen Sie beim Fachhandel nach BOSCH

Zum eigenen Vorteil – verlangen Sie

Prost Neujai
Sie Würstch

d nachher...
zum dicken Hein

Jubel in München, Jubel an der Schweizer Grenze, Jubel in ganz Deutschland. Einen Triumphzug ohnegleichen erlebte die deutsche Fußballnationalelf auf ihrer Fahrt von Schaffhausen nach München, wo die Mannschaft offiziell begrüßt wurde (Bild). Auch der ungarische Staatsfußball, dem die Welt den Panzer der Unbesiegbarkeit umgehängt hatte und dem ein fast mystischer Ruf vorausging, fand seinen Meister: in Deutschland, dem Weltmeister.

Deutschland
Fußball-Weltmeister

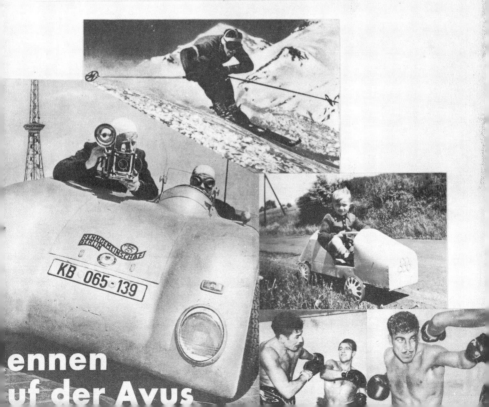

ennen
uf der Avus

Ferienträume vom sonnigen

Riviera Ein einzigartiges Ferienerlebnis ist die Fahrt entlang der spanischen Riviera, die „Costa Brava", wie sie in der Landessprache heißt, vorbei an malerischen an den landschaftlich schönsten Küstenstraßen Europas gehört. Von vielen Touristen an schneeweißen Villen und durch Palmen- und Zypressenhaine bis nach als fast noch reizvoller als die Französische Riviera empfunden, schlängelt sich die luna. Unser Bild zeigt den Blick auf das mittelgroße spanische Städtchen San Pol

Des Meeres und

In Venedig muß man baden gehen..

Das Kunststück, Spaghetti in ganzer Länge zu essen, muß man im italienischen Rest-
„Peppino" beherrschen; nach südlicher Sitte werden sie so serviert. Riesenberge können die

MM contra BB

der Liebe Wellen

Kann „Lollo" auch spielen?

eltberühm... ...ollobrigida durch den Film
anfan la tui..., wo sie Gérard Philippes Partnerin war
ch hier hatte sie nichts als schön zu sein; doch man kann
ne Uebertreibung sagen, daß sie neben dem Schauspieler
ilippe durchaus bestanden hat. Aber „Lollo" möchte mehr.

Im Haushalt ist jetzt Hochsaison!

Pril

Muß man

das

den H

anseh

Muß man

das

den Händen

ansehen –?

Schlaflosigkeit

kommt oft von überreizten Nerven. Auch nervöse

Nero-Stäbchen

Nero
Stäbchen

Bill Haley: „... neu für mi...

„Hey-Ba-Be-Ri-Ba!

DEUTSCHER GEWERKSCHAFTSBUND

1.MAI

CHRISTA FOERSTER:

Wie veranstalte ich eine

Party?

UND EINS ZWEI DRE

Jugend ist flott und modern – die Falken sind rot

Die Wirtschaftswunderwellen belebten in der zweiten Hälfte der 50er Jahre die Bundesrepublik. Die Erinnerung an Krieg und Not wurde durch den neuen kleinen Wohlstand verdrängt. Als erstes wurde die Freßwelle an den dicken Bäuchen der Wohlhabenden sichtbar. Sich satt essen können war über viele Jahre ein unerfüllbarer Traum gewesen. Später folgte die Reisewelle ins südliche Ausland und auch die Sexwelle kündete sich vorsichtig in den Kinos an.

Es ist kein Zufall, daß für alle diese Massenphänomene der Begriff Welle sich durchsetzte. Die Welle entlastete das Individuum von der Verantwortung für einen Prozeß, der nur schwer verständlich war. Die Deutschen vergaßen so ihr schlechtes Gewissen und warfen alle ihre Kräfte in den neuen Wirtschaftsaufschwung. Die Wellen trugen die einzelnen scheinbar ohne ihr Zutun zu einem neuen Leben und waren ein Anlaß für Hoffnungen. Die Welle war aber auch doppeldeutig. In ihrer Faszination lauerte auch eine Gefahr. Eine Welle konnte auch über einem zusammenbrechen oder das Individuum zu einem Ort spülen, wohin es nie wollte. Auch die Erfahrung des NS wurde von vielen in diesem Bild einer nicht aufzuhaltenden Welle verklärt. Auf diesem Hintergrund ist die Skepsis gegen solche Modeströmungen bei politisch engagierten Jugendlichen wie den Falken verständlich.

Aber für einen immer größer werdenden Teil der unorganisierten Jugendlichen waren die neuen Moden ganz besonders erregend. Der Hüftschwung von Elvis Presley elektrisierte etwas verspätet auch die Körper der deutschen Nachwuchsgeneration. Rock'n Roll wurde ein Tanz, der die alten Regeln über den Haufen warf. Es war bis dahin unvorstellbar, daß ein Schlagersänger der Meinung sein könnte, daß ihm alles egal sei, Hauptsache, niemand tritt ihm auf seine neuen blauen Wildlederschuhe. Der Rock'n Roll half, aus den Normen der Erwachsenen auszubrechen.

Blue suede shoes

Well, it's one for the money, two for the show,
Three to get ready, now go, cat, go!
But don't you step on my blue suede shoes.
You can do anything
But lay off of my blue suede shoes.
Well you can knock me down, step in my face,
Slander my name all over the place,
Do anything that you want to do,
But uhuh, honey lay off my shoes
Don't you step on my blue suede shoes.
You can do anything.
But lay off of my blue suede shoes.
Elvis Presley, 1955

Die Erfahrungen mit den neuen – aus dem Muff der Tanzstundenquälerei befreiten – Körpererfahrungen übten eine hohe Faszination auf Jugendliche – aber auch auf die öffentlichen Medien aus. Sehr schnell wurde diese neue Mode von den herrschenden Moralaposteln zum Untergang des Abendlandes erklärt. »Sittenlose, sexuelle Ausschweifung«, zerstörtes Mobiliar bei Veranstaltungen oder modisches Auftreten mit Lederjacke und »Schmalztolle« waren die Schreckensbilder für die biedere Öffentlichkeit.

Aber immer mehr Jugendliche – die langsam auch zu einer Konsumentenschicht wurden – wollten Elvis, Little Richard, Jerry Lee Lewis oder James Dean sehen und hören. Hautenge Röhrenjeans, Entenschwanz als Frisur, Stielkamm in der Gesäßtasche für Jungen, toupierte Haare, Petticoats und breite Gürtel für Mädchen prägten das neue Bild einer hüftenschwingenden Jugend.

Der Blickpunkt war die Zeitschrift des Landesjugendringes, d. h. der staatlich geförderten Jugendverbände. Im Dezember 1956 war dort der Artikel »Rock'n Roll und Krawalle« zu lesen, aus dem wir einige Ausschnitte zitieren wollen, da hier deutlich wird, mit welchem Unverständnis dieser neuen Jugendbewegung begegnet wurde. Es schien einigen, als würde das westliche Abendland von Urwaldzauberern unterwandert.

»Immer zwingender wird der Rhythmus, immer hektischer werden die Bewegungen im Saal. Hier und da springen die Burschen auf, reißen sich die Hemden vom Körper; ihre stumpfen Augen lassen nicht erkennen, ob sie die Umwelt noch wahrnehmen, nur der Über-Rhythmus scheint sie noch voranzutreiben.

Diese Zaubermusik bewirkt nun, daß in Amerika und England während und nach der Filmvorführung von ›Außer Rand und Band‹ sowie während und nach Jazzveranstaltungen mit Rock'n-Roll-Charakter die Jugendlichen Kinos, Theater und Musikhallen demolieren, Lampen entzweiwerfen, Gestühl zertrümmern und Schlager singend durch die Straßen taumeln, dabei Schaufenster zerschlagen, Autos umwerfen, mit Steinen schmeißen, Passanten anrempeln und Straßenkämpfe mit der örtlichen Polizei ausfechten. Honorige Filmtheaterbesitzer lehnten daher die Aufführung des Radaustreifens ab. In verschiedenen englischen und amerikanischen Kleinstädten wurden die Aufführungen sogar aus Gründen der öffentlichen Sicherheit untersagt.«

Es wäre zu einseitig, die Medien alleine für diese Moden verantwortlich zu machen. In den Programmkommissionen der Rundfunksender wurde lange Zeit versucht, diese »krankhaften Schreie« der sexuell und gewalttätig erscheinenden Rocksänger zu zensieren. Es scheint, als ob hier eher die Jugend die Medien beeinflußt hat als umgekehrt. Besonders die schnelle massenhafte Verbreitung dürfte aber auf den durchorganisierten Musikmarkt zurückzuführen sein. Zum anderen waren fast alle Importe aus den USA irgendwie chic und vom Flair des »Landes der unbegrenzten Möglichkeiten« bestimmt, so daß die deutschen Medien bald ihren Widerstand aufgaben.

Die neue Massenkultur hatte sich durchgesetzt und wurde mit vielfältigen Angeboten zur großen Konkurrenz für die traditionellen Jugendorganisationen. Die Freizeitindustrie entdeckte die jugendlichen Käuferschichten und bot ihnen eine heitere Lebenssicht mit Zukunftsoptimismus und half, die deutsche Vergangenheit erst einmal zu verdrängen.

Politische Jugendverbände wie die Falken bemerkten sehr bald die Gefahren einer solchen Entwicklung, deren Widersprüche zwischen eigenständiger Jugendkultur und Vermarktung auch in den eigenen Reihen zu spüren waren. Die weitere Entwicklung der Jugendverbände wurde durch diese gesellschaftlichen Veränderungen entscheidend geprägt.

Das Kofferradio ersetzt den Gruppenleiter

An den Straßenecken standen sie jetzt mit ihren tragbaren Radios und erschreckten durch ihre bloße Anwesenheit die Passanten. Erwachsene hatten in ihrem Kreis nichts zu suchen. Die traditionellen Vorbilder der Eltern von Fleiß, Ordentlichkeit, Pünktlichkeit oder Strebsamkeit waren auf einmal in Frage gestellt.

Die in der Öffentlichkeit für sie benutzte Bezeichnung »Halbstark« wurde trotzig von einer kleinen Zahl der Rock'n Roll-begeisterten Jugendlichen übernommen. Es waren hauptsächlich proletarische Jugendliche. Die Studenten bevorzugten eher die Jazzmusik und trafen sich in dem Berliner Jazzlokal »Eierschale«. Wenn dann abends die Tochter von ihrem neuen Freund erzählte, »der viele Jazzplatten besitze und sogar Peter Stuyvesant rauchen würde«, so waren die Eltern zwar entsetzt, aber irgendwie schien dieser junge Mann auf eine Zukunft ausgerichtet zu sein, die man zwar noch nicht verstand, aber die besser auch nicht ganz verworfen werden sollte. Der junge Mann wurde wahrscheinlich zum Kaffee eingeladen und vorsichtig ausgehorcht.

Diese Moden übernahmen natürlich erst einmal Minderheiten, waren aber in ihrem Siegeszug kaum aufzuhalten. Die Mehrheit der Jugend fühlte sich eher hin und her gerissen zwischen neuen Angeboten und alten Orientierungsmustern.

In einer Untersuchung des Meinungsforschungsinstitutes EMNID aus dem Jahre 1956 wurden Aussagen über die Jugend zwischen 15 und 24 Jhren ermittelt, die noch eine vorherrschende traditionelle Orientierung bei den meisten Jugendlichen belegt:

»52% waren in den letzten zwei Wochen in der Kirche,
76% waren mit ihren Vorgesetzten im Beruf zufrieden,
20% waren unzufrieden mit ihrer Arbeit.
In der Freizeit spielen die Massenkommunikationsmittel eine große Rolle! 82% hören Radio, 72% lesen Zeitungen und Illustrierte, und ins Kino gehen 62%.
Politisch nicht interessiert sind 62%, in Berlin liegt dieser Anteil aber durch die politische Lage der Stadt sehr viel niedriger. 43% (!) der Jugendlichen lehnen eine Antwort zum Nationalsozialismus ab. Hier zeigt sich die tiefe Verunsicherung dieser Generation, die nicht auf Elternvorbilder mit ausgeprägtem demokratischen Bewußtsein zurückgreifen kann.«[1]

Der Jugendsoziologe Helmut Schelsky prägte den Begriff der »skeptischen Generation«. Damit war die nüchterne Haltung der Jugend gemeint, »die eher praktisch denkt, als sich romantischen Schwärmereien zu überlassen.« Daß damit aber auch eine politische Apathie verbunden war, wurde nicht als Problem gesehen. Man tröstete sich eher damit, daß die Jugend durch ihre Skepsis auch nicht auf Illusionen hereinfallen würde. Dies entsprach dem vorherrschenden Ideal der formalen Demokratie, in der die Volksvertreter die Macht ausübten, aber Beteiligung der Bürger am Willensbildungsprozeß hauptsächlich bei den Wahlen stattfinden sollte.[2]

Schelsky fragte nicht nach den Gründen für diese Skepsis gegenüber der Erwachsenengeneration. Er verwechselte Skepsis mit Anpassung.

Aber die politische Zurückhaltung vieler Jungendlicher beruhte auf Erfahrungen in einem Wirtschaftswunderland scheinbar ohne Erinnerung an den nur kurz zurückliegenden NS-Terror. Nur wenige Jahre später, in den 60er Jahren, entwickelte sich aber eine neue Jugendbewegung, die Fragen an die deutsche Vergangenheit stellte, welche nicht mehr mit Konsumversprechungen abgewehrt werden konnten.

Ein kleiner roter Felsen trotzt den Wirtschaftswunderwellen

»Arbeiterjugend fühlt sich wohl ohne Qualm und Akohol« – (Wahlspruch der Falken)
»Awhopbabaloopba Awhopbamboom« – (Little Richard)
Der Dialog zwischen der traditionellen Jugendbewegung und den neuen Modeavantgarden kam nicht so recht in Gang. Die Voraussetzungen beider Gruppen waren auch zu unterschiedlich.

Ausgangsstellung: So lässig wie möglich.

Der Gesichtsausdruck muß zum Ausdruck bringen – daß Sie sehr weit über den weltlichen Dingen erhaben sind!

Wie tanzt man Rock'n Roll

Die Frau ist gleichberechtigt, behandeln Sie sie danach!

Einstein sagt: Alles ist relativ. Also auch die Schwerkraft. – Heben Sie sie auf!

BLICKPUNKT

Die junge Zeitschrift

Herausgeber: Landesjugendring Berlin, Berlin-Dahlem, Koserstr. 8-12, Tel. 76 57 83. Verantwortlich für den Inhalt: Erich Richter, Rolf Lamprecht und der Presseausschuß des Landesjugendringes, vertreten durch: Günter Böhm (DAG-Jugend) – Alfred Gleitze (S. J. – Die Falken) – Willy Huhn (Naturfreunde-Jugend) – Max Jaeger (DGB-Jugend) – Horst Jöhren (Bund der Deutschen Kath. Jugend) – Wolfgang Kupsch (Ev. Jugend) – Ilse Merckens (Sportjugend) – Herbert Schmidt (Bund Deutscher Pfadfinder) – Bruno Wendlandt (Schreberjugend) – Redaktion: Berlin-Dahlem, Koserstr. 8-12, Tel. 76 57 83, und Verlagshaus Grunewald, Berlin-Grunewald, Bismarckplatz 1, Zimmer 216, Tel. 97 79 21, App. 275. Sprechstunden nach telefonischer Vereinbarung. Artikel, die mit vollem Namen gezeichnet sind, geben nicht unbedingt die Meinung der Redaktion wieder. – Satz und Druck: Graphische Gesellschaft Grunewald, GmbH., Berlin-Grunewald, Bismarckplatz. – Klischeeanfertigung: Heussler & Co., Chemigraphische Kunstanstalten, Berlin. – Anzeigenverwaltung und Vertrieb: iwag, Internationale Werbe- und Anzeigen-Gesellschaft, Bismarckplatz. – „Blickpunkt" erscheint am 10. jedes Monats. – Lizenz-Nr. 252 der Britischen Militärregierung. – Unverlangt eingesandten Manuskripten bitten wir Rückporto beizulegen.

Nach dem Auftritt von Bill Haley 1958 im Berliner Sportpalast, bei dem einiges Mobiliar zu Bruch gegangen war, erklärten sich die Vertreter der Jugendverbände einig mit dem Senator für Jugend und Sport. Organisierte Jugendfunktionäre und staatliche Verwaltung wurden durch solche Erklärungen nicht gerade zu Vertrauenspersonen der »Halbstarken«.

Gemeinsame Erklärung des Senators für Jugend und Sport und des Landesjugendringes zu den Ausschreitungen bei der Veranstaltung mit Bill Haley im Sportpalast:

Nach der Veranstaltung mit der sogenannten Heulboje Johnny Ray wurden vom Senator für Jugend und Sport eingehende Absprachen mit den Veranstaltern und Saalbesitzern sowie mit den Vertretern der Polizei geführt. Die Veranstalter wurden gebeten, derartige Vorhaben vorher auch in der Programmgestaltung mit der Senatsverwaltung für Jugend und Sport abzusprechen. Dabei wurde betont, daß die Veranstalter bei solchen Räumlichkeiten, die auf Grund ihrer besonderen Atmosphäre die Besucher leicht zu Temperamentausbrüchen verleiten, die Zweckmäßigkeit zur Aufnahme derartiger Veranstaltungen eingehend prüfen sollten. Es wurde in Aussicht gestellt, Gruppen von Jugendlichen, die als Krawallmacher bekannt oder verdächtig seien, bei Erstattung des Eintrittsgeldes von der Teilnahme auszuschließen. Weiter wurde mit den Veranstaltern vereinbart, daß die Polizei rechtzeitig zum Eingriff gegen Ruhestörer gebeten wird. In der Zwischenzeit wurden mehrere Veranstaltungen ohne ernste Störungen durchgeführt. Bei der Veranstaltung mit Bill Haley wurden aber offensichtlich die abgesprochenen Vorsichtsmaßnahmen außer acht gelassen.

Sowohl die Senatsverwaltung für Jugend und Sport als auch die für Volksbildung haben eine Förderung der Veranstaltung mit Bill Haley abgelehnt. Nach den neuesten Erfahrungen kann von solchen sensationellen Unternehmen, deren Auswirkung sich ja auch bereits gezeigt hat und denen eine entsprechende Erfahrung vorausgeht, nur noch einmal dringend abgeraten werden. Es gibt jedoch keine Möglichkeit, solche Veranstaltungen zu verbieten.

Die Senatsverwaltung für Jugend und Sport und die Jugendorganisationen im Landesjugendring Berlin stellen fest, daß die Berliner Jugend in der Vergangenheit bei vielen großen Veranstaltungen ihre vorbildliche Haltung bewiesen hat. Sie bedauern sehr, daß einige Rowdys das Ansehen der Jugend schädigen konnten. Von den Veranstaltern ist daher zu fordern, sich bei der Planung ihrer Veranstaltungen der Verantwortung gegenüber der Jugend und der Berliner Öffentlichkeit bewußt zu werden. (Blickpunkt November 1958)

Die Rockmusik in Amerika war entstanden als Ausbruch aus der Langeweile und der Monotonie der Nachkriegskultur. Ähnliche Bedürfnisse sprach sie auch in Europa an, insbesondere im Muff der Adenauer-Ära.

Die Falken aber lebten zu Beginn dieser Modewellen anders. Sie hatten politische Ziele, die nicht nur in der fernen Zukunft lagen, sondern für die auch in alltäglichen Aktionen und auf Demonstrationen gekämpft werden konnte. Ein breites Feld von Aufgaben und Verantwortungen für viele Mitglieder, vom Zeltlager bis zu den verschiedenen Gremien, bot zusätzlich Bestätigung und Lebenssinn. Falken hatten keine Langeweile, sondern eher immer zu wenig Zeit für alle die Probleme, die gelöst werden mußten.

Mit viel Skepsis wurden von ihnen diese Anfänge einer neuen Jugendbewegung beobachtet. Man nahm das aber alles nicht so ernst, da die eigenen Ideale doch weit überlegen schienen.

»Schluß mit der halben Sache« war eines der beliebtesten Lieder der Sozialistischen Jugend:

Schluß mit der halben Sache

Soll'n wir enden oder neu beginnen,
denn das Schlechte blieb noch immer schlecht.
Soll'n wir länger über Schicksal sinnen?
Weg das Unrecht, her ein neues Recht.

Schluß mit der halben Sache,
schließt beide Augen oder keins,
denn wer Partei nimmt, mache
Schluß mit der halben Sache.
Gebt Euch noch nicht zufrieden,
schließt beide Augen oder keins,
habt Ihr für das Neue Euch entschieden,
dann werden Mensch und die Hoffnung eins.

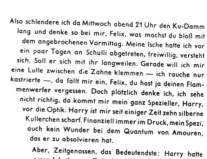

Der ⚡*otte* **Felix**

Also schlendere ich da Mittwoch abend 21 Uhr den Ku-Damm lang und denke so bei mir, Felix, was machst du bloß mit dem angebrochenen Vormittag. Meine Ische hatte ich vor ein paar Tagen an Schulli abgetreten, freiwillig, versteht sich. Soll er sich mit ihr langweilen. Gerade will ich mir eine Lulle zwischen die Zähne klemmen — ich rauche nur kastrierte —, da fällt mir ein, Felix, du hast ja deinen Flammenwerfer vergessen. Doch plötzlich denke ich, ich sehe nicht richtig, da kommt mir mein ganz Spezieller, Harry, vor die Optik. Harry ist mir seit einiger Zeit zehn silberne Kullerchen scharf. Finanziell immer im Druck, mein Spezi, auch kein Wunder bei dem Quantum von Amouren, das er zu absolvieren hat.

Aber, Zeitgenossen, das Bedeutendste: Harry hatte einen fabrikneuen Zahn bei sich, ich kann euch sagen, war einfach toll, die Puppe, Proportionen — enorm. Ich linse Harry anerkennend in die Pupille und sage:
„Dein Stammzahn?"
„Klar"

Wir haben dann noch ein bißchen gefachsimpelt. Ich meinte, die Band in der „Kajüte" hätte ja keinen Drive auf die Kiste. Aber Harry behauptete, der Drive wäre 'ne Kanne. Zum erstenmal mischte sich hier auch die dufte Schnalle in den Speak.

„Boys", sagte sie, „ich finde, die Band ist eine Schaffe. Schätze, ich habe lange keine gehört, wo beim Jammen solch ein dufter Darm gezupft, solch eine straffe Haut gedrummt und zugleich noch solch ein hartes Blech gegurgelt wird. Die Band ist eine Zentralschaffe."
Nun stellt euch das mal vor, Volks, da stößt die Ische sogar noch in Harrys Horn. Die Kleine ist ja eigentlich ein Un-Zahn. Aber trotzdem, ich schraube sie ihm doch noch aus. So long, Fans!
P.S. Übrigens, vielleicht kann mir jemand von euch helfen, habe für meine Bude die Bardot als Wandklebebild noch nicht vollständig. Tausch! Biete: rechtes Bein von Peter Kraus. Suche: Busen von Brigitte Bardot.

»Für uns waren die Falken die Weltanschauung. Wir hatten Grundsätze, ich weiß die nicht mehr aus dem Kopf, aber ein Falke tut das nicht und ein Falke tut das, und danach haben wir gelebt. Ein Falke trinkt keinen Alkohol, dann – ein Falke ist stets hilfsbereit, das war ein ganz wichtiger Punkt.« (Christel Dittner)

Was aber jetzt in den Kinos gezeigt wurde, war ein Gegenentwurf zu diesen Falkengrundsätzen.

»Man hat sich zwar die Filme angesehen in der Zeit, so ›Saat der Gewalt‹ und James Dean. Das war etwas sehr Fremdes, was die da machten, was völlig außerhalb unserer Vorstellungen war, etwas Exotisches. Es war nichts, wo ich mich hätte identifizieren können. Na, ich denke, abgelehnt haben wir das. Also es war für uns unvorstellbar, daß Leute so sein können wie die Jugendlichen in ›Saat der Gewalt‹ z.B., so aufbegehrend, so laut werdend, aggressiv werdend, sich ihrer Haut zu wehren. Man wehrte sich nicht mit Fäusten, man wehrte sich mit Worten.« (Renate Kirchner)

Ende der 50er Jahre waren die Halbstarken als Bürgerschreck schon nicht mehr so bedrohlich. Der Protest wurde in Jugendmoden kanalisiert, die Musik hatte sich durchgesetzt und die Sprache sich angepaßt.

Die Zeitschrift der Jugendverbände im Landesjugendring stellte dann im September 1959 einen solchen gezähmten Halbstarken vor, über den selbst die Eltern schon wieder schmunzeln konnten (vgl. links unten).

Politische Opposition

In der zweiten Hälfte der 50er Jahre war das politische Klima für junge Sozialisten eisig. Nach dem 17. Juni 1953 in der DDR, wurde 1956 der Ungarnaufstand blutig niedergeschlagen. Im gleichen Jahr wurde die KPD verboten. Der Antikommunismus erreichte einen erneuten Höhepunkt, obwohl die Wendung zum Antistalinismus nach dem 20. Parteitag der KPdSU und die Ansätze zu einem polnischen Reformkommunismus zu einer differenzierteren Analyse der Entwicklungschancen leninistischer Gesellschaftssysteme ermunterte. Schafft in der DDR polnische Verhältnisse!« war eine Parole der Sozialistischen Jugend in diesen Jahren.

Die SPD erlebte 1957 in der Bundesrepublik eine weitere Wahlniederlage. Das Godesberger Programm wurde 1959 beschlossen und beendete erst einmal die Diskussion um die politische Orientierung der Partei, gerade die Berliner SPD war eine der ersten, die eine solche Modernisierung befürwortete und sich von den »überkommenen Traditionen« der Arbeiterbewegung trennen wollte, um für breitere Teile der Bevölkerung wählbar zu werden.[3]

Die Falken waren als politischer Jugendverband von diesem politischen Klima direkt betroffen. Insbesondere die Diskussion um die Wiederbewaffnung der Bundeswehr führte bei ihnen zu heftigen Protesten. Als 1955 die Wiederbewaffnung vom Bundestag beschlossen wurde, radikalisierte sich ihre politische Position.

»Strauß hat doch gesagt: ›Die rechte Hand soll mir abfallen, wenn ich jemals wieder ein Gewehr in die Hand nehme!‹ Das war die Maxime, unter der wir angetreten sind.

Wir hatten eigentlich gar nicht mal Angst, wir waren wütend, wir waren sauer, daß überhaupt irgend so ein Idiot auf die Idee kommt, welche Waffe auch immer einzuset-zen.« (Christel Dittner)

Dieses politische Selbstverständnis brachte die Falken schnell in einen Gegensatz zur Mehrheit der Berliner Jugendlichen. Siegfried Stirba erinnerte sich, daß es immer schwieriger wurde, Jugendliche für die Falken zu werben.

»Im Betrieb war das nicht möglich. Es war eine kleine Handwerksbude. Da haben 6 Gesellen gearbeitet und noch ein Lehrling. Wenn du den auf Falken angesprochen hast, dann hat der gesagt, er interessiert sich nicht für Politik. Die Falken waren ja zum damaligen Zeitpunkt nicht in erster Linie Jugendverband, sondern waren politische Jugend. Wer also Falke war, war politisch irgendwo belastet. Das hast du in der Schule dann gehört: ›Na, du bist doch politisch tätig, du bist doch in den Falken.‹«

»Da fing gerade die Zeit an mit diesem Plakat ›Der alte Mann und das Heer‹ – die Gründung der Bundeswehr. Unser Geschichtslehrer war ein alter Nazi – wie es damals eigentlich üblich war – der erklärte, wie wichtig die Bundeswehr sei und daß Deutsch-land schon immer sehr stark gewesen sei im Krieg. Und da gibt es so einen fürchterli-chen Verein, das sind die Falken, und der ist dagegen. Das war für mich die Signalglok-ke, auch bei einigen anderen. Da haben wir gesagt, da müssen wir mal hingehen. Dann sind wir in die Zietenstraße gezogen. Denen habe ich berichtet, unser Lehrer hat erzählt, wie schlimm die Falken sind, und wir interessieren uns nun dafür. Wir waren da zu mehreren.« (Waldemar Klemm)

Das jugendbewegte Verbandsleben trat immer mehr in den Hintergrund zugunsten der politischen Aktionen. Dadurch wurden politisch interessierte Jugendliche ange-sprochen. Es waren eher Mittelschichtsangehörige, die jetzt als Gruppenleiter oder Gruppenmitglied einer politischen Jugendorganisation angehören wollten. Nach und nach entwickelten sich die Falken zu einer politischen Opposition in der »Frontstadt West-Berlin«. Mit welchem Selbstbewußtsein diese Position formuliert wurde, schil-derte Renate Kirchner, die 1957 zum Wahlkampf in der Bundesrepublik war:

»Wir haben in Hessen Wahlkampf gemacht, Zettel verteilt und an den Straßen mit Plakaten gestanden. Hinterher hast du die Ergebnisse gesehen, das kam alles über Fernseher, viel spannender als heute, und da haben wir gesessen bis in die Nacht. Es war so niederschmetternd, es hat wieder nicht geklappt, aber im Grunde genommen war schon klar: ›Beim nächsten Mal machen wir es wieder!‹ Ich weiß nicht, wie das möglich war. Manchmal denke ich, ob es was damit zu tun hat, daß wir so aus dem Nichts kamen, wirtschaftlich, also aus Hunger, aus Armut, aus Kälte und daß es so kontinuierlich immer besser ging und daß man diese Vorstellung hatte, es wird immer besser, also so wird auch besser werden im politischen Bereich. Vielleicht hat das was damit zu tun, daß man geradezu euphorisch immer wieder angefangen hat. Woher das gekommen ist, kann ich nicht sagen. Ich weiß nur, daß es das gegeben hat, also nicht die Niederlagen und das Weggehen, sondern sofort wieder was zu machen. Ich habe das so verglichen, als es die SPD nicht geschafft hatte bei den Wahlen 1982 in Berlin, in welches Loch sie gefallen sind und wie sie sich nicht rappeln können, da wieder rauszukommen. Ich hatte damals immer das Gefühl, es fängt am nächsten Tag schon wieder an. Das ist heute nicht so. Vielleicht waren die Ziele auch deutlicher.«

Im Gegensatz zur SPD, die sich langsam mit diesen Bedingungen arrangierte, entwik-kelten die Falken zunehmend ein Oppositionsbewußtsein. Die Erfahrungen mit den

Vorwärts - Volker von Morgen

9. SOZIALISTISCHER JUGENDTAG

24. bis 31. Juli 1955
in Dortmund

Dich rufen die Falken

Näheres über unsere Treffpunkte erfahrt ihr in allen Jugendheimen und bei den Ämtern für Jugendförderung oder bei der Sozialistischen Jugend – „Die Falken", Landesverband Berlin Berlin W 35, Zietenstraße 36, Ruf 24 35 27

öffentlichen Auseinandersetzungen um die Wiederbewaffnung waren Grundlage für ein selbstbewußtes Auftreten des Jugendverbandes. Mit dem Vorsitzenden Harry Ristock wurde 1955 ein neuer Landesvorstand gewählt, der diese Politik vertrat. Es scheint ein breites, gemeinsames Selbstverständnis gewesen zu sein, das auch von der Basis mitgetragen wurde.

»Ristock war ein Mann mit politischem Profil. Von daher gab es dann stärker Aktionen mit antifaschistischen Trends. Wir sind auf alles eingestiegen, was linke Politik war. Da kamen dann auch die Antiatomdemonstrationen, daß heißt, der Verband bekam ein stärkeres linkes Profil auch gegenüber der farblosen DGB-Jugend.« (Peter Weiß)

Jetzt erst recht! – Tagespolitik und die Hoffnung auf den »Dritten Weg«

»Wir haben versucht, unsere Fahnenstange so hoch wie möglich zu basteln. Am 1. Mai war es üblich, daß hinter der Bühne die Fahnen der Jugendorganisationen standen. Wenn man heute alte Bilder sieht, ist es doch erstaunlich, wie hoch eigentlich die Jugendverbände ihre Fahnen getragen haben. Wir haben uns immer an Demonstrationen beteiligt, die die Falken gemacht haben. Wenn ich heute mal so überlege, haben wir eigentlich immer darauf gewartet, daß irgendwo was passiert und wir wieder demonstrieren konnten.« (Wolfgang Jahn)

152

Die Politisierung der Falken entstand nicht plötzlich Mitte der 50er Jahre. Auch die neuen linken Mehrheiten im Landesvorstand waren nicht Ursache für diese Entwicklung. Vielmehr hatten die Falken eine antifaschistische und antimilitaristische Tradition seit ihrer Neugründung nach dem 2. Weltkrieg. Antikriegsspielzeugaktionen, Aktionen gegen den Rechtsradikalismus und Kritik am Sozialismus in der DDR waren schon seit Jahren politischer Schwerpunkt. So war es auch kein Zufall, daß die Falken mit aller Kraft an den Aktionen gegen die Wiederbewaffnung teilnahmen oder eigenständige Positionen gegen »Ulbricht und Adenauer« formulierten.

Die Parole der Veranstaltung war kein Zufall, sondern Ergebnis der politischen Willensbildung der Falken. Zwischen Stalinismus und Kapitalismus wurde ein Weg zur Gesellschaftsveränderung gesucht.

Auch die SPD reagierte sofort. Dem Orchester der Berliner Verkehrs-Gesellschaft (BVG) wurde untersagt, auf der Veranstaltung zu spielen.

Heinz Kühn als vorgesehener Redner zog seine Zusage auf Intervention des Berliner SPD-Vorsitzenden Franz Neumann zurück, und die Partei distanzierte sich wieder einmal vom Jugendverband. Ristock mußte sich anschließend zusammen mit dem Bundesvorsitzenden der Falken, Heinz Westphal, beim Bundesinnenminister Schröder entschuldigen, um die Streichung der finanziellen Förderung des Verbandes zu verhindern.[4]

153

Ausschnitte aus der Rede von Harry Ristock am 4. Mai 1956 auf der Kundgebung in Berlin

Genossinnen und Genossen, Freunde der sozialistischen Jugend!
Am 1. Mai demonstrierte der Sozialistische Jugendverband in kilometerlangen, eindrucksvollen Zügen mit der Parole »Durch Ulbricht und Adenauer keine Wiedervereinigung«. Ein Teil der Berliner Presse fühlte sich bemüßigt, uns deshalb als »politische Halbstarke« zu diffamieren. Die »Morgenpost« schrieb – und ich zitiere wörtlich! »Wären sie am 1. Mai mit ihren Transparenten jenseits des Brandenburger Tores aufmarschiert, hätten wir ihnen wenigstens Mut bescheinigen können. So aber fehlt es ihnen an Mut und Taktik. (...)
Wir haben diesen Mut aufgebracht. Hunderte von Mitgliedern unseres Verbandes demonstrieren jeden Tag hinter dem Eisernen Vorhang in den Zuchthäusern von Bautzen und Waldheim für die gleiche Freiheit der Meinungsäußerung, die uns ein Teil der Westberliner Öffentlichkeit im Augenblick verbieten will, in dem wir von der Linie der Adenauerschen Außenpolitik abweichen. (...)
Die Kommunisten behaupten seit zehn Jahren, sie hätten in der Zone die Diktatur des Proletariats verwirklicht. Wir als Sozialisten wissen, daß dies eine Lüge ist. Wir wissen, daß wir in der Zone keine Diktatur des Proletariats, sondern eine Diktatur über das Proletariat haben. Wenn die Kommunisten keine Stalinisten wären, dann hätten sie 1945 die Chance gehabt, zusammen mit den Sozialisten ein demokratisches und sozialistisches Deutschland aufzubauen. Sie haben die Chance zugunsten ihrer totalitären Politik verspielt und damit für immer die Sache des Sozialismus in Deutschland schwer geschädigt. (...)
Wir fordern von der Sowjetunion die Zulassung sozialistischer Parteien und Jugendverbände in der DDR,
wir fordern die Freilassung aller politischen Häftlinge,
wir fordern freie Gewerkschaften,
wir fordern die Beseitigung des SSD,
wir fordern ab sofort die freie Reisemöglichkeit auf eigene Kosten und mit eigenem Ziel für unsere Jugendgruppen und für die Jugendfreunde aus Mitteldeutschland für ganz Deutschland,
wir fordern die Voraussetzung für ein sozialistisches Mitteldeutschland, das erst dann, wenn diese Forderungen und viele andere verwirklicht werden, eine deutsche, demokratische Republik sein wird. (...)

Inspektor sagt: Jeder so gut er kann

Jeder blamiert sich so gut er kann. Und die sozialistischen Berliner Falken k o n n t e n. Denn eine ihrer Mai-Parolen war ein Meisterstück politischer Taktlosigkeit und mißverständlicher Ausdrucksweise. Ich meine die: „Durch Ulbricht und Adenauer keine Wiedervereinigung." Doch ich möchte eins festhalten: in der Demokratie hat jeder das R e c h t , sich zu blamieren. Wer das bestreitet und nach der Polizei schreit, ist ein schlechter Demokrat und dumm dazu. Die Polizei ist nur für Leute zuständig, die den Staat gefährden. Für Kommunisten und Rechtsradikale. Die Falken sind weder das eine noch das andere.

BZ 5. Mai 1956

Durch derartige öffentliche Auseinandersetzungen wurde der Jugendverband aber in seiner Oppositionsrolle gestärkt und die innerverbandliche Diskussion vorwärts getrieben. In allen Gruppen sprach man darüber, und stolz nahm man die Wirkung in der Öffentlichkeit zur Kenntnis.

1958 kam es zu einer weiteren Aktion der Falken, die überregionale Aufmerksamkeit erregte. Im Rahmen der Auseinandersetzung um die Bewaffnung der Bundeswehr mit Atomwaffen führten die Berliner Falken die erste Sitzblockade auf Straßenbahnschienen in der Nachkriegsgeschichte durch. Die Falken waren in dieser Zeit eine der aktivsten Gruppen gegen die Atombewaffnung der Bundeswehr. Im März 1958 lehnten bei einer Befragung in der Bundesrepublick 83 % die Rüstungspolitik der CDU ab.[5]

Auf diesem Hintergrund entwickelte sich auch die Radikalität des Jugendverbandes. Unsere Interviewpartner(innen) erinnerten sich sehr genau an diese Aktion.

„Falken" auf den Straßenbahnschienen

Zwischenfälle am Hermannplatz

Tsp. B e r l i n. Am späten Sonnabendabend ist es bei einer Demonstration von Angehörigen der sozialistischen Jugendorganisation „Die Falken" am Hermannplatz zu Zwischenfällen gekommen, als die Jugendlichen, die sich mit Flugblättern und Transparenten gegen den „Atomtod" wandten, auf die Straßenbahnschienen legten. Sie wollten auf diese Weise ihrer Forderung auf „Verkehrsruhe" Nachdruck verleihen. Es kam zu erregten Auseinandersetzungen mit der Bevölkerung, die zunächst angenommen hatte, es handele sich um eine kommunistische Demonstration. Einsatzkommandos der Polizei konnten nach 20 Minuten für die Wiederaufnahme des Straßenbahnverkehrs sorgen. Sieben Demonstranten wurden zwangsgestellt. Drei Polizisten wurden von den Jugendlichen verletzt.

Tagesspiegel 13.4.1958

»Wir sind losgezogen und dann ging's natürlich nachher rund. Es war geplant, um halb acht ungefähr den Straßenbahnverkehr zu blockieren. Wir haben uns alle auf die Straßenbahnschienen gesetzt. Ein paar von uns hatten die Telefonzellen besetzt. Wir waren überhaupt die erste Demonstration, die ich gekannt habe, abgesehen jetzt von den Maiumzügen – die erste echte Demo, die in unserer Geschichte überhaupt gewesen ist. Wir waren absolut unerfahren und hatten keine Taktik. Bloß ich habe gedacht: ›Mensch, wenn jetzt gleich einer die Polizei rufen will, setz dich man lieber in eine Telefonzelle.‹ Und richtig, da war auch schon einer dabei. Dem habe ich den Hörer aus der Hand genommen und gesagt: ›Ich muß meine Tante anrufen.‹ Da wollte der mich noch rauszerren, die anderen waren auch inzwischen in den Telefonzellen. Wir hatten aber das Pech, daß auf der Ecke Hermannstraße eine Polizeiinspektion war, die hatten das aus dem Fenster beobachtet. Dann rollten also die Mannschaftswagen an. Nun muß ich dazu sagen, wir hatten einen Sturzhelm auf, wir waren ja Motorradfahrer, Jürgen 'ne Lederjacke an, Sturzhelm, ich einen Anorak und Sturzhelm – also heute wäre das ja schon passive Bewaffnung. Aber das hat mich gerettet,

Nicht Ulbricht oder Adenauer...

Der Spitzbart, der muß weichen
Und Konrad der muß geh'n
Dann werden wir ganz Deutschland
Sehr bald vereinigt seh'n!

WIR FORDERN
DER...

die wollten mir nämlich eins über den Schädel ziehen und haben nur den Sturzhelm getroffen. Die Mannschaft sprang sofort mit gezogenen Knüppeln runter, alles so junge Burschen, wahrscheinlich Bereitschaftspolizei, und Hunde. Inzwischen wurden aus meiner Gruppe zwei Mädchen, die wirklich sehr ruhig sind, vom Hund gebissen. Da habe ich rot gesehen. Ich habe mir den Wachhabenden rausgesucht, einen ganz schneidigen, jungschen Offizier, habe den angebrüllt und gesagt, er soll sofort dafür sorgen, daß die ins Krankenhaus gefahren werden. Wie gesagt, völlig unerfahren, wie man mit Polizisten umgeht auf 'ner Demo. Jürgens Lederjacke wurde zerfetzt, weil sich ein Köter drin festgebissen hatte. Ich glaube, einen Teil von uns haben sie dann wohl noch von den Schienen getragen. Die Veranstaltung wurde dann nach erheblicher Dauer aufgelöst.« (Christel Dittner).

Eine solche Aktion wurde von den politischen Funktionären geplant. Es gab kaum Ablehnung dagegen. In den Jugendgruppen existierte eine langjährige politische Diskussionserfahrung, so daß Entschlüsse der Verbandsgremien schnell von den Basisgruppen verarbeitet und aufgenommen werden konnten.

Barbara Greube erinnerte sich, wie ihr Gruppenleiter ihnen die Aktion vermittelt hat, und welche Bedeutung die Identität der Avantgarde für sie alle hatte:

»Das kam von oben. Es war so, daß der Froebel kam und sagte: ›Denen ist was ganz Dolles eingefallen. Wir fahren jetzt zum Hermannplatz und setzen uns auf die Schienen und demonstrieren und lassen uns wegtragen.‹ Da haben wir sofort gesagt, da sind wir dabei. Das war so eine Spontanaktion, die du einfach mitgemacht hast, ohne lange

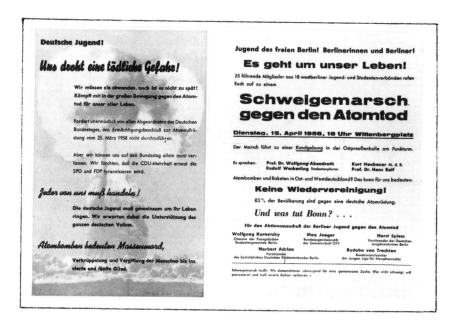

157

Gedanken zu machen, was das eigentlich sollte. Wir waren ja immer so, wenn irgendwas Neues war, daß man neugierig war oder gesagt hat, man ist Vorreiter. Das hat Flöebel uns wahrscheinlich immer eingeredet, wenn wir das machen, sind wir Vorreiter für eine dolle Sache.«

Die SPD war natürlich wieder entsetzt, und die Kritik erfolgte umgehend. Trotzdem wurde die Aktion als ein Erfolg empfunden – und das nicht nur nach außen. Keiner hielt diese Proteste für eine lästige Pflicht, sondern es waren unmittelbare Erfahrungen von Solidarität und Widerstand.

»Ich erinnere mich an die Reaktionen. Die waren natürlich nicht sehr positiv in der Partei. Da sind wir heftig kritisiert worden, weil man das unpassend fand, eine Straße zu blockieren. Aber das waren politische Aktionen. Wir haben's als großen Spaß empfunden.« (Nils Diederich)

Trotz der Kritik der SPD wurden diese politischen Aktionen von einer Mehrheit im Verband getragen. Ein wichtiger Grund dafür lag in dem neuen Selbstbewußtsein als politische Avantgarde. Dazu kamen politische Diskussionen und das in Bildungsseminaren erworbene Wissen, mit dem die Positionen vertreten werden konnten. Die Aktionen waren eine konsequente Folge dieser Entwicklung. Es waren jugendverbandsgemäße Formen, die erfolgreich waren, politische Inhalte ausdrückten und die in intensiven Auseinandersetzungen entwickelt wurden.

Entscheidend scheint uns jedoch, daß es gelang, Perspektiven zu formulieren. Dies war die Theorie des »dritten Weges« zwischen Kapitalismus und Stalinismus. Damit knüpften die Falken an alte Diskussionen innerhalb der sozialdemokratischen Arbeiterbewegung an.

Hierbei wurden traditionelle Positionen verknüpft mit der Kritik des Sozialismusaufbaus in der Sowjetunion und der DDR. Es entstand eine Theoriediskussion wieder neu, die durch den Faschismus verschüttet war und auch in den Ländern des »realen Sozialismus« nicht aufgenommen wurde. Die Falken bezogen damit schon früh Positionen, die später der SDS zu zentralen Bestandteilen der Studentenbewegung weiterentwickelte.

Eine klare Trennung zu den Kommunisten wurde, trotz aller gegenteiligen Behauptungen der Presse, immer beibehalten. Die Behinderung der Falkenarbeit in Ost-Berlin und die Erfahrungen der Blockade und des 17. Juni 1953 prägten die politischen Positionen. Die Falken beteiligten sich mit Parolen gegen die DDR an Berliner Freiheitskundgebungen. Für viele Mitglieder war es nicht immer leicht, die Kritik an der DDR vom allgemeinen Antikommunismus abzugrenzen.

13. August – Tag der Schande

MAHNWACHE

auf dem Kreuzberg

16. August 1961

SOZIALISTISCHE JUGEND – DIE FALKEN

Druck: Schiebel, 34 45 66

Nach Schluß dieser Kundgebung werden Mitglieder der Falken auf dem Kreuzberg am Gedenkkreuz für die Opfer des 17. Juni 1953 mit einer Mahnwache ihren Protest gegen die Spaltung Berlins durch die Ulbricht-Clique ausdrücken.
Unser stummer Gruß gilt allen Falken in Ost-Berlin, die ihrer Idee und ihrem Verband trotz der widerrechtlichen Isolierung treu bleiben.

Ewig getrennt?
Niemals finden wir uns damit ab!

Sozialistische Jugend – Die Falken

Gedenkstättenfahrten und Antifaschismuserfahrungen

Die Positionen der Falken beruhten nicht nur auf theoretischen Bildungserlebnissen. Der praktische Antifaschismus der frühen 50er Jahre erhielt eine wichtige Ergänzung: die Gedenkstättenfahrten in die CSSR und Polen sowie die Arbeitseinsätze beim Autobahnbau in Jugoslawien.

Wir wollen im folgenden untersuchen, in welcher Weise diese Erfahrungen ein zentraler Bestandteil der politischen Pädagogik der Sozialistischen Jugend waren. Eine ausführliche Darstellung der internationalen Arbeit der Falken ist im Rahmen des Forschungsprojekts Arbeiterjugend von Michael Schmidt geschrieben worden.[8]

Die Vertreter der Theorie des »Dritten Weges zum Sozialismus« sahen damals in Jugoslawien einen Ansatzpunkt für eine Alternative zur Sowjetunion und der DDR.

Innenpolitische und außenpolitische Unterschiede Jugoslawiens zu den Ländern des Ostblocks nährten Hoffnungen auf eine andere Verwirklichung des Sozialismus. Ab 1945 fuhren Falkengrupen nach Jugoslawien. 1957 fand ein erstes größeres Zeltlager in Zader statt. Dabei standen natürlich nicht nur politische Interessen im Vordergrund, auch die Reisewelle der 50er Jahre begann auf die Falken zu wirken.

Sonne und Sozialismus weckten Gefühle von Alternativen zur grauen Tagespolitik. Die Erfahrungen in Jugoslawien waren aber nicht widerspruchsfrei. Auch hier fanden die Falken kein Vorbild, das übertragbar gewesen wäre. Vielmehr war die Erfahrung von Armut und unentwickelten Produktivkräften desillusionierend. Andererseits wurden aber bei diesen internationalen Begegnungen nachhaltig traditionelle, deutsche Vorurteile abgebaut. Die jugoslawischen Gastgeber wurden zu Freunden. Noch heute existieren Brieffreundschaften aus dieser Zeit. Die Propagandafloskeln des Kalten Krieges konnten nach solchen Erfahrungen ihre Wirkung bei den Falken nicht entfalten.

Neben Jugoslawien waren auch andere Kontakte zu osteuropäischen Ländern von hoher Bedeutung für die politische Bewußtseinsbildung. Hier wurden internationale Begegnungen verbunden mit praktischem Antifaschismus. Die Berliner Falken waren die ersten, die Fahrten zu Gedenkstätten wie Auschwitz, Theresienstadt, Lidice oder Bergen-Belsen in größerem Ausmaße organisierten.

Gerade diese Gedenkstättenfahrten wurden zu einer entscheidenden Erfahrung. Erst auf der Basis solcher Erlebnisse scheint es uns verständlich, woher die Falken bis in die 60er Jahre hinein die moralische Kraft für ihre politische Opposition erworben hatten. Die Gedenkstättenfahrten waren fest eingebunden in die Bildungsarbeit.

»Die pädagogische Art war eine relativ autoritäre, also nicht laissez-faire. Es war ein wenig angelehnt an den frühen Makarenko, nicht den später stalinistisch gewordenen, aber es hatte doch ein wenig Autorität. Z. B. ein Thema wurde vorgesetzt, na gut, einige Wünsche kamen mal; dann haben wir die Wünsche erfüllt, wenn sie uns politisch paßten. Eigentlich wollten wir ihnen beibringen, daß sie wissen, wie war das möglich. Wie ist das alles so geworden bis zu ihrer politischen Existenz. Wie ist das mit der Arbeiterbewegung gewesen, wo fing das an, was war Klassenkampf konkret, wie ist das gelaufen, wo gab es Rückfälle? Was war der Faschismus? – ein ganz großes Thema. Wir haben Faschismus mehr bewältigt als diese ganze Reeducation-Geschichte, die da bürgerlich-spielerisch gelaufen ist.« (Harry Ristock)

Die Gedenkstättenfahrten wurden erstmals 1959 mit 500 Teilnehmern nach Auschwitz und 1000 Teilnehmern nach Bergen-Belsen durchgeführt. Für solche internationale Kontakte waren die Falken durch die Erfahrungen im westlichen Ausland und den dabei stattfindenden Kontakten mit Sozialisten aus der ganzen Welt vorbereitet.

Einer der ersten, der solche Fahrten organisiert hatte, war Ernst Froebel. Er war als Widerstandskämpfer selbst KZ-Insasse gewesen, hatte das Strafbataillon 999 überlebt und konnte auf eine sozialistische Kampferfahrung bis in die Weimarer Republik zurückgreifen. Es bedurfte damals solcher Genossen neben dem linken Landesvorstand, um diese Gedenkstättenfahrten zu entwickeln.

»In Norwegen, in Øvre-Ardal hatten die Nazis ein Internierungslager für Norweger gemacht mit dem Enderfolg, als der Faschismus zu Ende war, hatte diese Gemeinde Øvre-Ardal gesagt: ›Nie wieder betritt ein Deutscher mit Stiefeln Øvre-Ardal!‹ Da wohnte ein alter Kumpel aus dem Knast und mit dem habe ich Kontakt aufgenommen. Mit kam die Irrsinnsidee: ›Du mußt mal hierherkommen, landschaftlich ist das ein Erlebnis, die wenigsten Menschen können das je leben.‹ Ich habe daran gefeilt, wir haben uns mit dem Bürgermeister im Ort in Verbindung gesetzt, Jugendheim oder sowas, war gar nicht. Also wir müssen die ganze Bevölkerung umdrehen können, daß die unsere Kinder in ihre Privatwohnung nimmt, anders können wir da nicht hin. Meine waren damals alle 16, 17, 18 ›Die Kommenden‹ und das ist zustandegekommen. Wir haben uns vorher über diesen Ort unterhalten. Wir haben vorher eine Ausstellung über diesen Ort gemacht. Wir haben die norwegische Botschaft aufgesucht, um Unterstützung und Hilfe in Form von Material über ihr Land zu bekommen. Wir haben Lieder gelernt, wir haben Sketche gelernt. Fünfzig, sechzig Personen kamen mit. Wir sind dann da hingekommen und das Motto war: ›Die ersten Deutschen ohne Stiefel kommen nach Øvre-Ardal.‹ Demonstrativ hatten wir alle die Schuhe ausgezogen. t zu den norwegischen sozialistischen Jugendverband aufgenommen. Die haben auf diese Initiative hin drüben eine Gruppe in Øvre-Ardal gegründet. Der Besuch von uns und die Gründung der neuen Gruppen wurden auf einen Tag zusammen gelegt. Als wir kamen, machten wir eine gemeinsame Veranstaltung und für diese Grupe haben wir eine Fahne mitgebracht, eine von uns – ›Berlin-Reinickendorf-Falken‹ – und ihre neue Fahne, eine norwegische und den Falken mit drin, die haben wir in der Reinickendorfer Fahnenfabrik machen lassen. Dafür mußten wir sammeln, das kostet ja alles noch zusätzlich Geld. Da hast du ein Jahr eine Aufgabe für die Gruppe, da kannst du ein ganzes Jahr lang dran arbeiten.«

Solche Reisen waren kein bloßer Urlaub, sondern politische Bildung im besten Sinne. In dieser Zeit waren Deutsche im Ausland verständlicherweise unbeliebt. Entsprechend gründlich war die Vorbereitung auf eine solche Fahrt.

»Da waren Widerstandskämpfer, die aus Froebels Kreis kamen, die uns was erzählt haben. Den Film ›Nacht und Nebel‹ haben wir uns besorgt und angesehen. Wir haben dann auch Veranstaltungen mit dem Film im Jugendheim gemacht und andere dazu eingeladen. Als wir nach Auschwitz fuhren, war das eine beeindruckende Geschichte für uns alle, die einen hinterher noch sehr lange beschäftigt hat. Auch dieser Moment, daß wir die ersten waren, die da hinfuhren – da waren natürlich auch Fahnen und Transparente dabei ›Sozialistische Jugend grüßt die Jugend Polens‹. Ich hatte Schwierigkeiten auf der Arbeit, ich sollte fast entlassen werden, als ich da mitfuhr.« (Barbara Greube)

Dieser Arbeitgeber war die Berliner SPD.

Ein Anlaß für diese antifaschistischen Gedenkstättenfahrten waren Anschläge von rechtsextremistischen Gruppen, die durch Schmierereien an Häuserwänden und auf jüdischen Friedhöfen Aufsehen erregten. Die Falken verstärkten ihre öffentliche Aufklärung dagegen. Veranstaltungen in Jugendfreizeitheimen wurden organisiert und in der Kongreßhalle eine antifaschistische Kundgebung durchgeführt. 1960 führte der Landesjungendring auf Initiative der Falken eine Demonstration gegen den Rechtsextremismus durch, an der 40 000 Menschen teilnahmen.

Parallel dazu fanden die Gedenkstättenfahrten statt. Eine öffentliche politische Unterstützung erhielt der Verband dabei nicht. Wer im öffentlichen Dienst angestellt war, riskierte mit einer Fahrt nach Auschwitz seinen Arbeitsplatz. Derartige Fahrten waren für Beschäftigte des öffentlichen Dienstes genehmigungspflichtig. Aber die meisten sagten: »Wenn so viele Mitglieder fahren, und vom Verband sind so viele im öffentlichen Dienst beschäftigt, da können sie einen gar nicht rausschmeißen.« Man fühlte sich stark in der großen Gruppe.

Rede des 1. Vorsitzenden der Berliner SJD – Die Falken Harry Ristock, vor polnischen und deutschen Jugendlichen am 29. 11. 59 vormittags in Krakau (im Rahmen der Fahrt von 500 Falken nach Auschwitz)

»Liebe Freunde!

Ich überbringe Euch die Grüße der Sozialistischen Jugend Deutschlands – Die Falken. Nach über 30 Jahren ist es uns erstmalig wieder möglich, als Vertreter der Sozialistischen Jugend Deutschlands zur polnischen Jugend zu sprechen. Wir haben nämlich ein Bekenntnis abzulegen zu den Opfern des Faschismus, die in Auschwitz ihr Leben lassen mußten, aber auch ein Bekenntnis zu den Opfern und unermeßlichen Leiden des ganzen polnischen Volkes. Dieses Euer Volk hat in Europa neben Jugoslawien den höchsten Blutzoll entrichten müssen. Wir verneigen uns voller Ehrfurcht und im Bewußtsein unserer Verpflichtung vor den Opfern. In Auschwitz starben Millionen Menschen – gequält, gefoltert, vergast oder erschossen.

Menschen, wie Du und ich. Wir schämen uns dieser Verbrechen und geloben, alles in unserer Macht stehende zu tun, um eine Wiederholung – gleichwohl in welchem Gewande – zu verhüten. Wir bringen dem polnischen Volk unsere Grüße. Wir kommen als Sozialisten nach Polen, als Mitglieder der Sozialistischen Jugend Deutschlands.

Wir jungen Menschen haben das Glück, in einer anderen Welt zu leben, als die Generation vor uns. Doch sind wir vor die Tatsache gestellt, daß sich heute zwei Machtblöcke gegenüberstehen, in Waffen gegenüberstehen, die, wenn sie keine gemeinsame Plattform finden, gemeinsam untergehen werden. Wir haben in der Bundesrepublik Deutschland nicht die Macht. Aber wir kämpfen um den Frieden in Deutschland, in Europa und in der ganzen Welt.

Wir sehen mit Sorge die Aushöhlung der demokratischen Staatsform in Westdeutschland durch autoritäre Kräfte.

Wir bekämpfen sie.

Wir kämpfen aber mit der gleichen, vielleicht sogar gesteigerten Härte gegen den Mißbrauch der Begriffe Demokratie und Sozialismus in der DDR.

Wir bejahen weder ein privatkapitalistisches noch ein staatskapitalistisches Deutschland.

Wir kämpfen für ein wirklich demokratisches und sozialistisches Deutschland. Unser Ziel ist der menschliche Sozialismus.

Für uns ist die DDR kein Arbeiter- und Bauernstaat. Seit dem Jahre 1956 verfolgen wir mit Aufmerksamkeit und Bewunderung den Kampf des polnischen Volkes für mehr Freiheit und für mehr Brot. Wir verneigen uns vor der Größe jenes Mannes, der der stalinistischen Willkür trotzte und der seit jenen Tagen an der Spitze des polnischen Volkes steht. Wir grüßen W. Gomulka.

Liebe polnische Freunde!

Hier im Saal sitzen 400 Berliner Falken. Ich spreche in ihrem Namen, wenn ich mit aller Entschiedenheit feststelle, daß das Schicksal unserer Stadt im Interesse des Weltfriedens durch keine Macht bedroht werden darf. Wir bedauern zutiefst die Spaltung unseres Landes und halten weder die Regierung des östlichen Teils unseres Landes noch die UdSSR, noch irgend eine andere Macht für berechtigt, einseitig den Status Berlins zu verändern, seine Sicherheit zu gefährden.

Wir begreifen den heutigen Weg Polens trotz vieler Vorbehalte als den einer Brücke in der gespaltenen Welt. – Wir wünschen Euch bei Eurer Arbeit vollen Erfolg. Wir sind die jungen Sozialisten Deutschlands. Wenn ihr wollt, kämpfen wir mit Euch gemeinsam gegen Faschismus und Unterdrückung – für eine friedliche Welt.«

Die Rede von Harry Ristock in der Oper von Krakau und eine zweite, die er an der Erschießungswand in Auschwitz hielt, hatte viele tief beeindruckt, und einige dachten sich: »Hier müßten jetzt mal so ein paar Senatoren stehen, dann wurden sie den armen Harry ganz anders sehen.«

Die Form der Feierstunde in den Gedenkstätten wurde von den Falken sorgfältig geplant. Viele Teilnehmer der Fahrten erinnerten sich noch heute an diese Momente voller Trauer und Wut, daß der Schwur »Nie wieder Faschismus, nie wieder Krieg!« für sie zu einer Lebensentscheidung wurde.

»Das hat mich politisch ungeheuer beeindruckt, dieses Gefühl, in so einer Nacht zusammenzugehören, nicht alleine zu sein. Das ist die emotionale Seite daran – also auch Feinde zu haben, gemeinsame Feinde und die Bedrohung zu sehen. Da bin ich am bewußtesten Falke gewesen bei den Feierstunden.« (Gunther Soukup)

Von der SPD-Jugendorganisation „Falken" sind wir Kummer gewöhnt. Die linken Radikalinskis dieser Gruppe genießen bei uns eine Art politischer Narrenfreiheit. Trotzdem: Was einige dieser Außenseiter sich diesmal geleistet haben — dazu sollte man nicht schweigen.

200 „Falken" und 600 nichtorganisierte Westberliner Jugendliche fuhren über das Wochenende in die Tschechoslowakei. Sie besuchten das ehemalige Nazi-KZ Theresienstadt. Der Senat unterstützte diese und eine noch zu unternehmende Fahrt mit 100 000 Mark. Soweit – so gut. Wir begrüßen diese Fahrt. Und auch die Unterstützung mit Steuergeldern. Aber einige „Falken"-Funktionäre stach der Hafer. Sie bezeichneten die „politischen Führungsschichten" der Bundesrepublik als „Versager". „Wir werden kämpfen müssen", rief eine Funktionärin, „und zwar als politisch-kulturelle Partisanen."

Damit wir uns nicht mißverstehen: Es ist das gute Recht der „Falken", die Bundesregierung anzugreifen. Und wenn sie es auch linker als links tun.

Aber es ist eine grobe Taktlosigkeit, zu diesem Zweck in eine kommunistische Diktatur zu fahren. Und solche Reden in einem Land zu schwingen, in dem noch vor wenigen Jahren die stalinistischen Henker blutige Arbeit leisteten!

Diese „Falken"-Funktionäre kamen aus einer von den Kommunisten eingemauerten Stadt. Aber sie verloren über dieses barbarische Bauwerk in der kommunistischen CSSR kein einziges Wort!

Kommt ein Vogel geflogen...

BZ 2. Oktober 1963

Für eine Rede in einem Konzentrationslager noch im Jahre 1963 wurde Gunther Soukup die Entlassung aus dem öffentlichen Dienst im Jugendfreizeitheim angedroht.

Durch solche Erfahrungen wurden grundlegende antifaschistische Positionen erworben. Die Propaganda der Rechtsextremisten von der »Auschwitz-Lüge« hatte bei den Falkenjugendlichen nie eine Chance.

Der heutige Betriebsrat Siegfried Stirba erinnerte sich, wie tief ihn solche Schlüsselerlebnisse prägten:

»Die Tatsache, daß man sich auf diesem Boden befand, wo das alles passiert ist, die war doch mächtig prägend. Wir konnten nachher andere im Grunde genommen nicht mehr verstehen.

Wichtiger als der wirkliche Besuch war, daß man das gegen einen offiziellen Widerstand gemacht hat. Das war eigentlich eine der ersten Bewegungen, weshalb ich später anders als Kollegen im Betrieb keine Schwierigkeiten mit der APO hatte. Wenn man sich in der Arbeiterwelt umsieht, dann sind die ja nicht zufällig alle sehr obrigkeitshörig. Das, was oben gesagt wird, ist richtig. Und wenn der sagt: ›Du wirst entlassen‹ – dann ist das auch richtig, dann hat das seinen Grund. Dieses erste Mal gegen die Obrigkeit – das waren die Erlebnisse, die im Nachhinein viel stärker waren als eigentlich der Besuch des Konzentrationslagers. Das Organisieren der Fahrt gegen den Willen der Obrigkeit war viel mehr ein Schlüsselerlebnis als die Fahrt selber.«

Den Falken war es gelungen, langfristige Lernprozesse mit diesen Fahrten einzuleiten. Die Feierstunden an den Erschießungswänden in Auschwitz prägten ein Bewußtsein, · welches sich nicht nur von dem der älteren deutschen Generation unterschied.

Neben den Großveranstaltungen gab es aber auch noch andere Formen der Gedenkstättenfahrten, die heute noch Vorbild für die Jugendarbeit sein könnten:

»Ich selber bin mal in Westdeutschland auf einer Fahrt in Bergen-Belsen vorbeigekommen und habe eine vollständig zugewachsene, verwilderte Gedenkstätte gesehen, wo seit Monaten kein Mensch gelaufen ist. Das Tor war mit Brombeeren zugewachsen, der Platz, die Gräber waren kaum zu sehen. So sah Bergen-Belsen aus. Ich habe meine Gruppen gefragt: ›Habt ihr was gehört von Bergen-Belsen, Auschwitz, Theresienstadt, Stutthof?‹ Die haben überhaupt nichts gehört davon und nichts gewußt. Wir fingen an, nach Bergen-Belsen zu fahren. Jeden Tag wurde eine kleine Gemeinschaft aus dem Zeltlager zusammengezogen von Interessenten, wo über Carl Ossietzky – so hieß ja das Lager – über seinen Tod, KZ und Strafbataillon und all solche Sachen gesprochen wurde. Das habe ich miteinander verbunden, aber ich habe eine Feier des gesamten Lagers abgelehnt. Vor 1000 Jugendlichen stellst du dich da hin, was redest du denn da? Das kommt nicht an. Es kommt an, wenn du im Kreis von 30 Personen bist, überschaubar, wo du jeden ansehen kannst. Nachdem wir Bergen-Belsen in Bewegung gebracht haben mit unseren Fahrten, gab es Protestschreiben an die SPD von Niedersachsen und Protestschreiben an die Regierung – da wurde das Ding dann endlich wieder saubergemacht und gepflegt. Dann fand sogar eine Feier statt für die Jugend Niedersachsens und Berlins. Und da hat – wie im Staatstheater – irgend so ein Mann große Worte gesprochen, wo du genau mitgekriegt hast, der hat zu Hause alles schön aufgeschrieben und hat dann von 6 Millionen Toten gesprochen. Da standen die da und haben sich unterhalten, ob es wirklich 6 Millionen waren; der eine hatte gehört, es wären nur 5 Millionen. Und andere haben sich unterhalten, da passen doch gar keine 1200 Mann rein, stell dir vor, 1200. Was meinst du, was du bei solchen Veranstaltungen in die Gehirne von jungen Menschen einpflanzt – gar nichts. Meistens habe ich die Fahrten ins Frühjahr oder in den Herbst gelegt, ein bißchen nebelig mußte es sein, ein bißchen romantisch. Drei, vier waren vorgefahren mit dem Auto und standen am Tor zur Gedenkstätte mit Fackeln in großen Abständen – wir waren ja nur dreißig, da konnte sich mehr Fackeln abstellen. Vorher wurden sie darauf hingewiesen: ›Bei allem Spaß, den wir heute abend haben, möchte ich darauf hinweisen, wir gehen morgen früh dahin, um sechs oder sieben Uhr, wenn es hell wird. Dann besuchen wir die Gedenkstätte und werden uns ein paar Gedanken machen. Ich werde was erzählen vom menschlichen Schicksal aus der Zeit. Und denkt daran, wenn ihr da lang geht, da liegen tatsächlich 10 000 oder 3 000 oder 2 000. Die Zahl wird nicht ganz stimmen, da braucht ihr nicht zu überlegen, ob es 326 oder 327 sind, man konnte die nicht identifizieren. Die mußten ganz schnell weg, noch eine Woche und die Lebenden wären gefährdet worden von den Leichen. Und Einzelbestattung war gar nicht mehr möglich.‹ Dann zogen wir da hin.«

Ernst Froebel erinnerte sich auch noch sehr genau, wie er den Jugendlichen damals am Lagerfeuer erzählt hat, zu was Menschen fähig gewesen sind:

Gedenkstätte Belsen

... på ruinene av en tysk kanonstilling på Tromøya. I forgrunnen eksfangen Ernst Freebel som var nazi-fange i 11 år.

Dagen var varm og badet fortig, synes tre unge følkeer som nettopp har plasket på campingsområdene.

NY

TYSK

2000 berlinere ferierer i Hove-leiren på Tromøya ved Arendal. Tyske soldater bygget denne leiren under krigen. Men „Die Folken" har gitt årets sommerleir navn etter sin landsmann C. von Ossietzky.

TEKST: RIGMOR ABRAHAMSEN   FOTOS: IVAR AASERUD

UNGDOM PÅ GAMLE TOMTER

Arendal og Tromøya opplever i disse dager tysk invasjon. 2.000 berlinere, barn, ungdom og voksne, har inntatt Hove-leiren og skal være der på de gamle tomter. De er faktisk på gamle tomter. De tyske okkupantene bygget denne leiren. Tromøya ble befolket til fanger. Det er ikke mange tusenvis mot kim krigsministrene her. Norske militæren har arbeidet og deporterleiren i etterkrigstiden. Men nå har også de fortalt Hove-leiren.

og brillje formål den i frostebois skal deponerse for, er ikke lenstrid. Omgivelsene er herlig med skog og badestrand. Det finnes over 70 byggninger på området. Med litt bedre vantbesyuing, kan 5000 mennesker ute. forbrigues her. Dermte formål har vært på tale. Tromøy kommune har sokt om å få enerta luis etmokommun.

„Fredt Gundersen, og det vil han arbeide for.

En ny generation demokratisk, tysk ungdom vil kommet til i Trokbra området. De finde er den av etterkrigsdorv. Loktren, Lutt nedelund har inntaguns vatt, særlig blant dem som har Tromøya til fast feriepurade. Men roksten er ikke skepts har vært ved å kompakt af den tyske ungdommen finne seg flydrtyg på Tromøya nidiksommen. Apise sktner har de også sostt.

16-årigen Peter Dimelt pinst for. Peter er riktlir smn an fisk og Willy Brandt, Berlins borgermstester. Ilan, og dm fet av ingen kennt. Lars, delbar i betro. Brandt treatente at kultenta nessken. Med personlig etfering var kontenst del er å være popultir blant berbarnsd betegnel i Norge, met på Tromsøj uhr intekholter på Tromsøya år. Istet snn huget sukkonsts?

Brandt kan det sage for hver a til neusnt som er til de festne,

33

»Der Druck auf die Menschen wurde immer stärker. Erst haben sie nur ihren Stern getragen, dann durften sie am Tage nicht mehr einkaufen, nur in den Mittagsstunden. Dann durften sie hier im Park nicht auf der Bank sitzen, man konnte ja keinem Deutschen zumuten, neben so einer ›Judensau‹ zu sitzen. Dann durften sie nicht mehr ins Kino gehen, weil, man konnte es wieder keinem Deutschen zumuten, im Dustern neben einem Juden zu sitzen. Dann durften sie in Lübars nicht ins Freibad gehen, man konnte nicht im Wasser mit Juden sein. Dann wurde hier und da einer abgeholt. Dann war wieder mal eine Wahl und man hatte Angst. Der jüdische Mensch kriegte immer mehr Angst, mehr noch wie die anderen – wir hatten sie auch, daß die Wahl manipuliert ist. Dann komme ich eines Tages hin zu Tilchs – da lebt heute übrigens nur noch die Marcella, die anderen sind doch auch totgegangen – und die alte Tilch gefällt mir, eine richtige jüdische Mama. Wie die Kinder mal nicht drinne sind, sagte sie zu mir: ›Einem Menschen muß ich das erzählen, ich habe jetzt vor ein paar Tagen bei den Wahlen den Hitler gewählt. Ich habe so eine Angst, daß die das kontrollieren können.‹ Ihr müßt den Druck verstehen können, der da war, in was für einer Situation man gelebt hat. Ich fahre z. B. mit der Straßenbahn von Steglitz zum Potsdamer Platz. Die erste Schwelle von der Straßenbahn war immer sehr hoch. Eine alte Dame kam schwer rauf, der Schaffner will sie am Arm fassen und sie die Schwelle hochheben, was oft getan wurde. Da steht ein uniformierter SA-Mann und brüllt: ›Wollen Sie der alten Judensau etwa helfen?‹ In der Straßenbahn waren dreißig, vierzig Leute, keiner hat protestiert. Alle dreißig haben ihre Menschlichkeit verkauft, haben plötzlich ihre Zeitung gelesen oder ganz intensiv auf die Straße gesehen. Alle dreißig haben nicht einem SA-Mann widersprochen, alle dreißig haben ihre Menschlichkeit verkauft.

Das ist die Unmenschlichkeit des faschistischen Systems, die so weit geht – ich habe noch einen lebenden Zeugen – sein Bild hängt hier nebenan – der dort gewohnt hat an der Amstel (Holland) und drüben war das jüdische Waisenhaus. Das wurde geräumt. Die Kinder, die Säuglingstation – die haben die Zweijährigen aus dem Fenster auf den Lastwagen geschmissen. Dann verstehst du die dreißig, die da drinne stehen und nichts sagen. Wenn du ein paar solche persönliche Erlebnisse hattest – heute kann ich sie schon erzählen, ohne selber jedesmal dabei zu weinen – und denen erzählst, das geht unter die Haut in der Atmosphäre. Diese Dinge, so habe ich sie meinen Gruppen beigebracht. Und so sind wir hingefahren nach Holland, und so haben wir die Familie Korpa aufgesucht, die da noch leben. Und so sind wir zu dem kleinen Jüd' da mit seiner Uhrenhandlung hingefahren und der hat an derselben Stelle gestanden. Er wohnt auch heute noch in dem Haus und hat gesagt: ›Da drüben, das habe ich da erlebt und gesehen. Kinder lernt und seid wachsam, seid ganz wachsam, daß sowas nicht noch mal passiert.‹ Das hat die Gruppe zusammengehalten.« (Ernst Froebel)

Solche Erlebnisse prägen eine Jugendgruppe. So scheint es uns auch kein Zufall, daß sich die ehemalige Jugendgruppe »Die Kommenden« an seinem 70. Geburtstag wieder einmal traf und spontan eine gemeinsame Fahrt zur Gedenkstätte Theresienstadt beschloß.

Wir glauben, daß viele Jugendliche der 60er und 70er Jahre gern noch solche politischen Lehrer gehabt hätten und verstehen jetzt bessser, was der Verlust einer politischen Kontinuität bedeutet, wie ihn die deutsche Arbeiterbewegung erfahren hat.

»Wir trugen die Last der Welt auf unseren Schultern«

In den 50er Jahren mußten sich junge Sozialisten in West-Berlin damit abfinden, zu Außenseitern abgestempelt zu werden. In einer Gesellschaft, die vom Faschismus endlich nichts mehr hören wollte, übernahmen die Falken die Aufgabe, weiterhin auf die verdrängte Geschichte hinzuweisen. Diese Geschichte erschien ihnen wie ein Alptraum und dies ganz besonders, wenn sie sahen, daß sich immer weniger Menschen daran erinnern wollten.

»Wir trugen immer die ganze Last der Welt auf unseren Schultern. Sei mal dabei fröhlich! Es war ein gewisser Hauch von Tragik dabei. Wir haben doch schon mächtig getragen. Weil wir das anders gar nicht konnten, hat das so gut funktioniert.« (Renate Kirchner)

Mit roten Fahnen durch Berlin zu laufen war schockierend. Der Spruch »Geht doch rüber« entstand in dieser Zeit und hat seine Aktualität bis heute nicht verloren.

»Ich habe mir viele Gedanken gemacht, als hier die Hausbesetzerdemonstrationen so heftig waren. Ich habe mir überlegt, was hast du eigentlich gemacht, als du 16, 17 warst? Damals sind Züge von Falken im Blauhemd und roten Fahnen – ich weiß, das war unheimlich schwer zu tragen, weil man so einen Gürtel rummachen mußte, da stellte man die Fahne rein und dann schritt man mutig einher, ein frohes Lied auf den Lippen. Da zog man durch die Straßen mit ›Brüder, zur Sonne, zur Freiheit‹ und die ›Internationale‹ und die ›Warschawjanka‹ – eine wandelnde Provokation.

Na gut, wir haben keine Steine geschmissen, aber die Bürger saßen doch da und hätten uns am liebsten verteufelt, haben die ja auch. Und heute, die gleichen Leute, die früher mit dieser Fahne gelaufen sind, die distanzieren sich und können das nicht verstehen, was da passiert und sehen nicht, daß es sein muß und daß sie letzten Endes doch auch Gutes im Kopf hatten.

So eine Kundgebung damals ›Mit Ulbricht und Adenauer keine Wiedervereinigung‹ zeigt mir doch heute, wie anders es hätte werden können und wie richtig es eigentlich auch war, das so zu tun. Und die, die heute demonstrieren, die haben auch recht!« (Renate Kirchner)

Diese öffentliche Provokation war aber nur die eine Seite des Falkenlebens. Die andere Seite war ein in sich geschlossener Verband mit großer Distanz zu den unorganisierten Jugendlichen. Es gab eine eigene kleine Falkenwelt, in der die Mitglieder versuchten, möglichst alle ihre Interessen zu verwirklichen. Dieser feste Rahmen machte sie unempfindlicher gegenüber der aggressiven Abwehr von Seiten der Berliner und insbesondere der Springer-Presse. Das führte aber auch dazu, daß manchmal die wirklichen Kräfteverhältnisse falsch eingeschätzt wurden.

»Wir haben uns nie als Minderheit empfunden. Also ich mich nicht, im Gegenteil. Wir hatten ja immer ein erhebliches Fahnenmeer, ob es 1. Mai, Platz der Republik oder so war. Da war Brandt noch Bürgermeister. Da hatten die so ein Stahlgerüst aufgebaut, da waren seine Söhne noch relativ jung und klein, wo also die Ehrengäste oben saßen und wo die Rednertribüne war und wir natürlich immer vorne mit unseren Fahnen. Vorne im Parkett saßen die ganzen Schwerbehinderten, die alten Rentner und Ehrenalten. Wir hielten unsere Fahnen natürlich immer so hoch wie möglich. Da schrie dann so ein alter Opa: ›Bürgermeister Brandt, wir sehen nichts!‹ Und die beiden Brandtbengels kletterten oben auf dem Gerüst rum und steckten noch ein Ding ganz oben drauf. Dann hat Brandt uns freundlich ermahnt, wir möchten doch die Fahnen ein wenig runternehmen. Da haben wir sie ein kleines bißchen gesenkt, dann aber sofort wieder

CDU-Flugblatt

hoch. Da schrie der wieder: ›Bürgermeister Brandt, die hören nicht.‹ Ich habe mich nie als Minderheit empfunden.« (Christel Dittner)

Die Falken waren von ihren Mitgliedern her gesehen eine kleine Organisation (ca. 4000 Mitglieder im Jahre 1957). Dies hinderte sie aber nicht, so aufzutreten, als wenn sie für alle anderen mitsprechen müßten. Die Stellvertretungspolitik dieser Jahre erhielt manchmal groteske Züge, aber wie sollten auch sonst die Ideale von Antifaschismus und Sozialismus in dieser Zeit gegen einen großen Teil der Berliner Bevölkerung vertreten werden?

»Nach außen wurden wir immer mächtiger, da waren wir immer doller und immer bedeutender, natürlich auch immer anstößiger – das war ja logisch. Aber nach innen hatte ich das Gefühl, wurde es immer hohler bei uns. Ich verglich die Politik, die wir machten, mit dem Aufpusten eines riesigen Luftballons und warnte relativ penetrant vor dem Punkt, wo der Luftballon platzt.« (Wolfgang Götsch)

»Unsere Heldenstückchen waren im Grunde genommen Kindereien. Wir waren herzlich wenig Leute zum 1. Mai. Die Sozialdemokraten zeigten keine roten Fahnen, wir zeigten rote Fahnen. Nun wollten wir natürlich an vielen Orten sein – wir waren aber nicht viele, die so eine rote Fahne halten konnten – und was haben wir da gemacht? Da haben wir uns einen Lastwagen geholt. Da haben wir zu zehnt mit roten Fahnen gestanden und überall, wo die sich sammelten zum 1. Mai, sind wir mit unseren roten Fahnen hin. Dann husch husch woanders hin, damit es so aussieht, als ob in ganz Berlin rote Fahnen wehen.

So ähnlich haben wir das auf den Parteiversammlungen gemacht. Wir wollten unseren linken Einfluß geltend machen – und da haben wir gedacht, wie machen wir das? Damals kamen noch ein paar Hundert Funktionäre zusammen bei solchen Konferenzen. Da haben wir gesagt, wir setzen uns nicht nebeneinander. Wir haben uns über den Saal verstreut. Alle zehn Minuten hat sich dann jemand zur Diskussion gemeldet, es wurden dann sechs Diskussionsmeldungen aus verschiedenen Ecken des Saales – das machte Eindruck.« (Winfried Gottschalch)

Das alles nützte aber für die unmittelbare Veränderung der politischen Mehrheitsverhältnisse wenig. Der Kapitalismus konsolidierte sich in der Bundesrepublik. Die CDU konnte unter Adenauer eine Wahl nach der anderen gewinnen.»Wir sind wieder wer!« war die optimistische Selbsteinschätzung in dieser Zeit.

Die SPD war mit ihrer Deutschlandpolitik nicht durchsetzungsfähig gegenüber dem mit amerikanischer Finanzhilfe ermöglichten»Wirtschaftswunder«. Die Erfahrungen mit der DDR förderten in West-Berlin die antikommunistische Grundstimmung, die natürlich auch gegen die Sozialistische Jugend ausschlug.

Für den Jugendverband war es besonders schwierig, die Veränderungen der SPD zu verkraften. Mit dem Godesberger Programm 1959 wurde eine Entwicklung abgeschlossen, die den Verband immer weiter in Widerspruch zur»Mutterpartei« brachte. In West-Berlin war diese Spannung am ausgeprägtesten, da hier die SPD ab Ende der 50er Jahre zum rechten Flügel der Gesamtpartei wurde.

Mit der Niederlage des traditionalistischen Neumann-Flügels in der Berliner SPD 1958 änderte sich auch die Rolle der Falken in der sozialdemokratischen Bewegung. Der Verband wurde mehr und mehr zu einer Ersatzgruppe für linke Sozialdemokraten. Von hier aus wurde Politik im geheimen organisiert. In diesem Freiraum konnten weiterhin marxistische Schulungen und Diskussionen stattfinden und konnten auch erste SPD-Abteilungen wieder organisiert zurückgewonnen werden.

Niemand wollte eigentlich diesen Zustand als Ersatzpartei, der die Falken schnell zu einer politischen Sekte gemacht hätte.

»Wir und die Partei waren gezwungen, uns auseinanderzusetzen – die mit uns brachial. Also heute sind manche Disziplinierungsmaßnahmen gegen Jusos und sonstwas linde Lüfte, da kann ich nur kichern, wenn sich einige beschweren und Ängste haben – alles Quatsch! Bei uns ging das bis an die existentielle Bedrohung heran, und zwar nicht nur für mich. Trotzdem – wir begriffen uns klar als die entscheidende Quelle des intelligenten Zuwachses der Sozialdemokratie. Das war vielleicht unsere Selbstüberhebung. Und wir begriffen uns zusätzlich als die Speerspitze der sozialdemokratischen Linken, und die gesamte Zielsetzung der Führungsgruppe der Falken war darauf gerichtet, die Mehrheit in der Partei zu erobern. So lief praktisch parallel die Leitung des Verbandes, die informelle Durchdringung des linken Flügels der Sozialdemokratischen Partei in Berlin und weit darüber hinaus. Das ging soweit, daß wir hinter dem Rücken unserer damaligen Altlinken auch noch konspirierten, weil die uns zu lahmarschig waren.« (Harry Ristock)

Mit dieser Strategie gelang es, zum Landesparteitag 1963 wieder ca. 40% linke Delegierte zu entsenden.[9]
Für den Jugendverband war diese Entwicklung sehr problematisch. Zwar wurde ein ausgeprägtes politisches Bewußtsein in solchen Auseinandersetzungen entwickelt, aber gleichzeitig vernachläßigte man wichtige Elemente des Jugendverbandes. Die Gruppenarbeit war nicht mehr das Hauptproblem, und die Interessen der Jugendlichen mußten sich oftmals unterhalb der offiziellen Verbandspolitik einen eigenen

unbeachteten Raum schaffen. Auch die Ungezwungenheit eines Jugendverbandes wurde den politischen Zielen teilweise geopfert.

In dieser Zeit wurden Unterschiede zwischen den Jugendlichen in ihrer Sozialisation durch das Elternhaus wieder deutlicher.

Wir werden deshalb im folgenden beschreiben, wie solche Gegensätze erfahren worden sind. Dabei beziehen wir uns auf Erinnerungen von damaligen Arbeiterjugendlichen, denn die Studenten in den Vorständen haben von dieser Entwicklung eigentlich gar nichts so richtig bemerkt.

Nach den Überlegungen zur innerverbandlichen Entwicklung im nächsten Kapitel werden wir darstellen, wie die Falken versuchten, nach außen unorganisierte Jugendliche politisch anzusprechen. Dazu entwickelten sie ein moderneres Image des Verbandes.

Daran anschließend werden wir zeigen, wie neben diesen spektakulären Veränderungen, bei den Falken selbst, ein heimlicher unbemerkter Lernprozeß ablief – der soziale Aufstieg.

Die analytische Trennung in drei verschiedene Kapitel entspricht nicht dem zeitlichen Ablauf. Alle drei Entwicklungen fanden ineinander verschränkt statt, überlagerten sich gegenseitig und waren deshalb damals auch so schwer zu erkennen.

Arbeiterjugendliche, Gymnasiasten und Studenten – noch hält der politische Optimismus zusammen

Die gesellschaftspolitischen und kulturellen Veränderungen der 50er Jahre wurden in den verschiedenen Falkengruppen nicht in gleicher Weise erlebt. Die gemeinsame politische Grundhaltung verdeckte unterschiedliche Ausgangsbedingungen und entsprechend verschiedene Lebensperspektiven. Davon soll im folgenden die Rede sein.

Durch die Not der Nachkriegszeit und die ersten gemeinsamen Erfahrungen von Solidarität und Geborgenheit in den Gruppen waren früher die Unterschiede zwischen den Jugendlichen nicht so offensichtlich. Mit zunehmender Verfestigung der gesellschaftlichen Hierarchien wurden aber die Gegensätze wieder deutlich. Kinder und Jugendliche aus Arbeiterfamilien waren anders als die aus Mittelschichtsfamilien. Schon an Kleinigkeiten wie Kleidung, Sprache oder Taschengeld fiel es auf, welchen Beruf die Eltern hatten. Uns interessiert im folgenden, wie die Falken diese Entwicklung verarbeitet haben. Der allgemeine Begriff Solidarität wurde zwar als Leitidee nie in Frage gestellt, aber unterhalb dieser Parole entstanden neue Gegensätze im Arbeiterjugendverband.

Die Arbeiterjugendlichen verloren langsam das Interesse an ihrer Jugendorganisation. Brauchten sie deren Schutz nicht mehr oder wurden ihre Bedürfnisse dort nicht mehr zufriedengestellt?

Wir haben uns gefragt, warum es den Falken in den 60er Jahren nicht gelungen ist, ein Arbeiterjugendverband zu bleiben und wie eine solche Entwicklung in den 50er Jahren begonnen hatte.

Wir wollten uns nicht mir einer vorschnellen Schuldzuschreibung abfinden, die die Freizeit- und Konsumindustrie für diese Entwicklung allein verantwortlich macht. Es gab jugendliches Protestverhalten, gerade auch in den 60er Jahren, aber die Arbeiterjugend stand dieser Bewegung mit großer Skepsis gegenüber.

In den 50er Jahren waren die Falken noch eine Arbeiterjugendorganisation. In einer Repräsentativuntersuchung aus dem Jahre 1961 wurde festgestellt, daß ca. 49% der Falken die Oberschule – praktischer Zweig (vergleichbar der heutigen Hauptschule) und ca. 23% die Oberschule – technischer Zweig (vergleichbar der heutigen Realschule) besuchten. Der Beruf des Vaters war bei 37% Arbeiter, aber schon bei 45% Angestellter und Beamter,[10] was sicherlich auf die Beschäftigung vieler Sozialdemokraten in der Berliner Verwaltung zurückzuführen ist, in die nach dem Krieg auch viele ehemalige Arbeiter aufsteigen konnten.

Trennendes gab es

Die Probleme von Arbeiterjugendlichen in der Jugendorganisation sind uns am eindringlichsten von ehemaligen Kreuzberger Falken beschrieben worden. Obwohl die Kreuzberger mit ihren Erfahrungen eine Besonderheit im Verband waren, wird an ihrem Beispiel der Gegensatz von Arbeiter- und Mittelschichtsjugendlichen exemplarisch deutlich.

»Trennendes gab es. Es drückte sich darin aus, daß die Kreuzberger immer um einen Zacken ruppiger auftraten als die anderen. Aber nicht nur, weil sie es nur so gekonnt hätten, sondern das war das einzige, womit sie stark auftreten konnten. Es hob sie in jedem Fall immer von den anderen ab, also eigentlich eine Notwehr. Die traten immer ruppiger auf und möglichst immer in der geschlossenen Gruppe. Viele mußten da sein, und ich denke, das war ein Schutz vor der geschmeidigen Kälte der gepflegten Wilmersdorfer beispielsweise. Dieses Gepflegtsein haben sie zwar angestrebt, aber es erschien ihnen so unendlich weit und unerreichbar. So wie die schon gewohnt haben, wenn die Messer und Gabel auf dem Tisch hatten – das hatten die eben zu Hause genau nicht, da gab's das Küchenmesser. Sie haben ja gesehen an der Art, wie die Wilmersdorfer und Zehlendorfer auftraten – die haben das halt. Es war eigentlich ein Klassenkampf innerhalb des Verbandes.« (Hans Maasch)

Einkommensunterschiede der Eltern wurden deutlich spürbar. Der neu entstehende Überfluß im beginnenden wirtschaftlichen Aufschwung vermittelte den Arbeiterjugendlichen ihre gesellschaftliche Benachteiligung. Chancengleichheit wurde schmerzlich erfahren.

Barbara Greube und Waldemar Klemm beschrieben ihre Erfahrungen mit der Steglitzer Kabarettgruppe »Die Zivilisten« so:

»Das war uns einfach zu intellektuell, das war uns ein bißchen unheimlich. Ich habe bei den ›Zivilisten‹ mitgemacht, und da waren wir bei Gleitzes zu Hause. Dann stand da plötzlich ein großer Flügel in der Diele. Da kriegtest du dann schon so ein bißchen Angst, dich da auf den nächsten Stuhl zu setzen – da hatten wir Schwierigkeiten mit. Das waren andere Töppe, wo man rauskam.« (Barbara Greube)

»Ich war in der Gruppe ›Emile Zola‹ und die ›Zivilisten‹ waren da Mitglied. Ich hatte ein bißchen Schwierigkeiten in der Gruppe, weil die alle gut betucht waren. Die sind nach dem Gruppenabend immer in die Kneipe gegangen. Es war so üblich – einer schmeißt eine Lage, aber wenn ich eine Lage geschmissen habe, dann war mein Monatsgeld weg. Ich habe 5 Mark Taschengeld gekriegt und war ziemlich arm dran, deswegen bin ich ungern mitgegangen. (Waldemar Klemm)

In Wilmersdorf – ebenfalls ein bürgerlicher Bezirk – existierte die Gruppe »Karl Marx«, in der viele Studenten organisiert waren. Diese Gruppe nahm aktiv Einfluß auf Politik und Bildungsarbeit der Berliner Falken.

Der Malerlehrling Rolf Hirschmann hatte damals viel Distanz zu diesen neuen Genossen: »Die Gruppenarbeit, die wir gemacht haben, die war ja politisch, aber als Wolfgang Gotsch mit diesem Schub ankam, ehemaliger Oberschüler und Studenten, da machten sie Kadergruppen, das war schon anrüchig, da machten wir schon nicht mehr mit. Und die Gruppe ›Freiheit‹, die sich damals im Grunewald entwickelte, die hatten für diese Form auch kein Verständnis. Gruppe ›Karl Marx‹, die haben nur noch so ihre Probleme gehabt, nur noch politische, also gar nicht mehr die jugendbewegte Arbeit.«

Wie Rolf Hirschmann war auch der Glasbläserlehrling Siegfried Stirba Wilmersdorfer Falkenmitglied. Er war Gruppenleiter, konnte sich aber immer weniger bei den Falken wohlfühlen.

»Es könnte damit zusammenhängen, daß meine Freunde in den Falken sich schulisch auch anders entwickelt haben. Es gab ja bei uns damals die Trennung zwischen praktischer Zweig, technischer Zweig und wissenschaftlicher Zweig. Ich bin in den praktischen Zweig gegangen. Nun habe ich das eigentlich am eigenen Leibe kennengelernt, was Falkens uns immer so erzählt haben, daß Arbeiterkinder benachteiligt sind. Hinzu kommt nämlich noch, daß meine beiden Freunde ein intaktes Elternhaus hatten. Da waren die Eltern beide da, während ich nie einen Vater hatte, und ausgerechnet die beiden haben nun eine für mich damals höherwertige Berufsausbildung genießen dürfen. Ich mußte dann in die Lehre – wir haben gesagt arbeiten gehen – und die konnten noch weiter in die Schule gehen; auf dem technischen Zweig mindestens noch 1 Jahr, und der auf dem wissenschaftlichen Zwieg ist ja bis zum Abi zur Schule gegangen. Das habe ich als Bruch empfunden, das habe ich nie richtig verkraftet. Daß ich ein Bedürfnis hatte, mit Menschen weiter umzugehen, ist für mich die Erklärung, daß ich mich dann dem Arbeitersamariterbund zugewandt habe. Das waren alles Arbeiter. Da bist du abends zusammengekommen, da gab es gar keinen Termin, der nachmittags war, weil das alles Leute waren, die berufstätig waren. Du hast so richtig das Gefühl gehabt, daß die da – ich sage das heute, damals habe ich das nicht so gesagt – aber das waren eben Arbeiter zum Anfassen, keine Akademiker und so.«

Gerda Bohn und Christel Dittner erinnerten sich an die Zehlendorfer Gruppe »Rosa Luxemburg«:

Christel: »Das war irgendwo so die ›Intellellenclique‹ des Verbandes, so haben wir die erlebt.

Gerda: Aber irgendwie unnahbar...

Christel: Auf der Blechwiese haben wir gezeltet, als Kirchners Zelt abgebrannt ist, weil jemand Spiritus oder Benzin nachgekippt hat in einen brennenden Kocher – irgendwie strahlten die immer so eine Vornehmheit aus.

Gerda: Irgendwie waren die eine Clique für sich.

Christel: Wir hatten so ein gewisses proletarisches Bewußtsein – das hörte sich bombastisch an, aber irgendwie hatten wir das, obwohl ich ja kein Arbeiterkind in dem Sinne war, aber wir fühlten uns irgendwo als Proleten.

Gerda: Wir haben uns mit denen gar nicht auseinandergesetzt. Anders bewegt haben sie sich.

Christel: Vornehm – würde ich sagen.

Gerda: Wir haben gesagt ›Scheiße‹, das hätten die wahrscheinlich nie gesagt. Wir waren Proleten. Wir haben gesagt, was wir dachten, das haben wir immer...«

In der Regel lebten die Gruppen voneinander unabhängig im Jugendverband. Das gegenseitige Unverständnis wurde zwar formuliert, aber noch nicht als gegenseitige Bedrohung empfunden, zumal politische gemeinsame Positionen bestanden, und insbesondere weil immer wieder praktisches gemeinsames Handeln bei größeren Veranstaltungen und in Zeltlagern eine Basis für den Zusammenhalt boten.

Wir wollen im folgenden Abschnitt die Arbeiterjugendgruppen genauer am Beispiel der Kreuzberger Falken beschreiben.

»Also fein waren wir nicht«

»Die Keulenriege, das waren die Kreuzberger. Also ich kann mich an eine Veranstaltung erinnern in der Strelitzer Straße, das ist ja direkt an der Grenze. Ich sehe noch heute den Gerull vor mir – der sprach im Präsidium und die FDJ wollte da eindringen. Ich glaube, das war Mitte der 50er Jahre, 57 kann's gewesen sein. Ich weiß auch nicht mehr, zu welchem Thema das war, das muß jedenfalls ziemlich brisant gewesen sein. Dann ging hinten ein Tumult los, dann sprang der Gerull über den Tisch weg von der Bühne runter in die Massen rein. Die Kreuzberger standen ja schon rechts und links, und dann wurde also gemischt. Und so war das eigentlich immer, bei jeder Landeskonferenz haben die da praktisch die Saalordner gestellt.« (Christel Dittner)

»Ja, da haben wir schon Rummel gemacht, und wenn ich mir heute manche Reaktionen der Polizei vorstelle, dann wären wir wahrscheinlich heute in der Terroristenszene zu finden. Wir haben zwar nicht mit Steinen geschmissen, aber einen Polizisten haben wir schon mal übers Gitter rübergezogen, weil der uns da irgendwo bedroht hat. Ich meine, ich bin der Kleinste gewesen, aber wir haben auch große Menschen gehabt – wenn die ihn am Arm festgehalten haben, da war schon was dahinter.« (Siegfried Bilewicz)

»Eine große Rolle spielte Fritze Döring, Holly Döring und Ete Dankert, die waren alle über einsneunzig groß. Plakate hat immer der dritte, der den zweien auf den Schultern stand, geklebt. Und hier am Potsdamer Platz, hier vorne an dem Hermes-Haus, da war eine Ruine, und da klebte dieses blaue Plakat mit dem roten Falken, wo draufstand: ›Falken mit uns‹, in einer Höhe von sechs Metern. Da hat sich lange einer gefragt, wie sie da rangekommen sind. Das war immer Familie Döring und Ete Dankert. Wir wußten, die Großen waren wieder Kleben. Meine Schwester war auch in der Südost-Gruppe, aber uns ›Kleene‹ haben sie nicht mitgenommen.« (Edith Töpfer)

»Ja, und dann gab es natürlich auch mächtige Dreschereien, als in Kreuzberg die sogenannte Aufräumgruppe aufgebaut wurde. Die Männer mit den blauen Lumberjacks! Wir waren eine Truppe von ungefähr 30 Figuren. Es ging darum, weil Störenfriede in die Häuser der Jugend kamen und andere Jugendgruppen störten. Jedenfalls hieß es: ›Zwerg Steffen‹ hat eine Schlägertruppe! Das ist nämlich so: Wenn irgendwo Not am Mann war, hat man bei ›Zwerg Steffen‹ angerufen, Kreisvorsitzender von Falkens. Der hat zwei andere angerufen – zu der Zeit hatten die Älteren auch schon Telefon – und die haben wieder die zwei Nächsten angerufen, also praktisch eine Telefon-Stafette. Oder eben mündlich, da waren im Nu mit einmal 20, 30 Figuren zusammen. Die haben sich aufgemacht und sind dahingefahren und haben da nach dem Rechten geschaut. Na ja, zuerst waren wir im normalen Zivil und dann hieß es, wir sind eine Truppe, warum sollten wir uns nicht eigentlich irgendwas Gemeinsames

anschaffen. Mußten wir 30 Mark bezahlen, wurde aber handgeschneidert, so ein blaues Cordlumberjack. Na und alle die glciche Farbe. Wenn irgendwo die Truppe ankam, nach dem Rechten geguckt, nicht wahr – ›aha, da kommen die Schläger von den Falken wieder‹ – na ja, dann kam es nicht mehr zu viel Schlägereien. Bißchen Spaß war schon dabei. Es war ein gewisses Abenteuer, so eine Truppe zu sein und in solchem Kader mitzumachen, da gehörte ich ja noch zu den ›Kleenen‹. Ich war also praktisch nur so ein Stafettenläufer, direkt an die große Mische kam ich noch nicht ran. Aber zu so einer Kadertruppe zu gehören, das war doch schon irgendwie, als wenn du einen dreifachen ›Bonbon‹ am Revers hast. War schon eine feine Sache. Und das hat diese Truppe enorm zusammengehalten, dies Gefühl, wir gehören zusammen, ›uns kann keener‹, nach dem Motto.« (Manfred Eisenblätter)

Arbeiterjugend hieß aber auch Benachteiligung

Ruppigkeit und kollektives Auftreten gab Sicherheit und Stärkeerfahrung. Daß dies aber nur die eine Seite der Medaille war, wollen wir im folgenden zeigen. Es gab nicht nur die 1,90 m großen kräftigen Jungen bei den Kreuzbergern. Es gab viele Mädchen mit anderen Interessen und viele schwache Jungen, die in der Gruppe Schutz und Orientierungshilfen suchten. Gegen die Erinnerung von kollektiver Stärke soll auch die Erinnerung von Benachteiligung gesetzt werden, um die andere Seite der Bedeutung des Jugendverbandes für die Sozialisation von Arbeiterjugendlichen herauszuarbeiten.

Wie die konkrete Lebenshilfe, verbunden mit einer Erweiterung der kulturellen Bedürfnisse, zu politischen Einsichten führen kann, erzählte Hans Maasch. Bei ihm hatte das »Genosse sein« auch etwas damit zu tun, genießen zu lernen. Auch dies ist wieder ein eher untypisches Beispiel für die Falkenarbeit, aber das Problem wird genau bezeichnet:

»Aus der Gruppe lernte ein Oberschüler ein Mädchen kennen. Aber ein Kreuzberg-Oberschüler ist ein anderer als einer in Zehlendorf. Dann erzählte der mal eines Abends: ›Wo kann ich denn mit der hingehen?‹ Essen gehen war damals auch noch nicht so 'ne Sache, da war eigentlich mehr Kneipe, Kino, vielleicht auch Rummel 'ne Attraktion. Aber so ein Hauch in den ersten 50er Jahren auch zum Essen zu gehen war schon da, weil die Restaurants aufblühten. Es ging alles schon ein bißchen in Farbe über, es wurde verlockend. Aber der Kudamm war unheimlich weit weg für einen Kreuzberger, es waren viele, die nie da waren. Der ist aber doch öfter mal bei Besuchen von Verwandten mit der Straßenbahn raufgefahren und vermutete, daß er eigentlich gerne mal hingehen würde und gestand, daß er eine panische Angst davor habe, daß der Ober ihn durchschaut: Was ist denn das, zwei Gabeln, eine rechts, eine links, Manometer. Er hat das im Film gesehen, offensichtlich macht es Spaß, aber ist ja nichts für mich. Das war Kreuzberg: ›Ist nichts für mich, kann ich mir nicht leisten‹, ist ja ein ungeheuerliches Elend. Da ist sozusagen auch der Stoff, aus dem Wut und Haß geboren werden, der gar nicht Hand in Hand geht mit Sozialismus. Da habe ich dann mal gesagt: ›Na gut, dann laßt uns doch in unseren Gruppen herausfinden, wie man auf dem Parkett Sozialist sein kann, aber nicht aussieht wie ein Ochse. Ein Sozialist muß nicht wie ein Idiot aussehen. Bringt mal alle ein bißchen Geschirr und so was mit.‹ Dann haben wir auf der Kochplatte ein bißchen was zubereitet, so kleine Fleischsüppchen. Das haben wir alle mit schlechtem Gewissen gemacht. ›Da lachen die sich tot‹, haben wir vermutet, und wenn der Landesvorstand das hört, keine Politik gemacht an dem Abend, o Gott. Ja, und dann haben wir uns von allen möglichen Leuten erzählen lassen, von denen wir dachten, die hätten da schon mal gegessen und wissen, was man dem Ober sagt, wie das mit dem Trinkgeld ist, wie man bestellt und ob man zwischen Suppe und Hauptgang raucht oder nicht raucht. Da tauchte durch einen Zufall so ein Typ auf, der war in dem Künstlernotdienst beschäftigt, der hörte dann davon, und da sagte der: ›So was wollt ihr machen, ist ja großartig‹ – weißt Du, so ein Schauspieler, aber ein ganz linker Vogel. Ein Schauspieler, der aber alles drauf hatte. Der war natürlich auch komisch mit ›Küß die Hand, Gnädige Frau‹. Das haben wir ja alles belacht, aber ich habe genau gefühlt, wenn ich darüber lache, habe ich mich eigentlich geschämt. Ich habe gedacht: ›Scheiße, warum kannst du das nicht?‹ Und das hat in meinem Kopf keinen Widerspruch ausgelöst, im selben Augenblick habe ich nicht gedacht: ›Na, dann will ich mich mal vom Sozialismus verabschieden‹, sondern ich habe gedacht, ›das gehört dazu‹. Ja, dann kam der Typ und hat gesagt: ›So, dann wollen wir mal. Ich bin der Ober.‹ Mit was für einer Aufmerksamkeit die Jungs da gesessen haben, kann ich Dir sagen. Die waren gespannt wie die Bögen. Da hat er dann vorgemacht, der Ober ist so ein Mann, dann hat er den Ober beschrieben. Er hat gesagt: ›Ein Ober will einen pikanten Gast haben, wenn der also mit den Fingern im Kaffee rührt, das ist gegen dessen Berufsehre.‹ Stell Dir mal vor, was die alles gelernt haben in der Zeit, sie haben Respekt gelernt vor Menschen, vor der Putzfrau. Das war nicht gang und gäbe, daß die Sozialisten etwa glaubten, die Putzfrau gehöre zu ihnen. Die Jungen sagten, ›das kann die doch wegräumen‹, boing! Also haben sie gelernt und waren hinterher sehr glücklich. Dann hat er sich mal getraut, bei ›Drei Bären‹ Essen zu gehen, das war doll. Das hatte so eine Sogwirkung, dann haben die anderen verabredet, daß sie zu dritt oder viert auch mal hingehen. Ich kann Dir sagen, keiner von denen ist von der politischen Idee abgewichen, im Gegenteil. Diese Gewissheit, einmal nicht nur Prolet sein. Das heißt ja mehr, als den Kopf voller menschenwürdiger sozialistischer Ideen zu haben, das heißt linkshändig sein, das heißt plattfüßig sein, das heißt schlecht riechen. Da kann man nicht einfach drüber lachen und sagen, das hat ja nichts zu bedeuten. Das hat die sehr mobilisiert. Danach setzte so eine Phase großer Aufmerksamkeit ein für alle die Fragen, die vorher nur so geduldet worden sind. Zum Beispiel die Frage: Wer beherrscht uns eigentlich? Wer diktiert denn eigentlich die Normen? Da haben die gesagt: ›Wie kommt es eigentlich, mein Vater hat immer gesagt, Mensch, mach nicht so'n Aufstand, warum sagt der das?‹ Die haben auch gefragt, ist das nicht eine Sauerei, daß die einen alles haben und die anderen offenkundig künstlich zu solchen armen Schweinen gemacht werden, zu so unbeholfenen Trampeln, und haben gefragt, muß das sein? Hat das einen Sinn? Sie haben einfach gefragt nach der Art und Weise, wie geherrscht wird, mit welchen ausgefeilten Methoden die Herrscher dafür sorgen, daß das Oben und Unten bleibt. Kannst du dir das vorstellen, mit welchen Methoden sie das machen? Nicht, daß sie das überhaupt tun – das war schon allen klar – aber wie sie das machen, also daß der Arbeiter sozusagen daran gehindert wird, sein Leben zu verfeinern. Das ist auch eine Geschichte der Pädagogik, auch eine Geschichte des Jugendverbandes. Diese Geschichte mit dem Essen sprach sich natürlich in Kreuzberg schnell rum und wurde fast als reaktionär verschrien, aber insgeheim hat es ihnen dann Geschmack gemacht. Da habe ich vorgeschlagen, daß wir die Sitzungen des Kreisvorstandes, auch mal mit so einem ganz kleinen Büfett verschönern, weil die Jungs und Mädchen, die als Funktionäre arbeiten, die brauchen auch die Gewißheit, daß es was Bedeutendes ist. Da ist man wer, der sehr viel Einfluß auf Menschen hat und diesen Einfluß in der humanen Weise geltend machen kann. Um dafür die Energie zu haben, muß man auch selber bestätigt werden. Deshalb haben wir dann – das ging fast über ein Jahr – bei diesen Vorstandssitzungen dann den Raum ein bißchen schön gemacht, da waren auch mal Blumen, da gab es ein kleines freundliches Büfett. Die das gemacht haben, das waren auch Falken. Die hatten das vorher noch nie gemacht, und es machte ihnen eben auch Spaß zu sehen und zu sagen, das sieht eigentlich gut aus. Da fühlte doch jeder, daß dieses menschenwürdige Angebot von Nahrung auch was mit Sozialismus zu tun hat, wie ein gutgebakkenes Schnitzel, da vertraue ich dem Brecht sehr.«

Ein solcher politischer Lernprozeß entsprach sicherlich nicht dem Gesamtverband. Hier herrschte eher die politische Bildung mit Referaten, Themen und Diskussionen vor.

Gerade aber diese Form der Kreuzberger Gruppenarbeit zeigt, was es hieß, die konkreten Bedürfnisse von Jugendlichen aufzugreifen und weiterzuentwickeln. Theoretisches Wissen über gesellschaftliche Zusammenhänge konnte so auf die eigene widersprüchliche Alltagsrealität bezogen werden. Was einmal in dieser Weise begriffen worden ist, wirkt sehr viel langfristiger nach, als bloß angelesenes Wissen oder unmittelbarer Aktionismus.

Es war die Stärke der Falken, daß sie solche vielseitigen Lernprozesse ermöglichten, obwohl dies in der damaligen Zeit gar nicht so bewußt wahrgenommen wurde. Erst als derartige Milieuzusammenhänge für Arbeiterjugendliche nicht mehr bestanden, bemerkten sie den Verlust.

Daß die Gegensätze zwischen Arbeiter- und Mittelschichtjugendlichen in den 50er Jahren noch nicht so stark wurden, lag auch daran, daß die Falken sich einen idealen Vorsitzenden für diese Situation gewählt hatten – Harry Ristock.

Er bot den verschiedenen Gruppierungen bei den Falken eine entsprechend breite Projektionsfläche für ihre Interessen. Die linken Intellektuellen und Funktionäre sahen in ihm ihre politischen Zielvorstellungen vertreten. Die Arbeiterjugendlichen verstanden seine Sprache und identifizierten sich mit seiner Oppositionshaltung und seinem politischen Aktionismus. Im Gegensatz zu anderen politischen Karriere und sozialen Aufstiegen wurde die von Harry Ristock kaum kritisiert. Er strahlte noch den Stallgeruch des sozialdemokratischen Milieus aus. Er war eine von der Presse immer wieder angegriffene Person. Seine öffentliche Konfliktfreudigkeit machte ihn zu einem Vorbild für viele Arbeiterjugendliche im Verband.

»Auf jeden Fall haben wir Ristock gestützt. Die linke Stabilität der Kreuzberger bezog sich auf die Verweigerung, eine Partei oder eine Gruppe von Aufsteigern zu wählen. Es war damals viel die Rede davon, daß der Verband sich in die Gesellschaft begeben muß. Das bedeutet mehr Ämter, das bedeutet einflußreichere Positionen. Aber die Jungs und Mädchen in Kreuzberg haben gefühlt, das wird mit ihnen nichts zu tun haben, so einfach ist das. Die haben nur unmittelbar ihr Leben besichtigt und gefragt, was bedroht mein Leben? Die haben die fordernden und die hemmenden Faktoren gesucht. Und Ristock war kein hemmender. Ristock hat ein Wort von der menschlichen Zukunft geredet und hat die Feinde Feinde genannt und hat nie den Eindruck vermittelt, als ob er ein Aufsteiger wäre, der eigentlich nur – das haben die auch gefühlt – den Verband benutzt.
Er sprach nicht mal ihre Sprache, das ist auch keine Bedingung, überhaupt nicht, der sprach eine ganz andere Sprache, die sie belebt hat.« (Hans Maasch)

Es gab aber auch Kritik an Harry Ristock, insbesondere von Tempelhofer und Neuköllner Falken.

»Die Arbeitsebene Gruppe bis Kreis hatte ganz andere Probleme in der praktischen Arbeit, als an große Aktionen zu denken, die für sie ideologischer Überbau bei Konferenzen und ähnlichem waren und nicht das praktische Handeln des Tages bestimmten. Eine gewisse Vernachlässigung der Arbeit lag vielleicht im Bereich der

Viele Genossen haben „Bauchschmerzen"

Tumult auf SPD-Funktionärskonferenz um „Falken"-Chef — Was ist ein Linker?

B e r l i n (Eigener Bericht). Heftige parteiinterne Meinungsverschiedenheiten über die „Flügelbildung" in der Berliner SPD und über die Methoden im Kampf gegen den Kommunismus haben gestern abend auf der SPD-Funktionärskonferenz am Funkturm jede Aussprache über die Genfer Konferenz unmöglich gemacht. Nachdem sowohl der Regierende Bürgermeister Brandt als auch Bundes-Senator Klein den Standpunkt Berlins zur zweiten Genfer Verhandlungsphase dargelegt hatten, forderte der Berliner „Falken"-Chef Ristock die Mehrheit der Funktionäre in der Debatte geradezu heraus.

Im „Blauhemd", die Ärmel hochgekrempelt, erklärte Ristock: „Ich ordne mich links in der Partei ein." (Zuruf: „Das wissen wir")! Für den, der links stehe, gebe es zwar keine ideolo-

gische Brücke mit dem Kommunismus. Er müsse aber auch vor Leuten warnen, die in „Antikommunismus machen". Ristock kritisierte dann vor allem die Organisation „Rettet die Freiheit". Ausgehend von einer Bemerkung Brandts über die „Versäumnisse" in der deutschen Wiedervereinigungspolitik meinte der 1. Vorsitzende der „Falken", daß auch die Politik Adenauers zu jener sowjetischen Note vom 27. 11. 1958 geführt habe. Die Krise sei durch die Sowjets und durch das Ulbricht-Regime verursacht. Aber „zwei (womit er offensichtlich Adenauer und Ulbricht meinte), müßten sich in die Hände gearbeitet, die sich gegenseitig bedingten". Beide hätten ein Interesse daran, daß es nicht zu einem einigen deutschen Volke komme, da dies ihr „politischer Tod" wäre.

schließen und gegen den Osten nur ein Säuseln übrighaben." Richter verwies dann darauf, daß gewisse „Ehrenmänner" der SPD in der kommunistischen Propaganda gut beurteilt würden. „Die Ristocks, Köhler, Stein . . . Haben sie sich dagegen gewehrt?"

Diesen Worten folgte allgemeiner Tumult. Ein Antrag auf Schluß der Debatte, bei der kein Wort über Genf gefallen war, wurde angenommen. Ristock bestand jedoch noch auf einer persönlichen Erklärung, indem er — unter ständigen Rufen „Aufhören!" — ausrief: „Ich lebe doch in einer demokratischen Partei. Ich habe genauso viele Freunde wie ihr." Sollte die Partei diesen oder jenen ausschließen (gegen Ristock läuft auf Grund seines Verhaltens am 1. Mai ein Parteiverfahren), so „geht die Partei kaputt, und der Kommunismus haben ihr Ziel erreicht".

Brandt meinte im Schlußwort beruhigend zu Ristock: „Lieber Harry, du sagst, du gehörst zu jenen, die sich links einordnen. Nicht jeder, der rückwärts schaut, ist revolutionär. Gut, du darfst dich so einordnen. Aber ebenso wichtig ist — lassen wir links weg —, daß du dich einordnest!" Der Berliner SPD-Vorsitzende erinnerte dann an den 1. Mai: „kein Parteimitglied darf die Teilnehmer der Kundgebung behindern" — und sagte, die Fehlorientierungen Adenauers hätten den Sowjets nicht das Recht gegeben, Berlin von seinen Vorhaben abdrücken zu wollen.

Zu Beginn hatte Bundessenator Klein das Mitspracherecht Berlins in der zweiten Genfer Verhandlungsphase gefordert. Es sei ein „Dilemma" gewesen, daß man die Berlin-Frage aus dem westlichen Pakt ausgeklammert und isoliert behandelt habe. Auch Brandt hatte sich für eine „Entberlinisierung" der Konferenz eingesetzt.

„Schwärmerei" stößt auf Kritik

Gegen das „wilde Vereinfachen" von Ristock wandte sich als erster der Bundestagsabgeordnete Neubauer. Man könne nicht „zwei völlig verschiedene Dinge in gleicher Weise bekämpfen". Man dürfe auch nicht in „Schwärmerei und Kombination" verfallen. Es sei tragisch, ob einer, der sage „Ich stehe links" deswegen auch links stehe. Es gebe in der Partei Leute, die „manchmal unbewußt das Spiel der andren Seite unterstützen".

Darauf wandte sich der Vorsitzende des „marxistischen Arbeitskreises", Köhler, gegen

Neubauer und meinte, viele Genossen hätten heute „große Bauchschmerzen". Der SPD-Deutschlandplan sei die „einzigste Chance". Jetzt bestehe die Gefahr einer ideologischen Zersetzung der Partei. Solange man nicht eine „objektive Wertung der Meinungen" vornehme, sei es schlecht mit der SPD bestellt.

Unter Beifall, aber auch Zwischenrufen stellte Richter (Wilmersdorf) zu Ristock fest: „Ich habe mich gefreut, einen Linken kennenzulernen! Was ist denn so ein Linker? Das sind die, die mit Kanonen gegen Adenauer

Kinderarbeit, die nicht sonderlich ernst genommen worden ist, was z. B. auch so ein Vorwurf gegen Ristock war, besonders im Zusammenhang mit der Tatsache, daß wir anläßlich der Geschehnisse um den Ristock-Prozeß – dieser berühmten Zweckentfremdung von Bundesjugendplanmitteln für Kurse und Lehrgänge zugunsten anderer Zwecke des Verbandes – festgestellt haben, daß besonders die Führungsgruppe damals dieses Geld sehr zielgerichtet für von ihnen gewünschte Aktivitäten eingesetzt hatte, während gerade die praxisorientierten Kreise darüber klagten, daß nie Geld da war.«
(Wolf Tuchel in einem Interview mit Michael Schmidt)

Alfred Gleitze wurde Nachfolger Ristocks als Landesvorsitzender der Falken. Es war für ihn nicht immer leicht, an seinem Vorgänger gemessen zu werden.

»Ristock beeinflußte den Verband stark. Er war sehr charismatisch und in den letzten Jahren fast einstimmig wiedergewählt worden. Selbst der Widerstand der Rechten schmolz dahin. Der Lipschitz hat gesagt: ›Na ja, eins muß ich mit Respekt zur Kenntnis nehmen: Du bist da der Volkstribun. Deswegen wird die Partei sich fügen müssen. Für einmal Demonstration zur Fasanenstraße (als damals diese antijüdischen Schmierereien waren), dafür habt ihr wieder einmal ›Ulbricht und Adenauer‹ gut.‹ Harry hatte eine ziemlich unumstrittene Autorität, als er als Verbandsvorsitzender ausschied. Er hatte eben dieses Charisma.

Vieles war aber auch Legende. Als ich das erste selbständige Zeltlager machen mußte, nachdem er als Vorsitzender ausgeschieden war, da kamen dann die 12 Oberbürgermeister plötzlich mit der These: ›Du läßt dich hier zu wenig blicken, Harry war bei uns immer den ganzen Abend am Lagerfeuer.‹ Und als ich denen sagte: ›Das

180

kann ja gar nicht stimmen, der kann nicht an 12 Lagerfeuern zugleich sein,‹ da sagten die dann: ›Das ist theoretisch richtig, aber in Wirklichkeit war der immer bei uns den ganzen Abend am Lagerfeuer.‹ Das war mir klar, das kannst du nie erreichen, da kannst du auch gar nicht versuchen, ihn zu kopieren.«

Noch gehörte der Sport dazu

Die Veränderung der Mitgliederstruktur im Arbeiterjugendverband wurde durch solche dominierenden Persönlichkeiten eher verdeckt. Dagegen lassen sich am Beispiel der »Sportarbeitsgemeinschaft« viel eher die Unterschiede verdeutlichen: Der Begriff »Arbeitsgemeinschaft« war von den Funktionären geprägt. Die aktiven Falkensportler sprachen dagegen nur von der Sportgemeinschaft – Arbeit wurde da nicht so gern mit verbunden. Neben der eigenen Gruppe war für viele Arbeiterjugendliche die Sportgemeinschaft von besonderer Bedeutung. In den Bezirken mit hohem Arbeiteranteil gab es entsprechend große Sportgruppen, während in den Mittelschichtsbezirken der Sport keine oder nur eine untergeordnete Beachtung fand. Die Gründe dafür haben wir weiter vorne im Kapitel über körperliche Bedürfnisse beschrieben.

Die Sportarbeitsgemeinschaft entwickelte sich zur größten Arbeitsgemeinschaft der Berliner Falken in den 50er Jahren. Sie entsprach dem Bedürfnis der Jugendlichen, möglichst ihren gesamten Lebenszusammenhang im Jugendverband zu organisieren.

Ende der 50er Jahre zerfiel die Sportarbeitsgemeinschaft sehr schnell und verschwand spurlos. Sie wurde auch nie mehr aufgebaut, nur die Kanuten bestanden weiter und gründeten einen eigenen Verein, der noch heute besteht.

Damit zerfiel aber auch ein zentraler Bestandteil für den Lebenszusammenhang von Arbeiterjugendlichen im Jugendverband. Die Gründe für diesen Prozeß sehen wir in der generellen Veränderung des sozialdemokratischen Arbeitermilieus.

»Es ist ja unter politischen Menschen so eine bestimmte Körperfeindlichkeit festzustellen, also gegen jegliches sportliches Betätigen. Das ist zu der Zeit durchaus gewesen. Der Effekt, der seinerzeit mit dieser Sportgruppe erzielt werden sollte, der ist völlig ignoriert worden. Die Erkenntnis, daß man irgendein Medium braucht, um Leute zu interessieren, um sie auch mit seinen Bildungsinhalten in Verbindung zu bringen, die bestand auch gar nicht mehr.« (Siegfried Bilewicz)

Es scheint, als ob die damaligen Verbandsführungen diesen Prozeß kaum diskutiert hatten. Die Sportler waren für sie eben nicht die Vertreter der linken Politik des Verbandes, sondern eher eine unverstandene Gruppe, die durch ihre zahlenmäßige Größe einen nicht zu unterschätzenden Einfluß hatte.

»Ich muß auch sagen, daß wir damals in unseren Konzepten von Jugendarbeit körperliche und sportliche Betätigung in sträflicher Weise vernachlässigt haben. Wir waren damals – was Sport anging – von einer elitären Borniertheit.« (C. W. Müller)

Zeltlagererfahrungen
Im »Domizil« wird diskutiert, in der »Messe« tobt der Rock'n'Roll

Die verschiedenen Gruppen der Falken trafen sich bei Landeskonferenzen, Veranstaltungen, Demonstrationen und insbesondere in den Zeltlagern, wo die Gegensätze am intensivsten aufeinander prallten. Am deutlichsten ist diese Entwicklung in den Großzeltlagern zu erkennen, die Anfang der 60er Jahre stattfanden.

Nach Callantsoog in Holland fuhren 1700 Jugendliche mit, davon aber nur noch ein Drittel Falkenmitglieder, von denen viele in unterschiedlichster Form in der Rolle der Helfer(innen) aktiv waren.

»Die Grundidee ist vorher geprägt worden: Zeltlager gleich Massenbasis verbreitern. Wir gingen davon aus, daß man dem Jungen, der aus der Stadt raus will und der nicht genügend Geld hat, ein Angebot machen muß. Da haben wir überlegt, wie kann man das machen? Da haben wir erst mal den Senat malträtiert, uns die gesamten technischen Einrichtungen zu kaufen. Es ist uns gelungen, aus den Falken 30 bis 35 ältere Damen für die Küchenarbeit zu gewinnen. Wir gingen von 750 Teilnehmern aus. Dann kam Gleitze mit einem Trick. Er entdeckte eine kanadische Briefmarke und ließ ein Lay-out machen. Ein Mensch liegt auf einer Düne der Nordsee, und dieses Männeken räkelt sich, das blaue Meer, die Sonne scheint. Und dann passierte folgendes: In wenigen Tagen ist der Fünfhunderte da, eine Woche später ist der Tausendste da. Dann haben wir eine Woche nicht hingeguckt, und dann waren es 1760, d. h. wir hatten in ein Massenbedürfnis reingepiekt, ohne es zu wissen. Insofern ist die Leistung von uns zwar konzipiert, wir haben es auch bewältigt, aber daß es so viele werden würden, haben wir nie gewußt. 17 Tage hat es geregnet von 21 Tagen. Trotzdem haben die alle das als ein großartiges Lebensereignis in Erinnerung. Es war zwar von oben geleitet, aber die Struktur war wie in einer richtigen Demokratie, also auf der Grundlage Dörfer, Oberdörfer. Kinder-, Nest- und Jungfalken – ein Bürgermeister mit den Helfern, das war das Skelett. Die hatten die Autorität, die waren verantwortlich. Dann ein Rotfalkendorf, dann ein SJ-Dorf, von 6 bis 25 war da alles zusammen. Ich halte das für eine meiner dollsten Geschichten, organisatorisch.« (Harry Ristock)

Das Wilmersdorfer Zeltdorf baute das »Domizil« auf, eine neue kulturelle Attraktion für die Mittelschichtsjugend:

»Da haben wir Wilmersdorfer viel Zulauf gekriegt von den anderen. Da hatte ich auch Berge von Büchern, Kästner, Tucholsky, dann die russischen Satiriker, aber auch so ernste Sachen wie die damalige aktuelle polnische Literatur. Dann wurde da unheimlich diskutiert über das, was Inhalt der Geschichten war.« (Gunther Soukup)

Die Plötzenseer leiteten die »Messe«. Dort wurde Rock'n Roll getanzt, die unorganisierten Jugendlichen waren abends hier. Es gab auch Bier zu kaufen, und eine politische Bedeutung war von seiten der Wilmersdorfer bei diesem »Treiben« nicht erkennbar. Der Organisator der »Messe« war Herbert Bohn:

»Das waren die Wilmersdorfer – nur Politik und weiß ich was, auch andere Kreise ein bißchen. Es war bedingt, wer da Vorsitzender war. Die waren – dagegen.«

Das Selbstbewußtsein der Arbeiterjugendlichen war im Zeltlager sehr stark ausgeprägt, weil hier ihre praktischen Fähigkeiten gebraucht wurden:

»Die Kreuzberger waren die handwerklich Geschickten, beim Zeltaufbau viel schneller. Die waren nicht zu dämlich, ein Feuer anzumachen, die schämten sich auch gar nicht, daß sie es können. Die schämten sich gar nicht, daß sie ein Fahrrad blitzschnell reparieren konnten und wußten, daß man ein Zelt, wenn es naß wird, nicht noch obendrein spannt. Die anderen, die haben schon damals angefangen zu kokettieren mit dieser Dummheit. ›Ach so‹, haben die dann gesagt, ›ich habe keine Ahnung, wo der Motor in diesem Auto liegen könnte.‹ Das waren die Gebildeten. Das hat die Wut heimlich geschürt. Das hat die Kreuzberger unheimlich sauer gemacht. Aus einer Wut, die sich nicht artikulieren kann, heraus haben die das Ruppige immer betont, waren besonders laut, waren unheimlich verschrien, weil sie eine große Schnauze hatten.« (Hans Maasch)

Für die Arbeiterjugendlichen war der Zeltlageralltag erst richtig schön, wenn Spaß dabei war. Gerda Bohn und Christel Dittner erinnerten sich dazu gerne an die Wilmersdorfer:

Christel: »Das hat der Soukup damals gemacht, das ›Domizil‹, das war ja dann so ein gehobenes Kulturprogramm will ich mal so ganz – ich hätte beinahe gesagt – abwertend sagen. Die haben sich vornehmer ausgedrückt, die hatten immer so einen edlen Hauch um sich. Irgendwie tat mir persönlich die Art so ein bißchen leid.
Gerda: Ich fand immer, wir waren die Kings, mehr als die. Das hat uns überhaupt nicht beeindruckt.
Christel: Nun kannte man sich ja sehr gut, aber wo die auch auftraten, auf Landeskonferenzen oder so, die strahlten so eine gewisse Vornehmheit aus.
Gerda: Weißt Du noch, das eine Jahr in Callantsoog, da haben wir gesagt, die Rolling Stones kommen und jeder ist darauf reingefallen? Da haben wir gesagt: Nur mit Stempel – und da sind die alle todernst hingegangen und haben sich den Stempel geholt, und als nachher nichts war, haben die uns beinahe die ganze Messe zerkloppt.
Christel: In Callantsoog hat es viel geregnet, und viele Zelte waren nicht ganz dicht. Da wurde von der Lagerleitung ausgerufen über Lautsprecher: ›Regenpaste abholen!‹ Mit der Schubkarre kamen die zur Lagerleitung und wollten sich Anti-Regenpaste holen.
Gerda: Mensch, wir haben uns totgelacht, wer sich alles Anti-Regenpaste geholt hat. Mein Schwiegervater war in der Materialausgabe, der ist bald verrückt geworden: ›Jetzt kommen die schon wieder!‹ Der war noch so ein oller Herr und hat gesagt:›Ich muß doch mal fragen, aber Regenpaste haben wir noch nicht gekriegt.‹ Den hatten wir immer mitgenommen, denn es mußte ja jemand sein, der Tag und Nacht da aufgepaßt hat; die klauten dir die Schippe unterm Hintern weg – und der war immer

so pflichtbewußt. Wenn du da nicht innerhalb von 2 Stunden, wenn du angekommen bist, dein Zelt fix und fertig mit Brett..u hattest, warst du ein Dussel gewesen. *Christel.* Du tallt mir ein bei dem Wort ›froebeln‹. Es gab ja irgendwo auch so eine verbandsinterne Sprache. ›Froebeln‹ war eines der beliebtesten Worte, das stand für klauen. Froebel hat ja geklaut wie ein Rabe, das gab's ja gar nicht. Werkzeugkisten – jedes Oberdorf hatte seine Werkzeugkiste – wir waren ja immer genauso pfiffig, die waren alle farbig gekennzeichnet, unsere waren rot, Froebels gelb. Was hat man dann gemacht, wenn man so ein Ding gefunden hat? Dann wurde es schnell rot überstrichen.

Gerda: Aber so die Späße: Das hat Herbert erzählt: Da hat einer gesagt, er hätte so ein kleines Kotelett. ›Was‹, sagte er, hat abgebissen und – ›wenn du nun noch mal was sagst!‹ Und so Sachen – manchmal, wenn die Zelte nicht aufgeräumt wurden – ein Loch gemacht, dann kamen die Töpfe alle da rein, die ganzen Töppe...

Christel: Oder an der Fahnenstange hochgezogen.

Gerda: Das war ein beliebter Sport. In Füssen...

Christel: ...haben wir einen im Schlafsack...

Gerda: ...sein Fahrrad oben hoch im Baum...

Christel: In Glienicke war das.

Gerda: Nein, in Füssen war es.

Christel: Aber in Glienicke haben wir ein Moped hochgezogen.

Gerda: Ein Fahrrad auch – Mensch, wer war denn das? Der hat sein Fahrrad gesucht, und wir hatten das hochgezogen. Der hat immer sein Fahrrad gesucht und ist nicht drauf gekommen. Ist auch ein ganz Bekannter, ich komme jetzt nicht auf den Namen.«

Daß sich die sonst so redemächtigen Funktionäre auch einmal als schwach erwiesen, war ihr Schicksal im Zeltlager. Ebenso ist es sicher kein Zufall, daß gerade aus dem Bücherzelt der Fußboden geklaut wurde:

»Wir haben gut organisiert. Das hat der Landesvorstand mitunter selbst nicht verstanden. Wir sind am hellichten Tage mit dem Trecker rausgefahren und haben den Fußboden in der Bibliothek rausgeräumt. Dann haben die das erst gemerkt und gemeint: Heute nacht haben die das gemacht. Dabei haben wir das am hellichten Tage gemacht. Solche Gags haben wir da abgeschossen. Mit den Kreuzbergern haben wir uns auch sehr gut verstanden.« (Herbert Bohn)

Diese Erinnerungen an Auseinandersetzungen im Zeltlager scheinen uns kein Zufall zu sein. Obwohl die Formen eher spielerisch waren, drücken sie doch alte Gegensätze zwischen Arbeiterjugendlichen und den »gebildeten« Aufsteigern und Angehörigen der Mittelschichten aus.

Wir wollen aber davor warnen, nur den Studenten und ihrem »elitären Auftreten« die Schuld für die Resignation der Arbeiterjugendlichen zu geben. Dies ist eine gerne benutzte Verratsthese, die aber nicht erklären kann, warum sich andere verraten lassen haben oder was die Faszination dieser Aufsteiger war. Die meisten der langjährigen Falkenmitglieder haben beispielsweise einen solchen Aufstieg für sich selber auch angestrebt.

Zum anderen war die Kritik der Studenten an den traditionalistischen Formen des Verbandes nicht immer unberechtigt. Die ersten Anzeichen der späteren antiautoritären Jugendrevolte wurden bei den Falken schon sehr früh zu Beginn der 60er Jahre sichtbar.

»Das fing doch so ganz sachte an, das Thema ›autoritäre Strukturen‹, also schon nach dem ersten Callantsoog-Zeltlager. Also was die Bosse da oben sich so einfallen

184

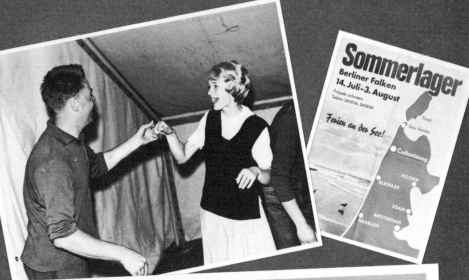

Sommerlager
Berliner Falken
14. Juli–3. August
Prospekt anfordern
Telefon 243935, 243929

Ferien an der See!

Texel
Den Helder
Callantsoog
HOORN
ALKMAAR
EDAM
AMSTERDAM
HAARLEM

27

ließen, so diese Lagergeschichte, wo die Teilnehmer mal nachts nach Amsterdam gekarrt wurden, die Helfer kriegten dann extra mal Würstchen, die Bürgermeister kriegten dann schon Hühnchen, und die Lagerleitung machte voll auf Prassen.« (Gunther Soukup)

Die politische Radikalität dieser neuen Avantgarden und insbesondere ihre kulturellen Ausdrucksformen waren attraktiv. Es existierte eben auch für die Arbeiterjugendlichen bei den Falken nicht eine heile Welt, die nur zu verteidigen gewesen wäre. Aber die Befürchtung, daß mit diesen neuen Formen und Inhalten auch die alten proletarischen Schutzzusammenhänge aufgegeben werden könnten, erwies sich später als nicht unberechtigt.

»Was heißt eigentlich Engagé?«

Auch bei den Falken machten sich – wenn auch verspätet – die neuen Jugendmoden bemerkbar. Die jungen Sozialisten standen diesen Modeströmungen zwar lange Zeit distanziert gegenüber, denn der Verdacht war groß, »daß hier nur die Jugend von ihren politischen Aufgaben abgehalten werden sollte.«

Es liebäugelten die ersten Mittelschichtsgruppen mit Gedanken und Verhalten des aus Frankreich übernommenen Nachkriegsexistentialismus. Ein Gruppe gab sich selbst den Namen mit einem Schlüsselbegriff dieser Bewegung, die Wilmersdorfer Gruppe Engagé (natürlich in französischer Sprache). Der Gruppenleiter war Gunther Soukup:

»Wir haben Teeabende organisiert. Wir haben ein Buch vorgelesen oder ein Schriftsteller kam. Wir haben darüber diskutiert, und die Runde wurde immer größer. So waren eine Menge Kontakte von Leuten entstanden, die dann eigentlich aus der Kulturarbeit heraus sich zu einer Falkengruppe engagierten. Eine Gruppe, die einen Gruppenabend über Sartre macht, war sicherlich nicht typisch. Allein schon die Tatsache, daß die sich mit Sartre beschäftigt, war natürlich schon ungewöhnlich. Eigentlich waren das Leute, die bis dahin noch kein Zelt gesehen hatten, die erst über diese Gruppe in so ein Zeltlager kamen und natürlich große Schwierigkeiten hatten, mit den praktischen Erfordernissen des Lagerlebens klar zu kommen.«

Im »arbeitskreis engagé« organisierten sich Studenten und Gymnasiasten. Dagegen waren die »Heuschrecken« mehrheitlich Arbeiterjugendliche. In der Wilmersdorfer Falkenzeitung »Kontakt« fanden wir folgende Gruppenselbstdarstellung:

Den Beginn macht die älteste Gruppe unseres Bezirkes, die *Heuschrecken*.

Unsere Gruppe wurde schon 1946 in Wilmersdorf gegründet. Wir sind daran interessiert, unsere Gruppenabende so vielseitig wie möglich zu gestalten. So besuchen einzelne regelmäßig den Sportabend der Falken in Wilmersdorf, wo wir Basketball und Hallenhandball spielen. In den Sommermonaten trifft sich die Gruppe an den Wochenenden auf der Havel, da einige Mitglieder Faltboote besitzen. Wenn es möglich ist, übernachten wir in Zelten. In den Wintermonaten besuchen wir Opern-, Theater- und Filmabende. In diesem Rahmen sahen wir als letzten Film »Lolita« und gehen im August in die Deutsche Oper »Palästrina«.
Auf den Gruppenabenden haben wir uns in letzter Zeit mit Literatur beschäftigt (Heine und Kästner). Für die nächste Zeit ist ein Dia-Abend mit selbstgefertigten Bildern geplant.
Unser Gruppenleiter ist Rolf Hirschmann (25), unser jüngstes Mitglied ist 17 Jahre alt.
Wir treffen uns im Anne-Frank-Heim montags von 20–22 Uhr.

Das sind rund 15 Jungen und Mädchen. Sie arbeiten tagsüber in Betrieben, lernen ein Handwerk, gehen zur Schule oder studieren. Sie alle haben trotz der verschiedenartigen Schulbildung gemeinsame Interessen: Sie sprechen über politische Tagesfragen, versuchen sich an der Geschichte zu orientieren, und fast jeder gestaltet dabei selbst einmal einen Gruppenabend, indem er ein kleines Referat hält, das dann von der Gruppe diskutiert wird. Nun noch etwas zum Namen der Gruppe:
Sie nannte sich so, weil alle meinten, daß man allen Dingen gegenüber Stellung nehmen müßte; sich also »engagieren« müßte.[11]

Der Rock'n'Roll wurde bald von den Arbeiterjugendlichen entdeckt. Die neue Körpererfahrung in wilden Tänzen entsprach viel eher ihrem Lebensgefühl.

»Die Mächen haben einen Chor gebildet und die Jungs eine Gitarrengruppe. Alle waren zusammen, und Rock'n'Roll haben wir auch geübt. Da haben wir Schallplatten besorgt, und einer hatte nachher auch ein Tonband. Dann haben wir geübt, bis wir es besonders gut konnten mit Überschlag und Durchrutschen und alles – das hat ja Spaß gemacht.« (Barbara Greube)

Sehr deutlich wurde die Faszination des Rock'n Roll, zu der Neugier und Angst gleichermaßen gehörten, bei Wolfgang Jahn, der diese Phase aus der besonderen Situation des Ost-Berliners erlebte.

»Meine Gruppe hat immer überlegt – als die Filme rauskamen, wurde jedesmal berichtet, daß wieder ein Kino kaputtgeschlagen worden ist – wann wir denn da nun hingehen sollten. Das haben wir nie geschafft, weil wir uns nie getraut haben. Wir waren vielleicht noch etwas bürgerlicher eingestellt als die Jugendlichen im Westen. Vielleicht waren wir noch nicht selbständig genug, ich weiß nicht warum, aber wir waren eben ein bißchen anders. Ich hatte keinen Plattenspieler. Bei uns zu Hause gab's das nicht, wir hatten kein Geld dafür. Deshalb waren wir vielleicht auch ein bißchen anders. Als wir draußen waren zu einem Seminar, da haben wir uns entschlossen, in den Film ›Rock'n Roll – 4. Teil‹ zu gehen. Aber weise wie wir waren, haben wir gesagt, nicht in den ersten Reihen, wir gehen hinten hin. Wir haben dann richtig mitgekriegt, wie vorne die ersten drei Bankreihen kaputtgeschlagen wurden und die den Rock da vorne getanzt haben. Aber ich war so hell begeistert von diesem Film, daß ich das da unten als Nebenerscheinung sah. Erst als die Polizei drinne war und es vorne wieder Ruhe gab, ist mir aufgefallen, was es damit zu tun hat. Ich muß auch sagen, ich hatte einen unheimlichen Bammel ins Kino zu gehen. Zu dieser Zeit war nämlich die Motorradzeit, und da standen haufenweise die Maschinen. Da ist mir schon innerlich schlecht geworden und ich dachte, das kann ja heiter werden. Aber ich habe den Film gesehen.«

In einigen Bezirken gab es Versuche, Halbstarke in die Gruppen zu holen. Dafür gab es zwei Gründe: Die Falken wurden offensiver auf der Straße »angemacht«, und in den Jugendfreizeitheimen ging schon ab und zu etwas in die Brüche. Die andere Motivation lag aber sicher auch in dem ausgeprägtem sozialpädagogischen Helferbewußtsein.

»Aber gerade die Halbstarken – wenn ich mir das heute so überlege, war das eigentlich eine sehr leichtsinnige Haltung – die Halbstarken haben wir im Grunde bedauert. Wir haben uns als was Bewußteres empfunden, als was Besseres.« (Siegfried Stirba)

»Halbstarke, das waren auch die, die manchmal ins Jugendheim kamen, die Türen aufrissen und versuchten, da ein bißchen rumzumotzen. Entweder hat man mitgemotzt oder hat sich mit denen unterhalten und hatte das Sendungsbewußtsein, die mußt du umkrempeln. Entweder haben sie Türen aufgerissen und gesagt: ›Was macht ihr denn hier‹ – oder haben sich hingesetzt und hingelümmelt. Ich kann mich nicht erinnern, daß wir Schwierigkeiten mit denen hatten. Eine Abkapselung gab's auch nicht. In Heiligensee war ja immer nachts großes Abenteuer – nackend Baden gehen. Dann haben wir unsere Klamotten da irgendwo hingepackt, dann kamen wir raus, dann waren die weg. Dann gab es große Streitigkeiten, weil du nicht aus dem Wasser konntest, weil die unsere Klamotten geklaut hatten.« (Barbara Greube)

Die Versuche der Integration von Halbstarken mußten scheitern. Obwohl sich immer mehr Falken auch mit der neuen Rock-Musik indentifizierten – sie waren anders.

»Du mußt mal überlegen, ich habe mich z. B. ein einziges Mal geprügelt in meinem Leben, in der Schule. Das mag auch Gemeinschaftserziehung von den Falken gewesen sein. Man hat immer zu uns gesagt, Prügeln wäre das Letzte, der Geist ist wichtiger. Du mußt also versuchen, dich geistig auseinanderzusetzen – bei allen Situationen, die da sind, erstmal im Guten versuchen. Zum Schluß, wenn nichts mehr geht, wenn du angegriffen wirst, dann kannst du erst zugreifen, vorher nicht. Deshalb war ich auch in Schule derjenige, der sehr viel geredet hat. Bei Auseinandersetzungen habe ich immer gesagt: ›Komm, laß uns erst darüber reden, ehe du zuschlagen tust.‹« (Wolfgang Jahn)

Aber nicht nur von den Halbstarken unterschieden sich die Falken grundlegend. Das innerverbandliche Klima wirkte auf immer mehr Arbeiterjugendliche altmodisch und elitär. Gruppendisziplin, Bildungsarbeit und Gruppenleiter erinnerten zu sehr an die ungeliebte Schule.

So fühlten sich in den 60er Jahren immer mehr die eher bildungsorientierten Mittelschichtjugendlichen vom Verband angesprochen. Sie konnten mit ihren besseren Voraussetzungen aus Schule und Elternhaus auch sehr bald bei den Falken Einfluß gewinnen. Sie stellten immer mehr Funktionäre und bestimmten die politischen Seminare. Sie brachten aber auch einen politischen Optimismus mit, der dem sozialdemokratischen Arbeitermilieu immer mehr verloren gegangen war.

Der Kampf gegen die Freizeitindustrie
– Traditionalismus und Modernisierung –

Wir haben schon beschrieben, was es hieß, als Sozialist mit einer roten Fahne damals in Berlin durch die Straßen zu marschieren. Entsprechend kritisch stand ein großer Teil der Berliner Jugend den Falken gegenüber.

Zum Ende der 50er Jahre kam aber eine entscheidende Veränderung hinzu. Die Falken schienen der Zeitströmung entgegen zu schwimmen. Die Jugendgruppen wurden nicht mehr um ihren Zusammenhalt beneidet, sondern eher als Anachronismus belächelt. Die Freizeit- und Konsuminteressen konnten jetzt anders organisiert werden. Den Jugendverbänden entstand eine einflußreiche Konkurrenz durch Freizeitindustrie, staatliche Jugendpflege und private Reiseveranstalter, die das Image der Selbständigkeit verkaufen wollten.

Hermann Giesecke beschrieb diesen entscheidenden Einschnitt in den 50er Jahren so:

»Jugendarbeit war ja von Anfang an eine spezifische Form der Freizeitgestaltung, die sich deutlich und nicht selten auch polemisch gegen gesellschaftliche Konventionen abgrenzte: Volkslied statt Schlager, Wandern statt Touristik, Volkstanz statt Tanzstunden-Tanz, Theater statt Kino, Selbermachen statt Kaufen usw. Die Geschichte der Jugendarbeit als eines spezifischen Freizeitangebots ist aber die Geschichte zahlloser Niederlagen gegen die Erwartungen und Angebote jener egalisierenden Massen- und Konsumkultur. Die Angebote der Jugendarbeit wurden immer weniger konkurrenzfähig, sie können sich teilweise nur dadurch noch halten, daß sie es billiger machen: Disco im Jugendheim, subventionierter Sozialtourismus usw. Seit spätestens Mitte der fünfziger Jahre findet sich die Klage, daß die Jugendlichen, die sich nun auch etwas leisten können, eine Konsumhaltung an den Tag legten und die Angebote der Jugendarbeit an dem maßen, was ihnen der kommerzielle Sektor bot. Ein wichtiges Datum in diesem Zusammenhang ist die Erfindung und Verbreitung der Rock'n-'Roll Musik Mitte der fünfziger Jahre. Mit ihr und den entsprechenden Folgewirkungen – Tänze, Moden usw. – begann die kommerzielle Ausbeutung des Jugendalters, der die Jugendarbeit mehr oder weniger erliegen mußte, – sei es durch Anpassung, sei es durch Untergang. Neu daran war, daß zum ersten Mal eine Unterhaltungsmusik für ein jugendliches Publikum gemacht wurde, während bis dahin Unterhaltungsmusik und Tanzschlager nicht für eine bestimmte Generation angeboten wurden.«[12]

Die Jugendverbände wurden mit staatlicher Jugendarbeit in den Freizeitheimen gleichgesetzt. Immer mehr ehemalige Funktionäre besetzten ja tatsächlich die Posten des Sozialarbeiters oder des Heimleiters. Die neu entstehenden Angebote der Freizeitindustrie schienen dagegen eine Alternative zur Jugendorganisation und ihren hohen moralischen Ansprüchen zu sein.

»Es gab im Zusammenhang der Freizeitindustrie plötzlich einen schönen farbigen Tunnel. Man konnte getrost eine andere Gruppe finden, nämlich die, die in den Tanzcafés rumturnten. Was sie da erlebten, war bedeutend z. B. im Vergleich Heimleiter – Gastwirt. Wenn man in so ein Tanzlokal reinging, da kaufte man ein Bier und damit war alles legitimiert. Der Gastwirt kam nicht und sagte: ›Mit der Lederjacke kannste hier nicht sitzen, das ist ein Jugendheim‹. In den Tanzcafés haben die gesessen, da war Musik, da haben sie mit ihren Miezen geredet, da haben sie mit dem Gastwirt geredet. Der Gastwirt hat nicht erst mal eine Forderung gestellt, der hat nichts gesagt, schon Marx gelesen oder so was, sondern der hat auf die Behauptung eines jungen Mannes, der einen idiotischen Lehrmeister hat, gesagt: ›Kann ich mir vorstellen.‹« (Hans Maasch)

Auf Grund dieser Erfahrungen begann aber auch bei den Falken eine Umorientierung, die diesen neuen Konsum- und Unterhaltungsinteressen der Jugendlichen gerecht werden sollte. Einen solchen Prozeß hatte die SPD schon lange eingeleitet. Es reichte nicht mehr, nur auf die traditionellen Parolen zu vertrauen und auf die Stärke des eigenen Milieus zu setzen. Der Wahlkampf der Partei wurde immer mehr von professionellen Werbemanagern übernommen. In der Jugendarbeit hieß die neue Leitlinie: »Die Jugendlichen dort abholen, wo sie stehen.«
   Die Orientierung auf die Bedürfnisse der Jugendlichen verlief parallel zur Politisierung des Verbandes Mitte der 50er Jahre und sollte der Verbreiterung der politischen Positionen dienen. Diese Entwicklung wurde von den Führungsgremien eingeleitet. Erstmalig stellte man für diese Aufgaben einen Kulturreferenten ein, Carl-Wolfgang Müller:

»Ich bin eigentlich ganz stark sozial-psychologisch an diese Sache rangegangen. Ich habe mich stärker an den Erscheinungsformen orientiert und habe gedacht, da muß man doch dran drehen können. Ich habe mich damals sehr stark für Motivforschung

Ausschnitt aus einer Falkenwerbebroschüre

und Werbeforschung interessiert und habe gedacht, so ein Verband, der das richtige Bild und das richtige Konzept hat und die richtige Linie hat und in der richtigen Tradition steht, der muß doch dazu zu bringen sein, sich auch nach außen hin attraktiver und überzeugungsfähiger darzustellen. Ich habe gesagt, ich werde euch zeigen, man kann die Geschichte des Verbandes, auch die aktuelle Auseinandersetzung mit politischen Fragen genauso chic und spannend – ich mag auch gesagt haben – verkaufen. (...) Das Prinzip, das wir versucht haben den Gruppenleitern zu vermitteln: Wir sind gut, wir machen die richtige Politik, wir sind auf der richtigen Entwicklungsschiene, aber wir müssen uns in einer Weise darstellen nach außen, die es der Mehrheit, die noch gegen uns ist – weil sie verblendet sind und weil sie Springerpresse lesen – die es den anderen ermöglicht, sich mit uns zu identifizieren. Das war eigentlich das Konzept in diesem Zweischritt: Nach außen hin Darstellung sozialistischer Revuen, Chorarbeit usw. Nach innen – Aufweichen des etwas hierarchisch und autoritär strukturierten Klimas, wo halt der der Größte ist, der am besten die gegenwärtige Linie verfechten und formulieren kann.«

Sozialistische Jugendrevuen

Die Sozialistischen Jugendrevuen waren die erfolgreichsten kulturpolitischen Großveranstaltungen der Falken. Es gelang, die Interessen der organisierten und die der unorganisierten Jugendlichen zusammenzubringen.

»Das Ding war voll. Du hast jedesmal Mühe gehabt, Karten zu kriegen, oder wenn du da verschlafen hast, hast du dich geärgert, daß du nicht rankommen konntest. Ich bin immer hingegangen, es war das Schönste, was es überhaupt gab, dort vormittags hinzugehen. Das war eine hervorragende Geschichte, wo auch ein bißchen von den Falken gezeigt werden konnte. Ich glaube, da war einmal sogar der Ernst Busch eingeladen. Die Dinger waren knackendvoll. Ich glaube, daß diese große breite Öffentlichkeitsarbeit eine hervorragende Geschichte gewesen ist, weil einfach so die Bevölkerung wußte, wer die Falken sind, was das für ein Jugendverband ist, was sie anbieten, was sie machen, was für Aktivitäten.« (Wolfgang Jahn)

Bei den Jugendrevuen waren zu Beginn die Falkenkulturgruppen aktiv mitbeteiligt. Es war ein gemischtes Programm, in dem die Chöre, Volkstanzgruppen oder Sprechtheatergruppen auftreten konnten. Die Falken hatten ein Bedürfnis erkannt. Es gab nur wenig vergleichbare Angebote für Jugendliche zu einem so geringen Eintrittspreis.

Damit gelang einer der wenigen erfolgreichen Modernisierungsversuche des Verbandes. Auch die politischen Positionen mußten dabei nicht zurückgestellt werden. Die Vorsitzenden hielten kurze Reden, und zentraler Bestandteil war immer die Falkenkabarettgruppe »Die Zivilisten«.

»Das Politische haben wir durch das Kabarett reingebracht, ›Die Zivilisten‹. Die haben nicht hintereinander gespielt, sondern immer zwischendurch ihre Einsätze gegeben, hartes politisches Kabarett. Es gab auch entsprechende Reaktionen im Publikum, Pfiffe und Buhs. Dann kamen die neutralen Typen, dann war es wieder ein bißchen ausgeglichener.

War der Friede hergestellt, setzten die ›Zivilisten‹ wieder ein. Es war der Versuch, erstmal ins Gespräch zu kommen, also daß ein sozialistischer Jugendverband nicht von vornherein als Buhmann auftritt, sondern daß wir so wie ein Ansprechpartner sind und nur ab und zu mal so einen Pferdefuß dazwischen haben. Wenn die ›Zivilisten‹ nicht gewesen wären, das hätte jeder Rundfunk oder jeder Kleingartenverein genauso gemacht mit gleichen Inhalten, mit gleichen Leuten.

Wir haben immer geguckt bei Künstlern, die einen guten Namen hatten und die für Jugendarbeit zu kriegen waren, die also umsonst oder für ganz wenig Geld gekommen sind; Klaus-Günter Neumann, Horst Braun z. B. Dann haben wir Leute geholt, die gerade ›in‹ gewesen sind. Einmal war zum Beispiel eine Aufregung, da haben sie eine

Liebe Freunde der Falken,
all' unsere Erwartungen
sind übertroffen worden

Unsere
1. Sozialistische Jugendrevue
ist überfüllt!

Sie sind zu uns gekommen
und wir wollen Sie nun nicht enttäuschen
Deshalb bitten wir Sie.
am kommenden Sonntag, 23. 10. 1955
am gleichen Ort, zur gleichen Zeit —
und an der gleichen Stelle
unsere Gäste zu sein

Unsere
1. Sozialistische Jugendrevue
wird wiederholt!

Dieser Hinweis-Zettel berechtigt zum freien Eintritt
Auf Wiedersehen!
SJD „Die Falken"

Die Zivilisten

KABARETTGRUPPE DER BERLINER SOZIALISTISCHEN JUGEND — DIE FALKEN

DER ALTE MANN
UND DAS **H**EER

Es wirken mit: CHRISTA BEICH
EVA NAUMANN
HANNELORE WAGNER
ALFRED GLEITZE
HELMUT HAMPEL
KARL-HEINZ KAULICH
LUTZ SCHULZE

Unser Motto: ZIVIL BLEIBT ZIVIL

Riesenbombe gefunden im Zentrum. Die konnten sie nicht entschärfen und nicht transportieren. Das ging ein paar Tage durch die Zeitung. Dann haben die den Polizeifeuerwerker geholt, und der hat es dann gemacht. Den haben wir uns dann gegriffen – Räbiger hieß der glaube ich – der fühlte sich auch geehrt.« (Waldemar Klemm)

»Der Begriff ›Zivilisten‹ ging von einer starken antimilitaristischen Welle aus. Man darf den zeitlichen Raum, Abstand zum Kriegsende und Zusammenbruch, nicht vergessen. Dann haben wir einerseits uns selbst Texte zusammengebastelt, andererseits haben wir Texte – man kann fast sagen – geklaut, die schon mal irgendwo gelaufen sind, und haben dann auch Unterstützung von Harry gekriegt, aus der Landesverbandsebene. In Bonn hatte sich inzwischen beim Parteivorstand ein Referat damit beschäftigt, die Partei auszurüsten für Wahlkämpfe mit Kabarettexten.« (Alfred Gleitze)

Nach außen hin wurden die Falken wieder bewundert. Die Jugendlichen kamen gern zu den Revuen. Diese Form der Öffentlichkeitsarbeit wurde sogar von einzelnen Bezirken übernommen und auf regionale Maße zugeschnitten.

»Die Steglitzer-Jugendrevue war anders, die war schmalspuriger, für eine geringere Teilnehmerzahl angelegt, auch von den Kosten her. 400, 500 Leute waren da im Saal, während im Korso-Theater 2000 saßen. Wir haben versucht, ein bißchen Lokalkolorit reinzubringen und auch noch einige Spielformen, um uns von der Bombastik zu unterscheiden, d. h. wir haben selber was betrieben. Wir hatten ein kleines Naturtalent, den nannten wir Jimmy, der hieß aber in Wirklichkeit ganz anders, der hatte eine Ukulele und trug Couplets vor von Otto Reuter und so. Das war auf der großen Jugendrevue nicht drin, aber in Steglitz konnten wir das machen. Dann haben wir Falkengruppen Volkstanz machen lassen und ähnliche Geschichten, haben aber auch Profis bestellt. Mit frommem Blick ist dann mein Bruder mit einem anderen hingezogen zu der Ursula Herking, die gerade in Berlin gastierte mit ihrer Lach- und Schießgesellschaft, und haben gesagt: ›Wir haben kein Geld, können Sie nicht kostenlos bei uns auftreten?‹ Dann sind die gekommen. Die wären zum Korso-Theater nicht mehr für umsonst gekommen. Aber in so einer Schule haben sie das gemacht.« (Alfred Gleitze)

Bei solchen Aktivitäten konnten viele Falken praktisch helfen und lernten, Positionen nach außen zu vertreten, wenn sie im Jungendfreizeitheim Karten verkauften oder als Sprechtheatergruppe auftraten. Leider blieb die Entwicklung nicht an diese realen verbandlichen Möglichkeiten gebunden. Die Erfolge der Sozialistischen Jugendrevuen verleiteten die Funktionäre zu immer großspurigerem Auftreten. Damit entstand aber eine Kluft zwischen der Außendarstellung und der Verbandswirklichkeit. Die Professionalisierung der zentralen Jugendrevuen verhinderte die aktive Beteiligung der

Falkengruppen. Ausnahmen waren nur die »Zivilisten« oder der Falkenchor. Das Programm wurde immer mehr von den Unterhaltungsprofis gestaltet, denen die Falkengruppen weichen mußten. Die Sozialistischen Jugendrevuen wurden zu einem Stellvertreterunternehmen, bei dem die Falken nur noch Zuschauer waren.

»Daraus hat sich unter der Leitung von Jule Hammer so etwas wie eine Künstleragentur entwickelt – Vermittlung von linken Künstlern, die ein Programm machen konnten für die SPD, für die Jungsozialisten, für den SDS und für die Falken. Das waren Leute, auf die man zurückgreifen konnte, die auch ein Repertoire darauf hatten, also Brecht-Geschichten oder Tucholsky-Geschichten. Der Versuch, an sozialistischem Kulturgut wiederzubeleben, was in der Weimarer Zeit existiert hat. Also Sozialistische Jugendrevuen mit dem Ziel, auch ein Umfeld um die Falken herum zu schaffen, das falkenfreundlich ist. Da hat es auch lange Diskussionen zwischen Jule Hammer und mir gegeben. Jule war als Kulturmanager fast ausschließlich interessiert an der Wirkung nach außen und ging deswegen von dem Konzept aus, das müssen professionelle oder quasi professionelle Leute sein. Es hat keinen Sinn, in einen großen Saal vor 2000 Jugendlichen eine Falkengruppe hinzustellen, die Volkstänze macht oder sich versucht in der Skiffle-Musik. In den ersten zwei oder drei Revuen hatten wir noch Falkengruppen, die dann mit einzelnen Nummern aufgetreten sind. Ich habe die dann umarmt, interviewt und gesagt, das sind unsere Leute, das sind nicht irgendwelche Künstler. Das hat dann bei der Verfeinerung der Revuen und der Optimierung ihrer Wirkung – so wie Jule Hammer sie verstanden hat – dazu geführt, daß wir im Grunde hinterher professionelle Leute hatten, daß die Falken die Konsumenten waren.« (C. W. Müller)

Der öffentliche Erfolg ließ Kritikern wenig Chancen. Ein jeder Vorstand sonnte sich gerne in solchen Massenveranstaltungen, auf denen natürlich auch immer etwas Raum für die Auftritte der politischen Redner war.

Langfristig haben diese Jugendrevuen den sozialistischen Jugendverband nicht stabilisieren können. Zwar konnten die Mitglieder stolz auf das Organisationstalent ihres Verbandes sein, aber eigentlich waren sie später nur noch passiv beteiligt und mußten sich sogar noch taktisch verhalten, denn ihnen gefiel dieses Unterhaltungsprogramm nicht immer:

196

Sozialistische Jugendrevue

Vier Herzen im Mai

im Städtischen Saalbau
Karten bei Karin u. an der Morgenkasse

»Also man mußte sie vorher informieren, daß sie nicht pfeifen durften, weil wir natürlich den Massen auch Kitsch geboten haben. Du kannst für 4000 Leute nicht nur indoktrinierendes Theater bieten. Es kam trotzdem zu Pfiffen, so diszipliniert waren sie nicht.« (Harry Ristock)

Aber in der Öffentlichkeit war die Wirkung groß, und das erschien den Funktionären, aber auch vielen Mitgliedern, wichtiger als die Widersprüche der eigenen Basis. Der Kampf um öffentliche Aufmerksamkeit paßte in das Konzept der politischen Auseinandersetzung dieser Jahre und entsprach dem Selbstverständnis der Falken als einziger linker Opposition in Berlin.

Eine Jugendrevue erlangte sogar überregionale Aufmerksamkeit:

»Vier Herzen im Mai« –. Es war ein Plakat mit einem Kleeblatt, die Fahnen der vier Besatzungsmächte. Wir haben auch von jeder Besatzungsmacht einen kulturellen Beitrag angefordert. Die Franzosen kamen mit einem Beitrag, die Engländer mit einer Hillbilly-Kapelle mit Waschbrett. Dann war die Frage, wie reagieren die Russen. Das wir bis zur letzten Minute offen. Dann war aber insofern der Eklat da – das hatten wir nun nicht erwartet –, als die dann auf den Hof des Korso-Theaters, militärisch vorfuhren; die kamen in Uniform mit einer Blaskapelle und Tänzern, so ähnlich wie die Donkosaken, bloß auf sowjetisch getrimmt. Es war in der damaligen Zeit doch ein großer Sprengstoff, daß die in Uniform kamen, also Besatzungsmacht darstellten. Wir haben einen Kompromiß gemacht. Die Leitung des Korso-Theaters hat einen Zwischenvorhang bereitgestellt, der wurde runtergelassen, hinter dem Vorhang spielte die Kapelle, und vor dem Vorhang tanzten die Tänzer, ohne daß die Kapelle zu sehen war. Es war natürlich eine Story für den Spiegel, diese Geschichte mit dem Zwischenvorhang. Dann reagierte natürlich auch sofort die offizielle politische Szene. Die Abgeordnetenfraktion kriegte dann CDU-Anfragen, also die übliche Aufgeregtheit.« (Alfred Gleitze)

„Vier Herzen im Mai"

Sowjetisches Tanzensemble im Mittelpunkt der „Falken-Revue"

Berlin (Eig. Ber.). Höhepunkt einer Jugendrevue der Westberliner „Falken" im Filmtheater „Corso" am Gesundbrunnen war gestern vormittag der Auftritt eines Tanzensembles der sowjetischen Streitkräfte in Deutschland. „Vier Herzen im Mai" lautete der Titel der Veranstaltung, zu der man die vier Stadtkommandanten Berlins eingeladen und sie gebeten hatte, eine Kulturgruppe ihres Landes mitzubringen.

Zwei bedauerten und sagten ab: der englische und der französische Stadtkommandant. Eine fünfköpfige Neger-Jazz-Band der amerikanischen Streitkräfte und etwa 40 Freunde der sowjetischen Armee waren gekommen.

Mit starkem Beifall begeisterten und bedankten sich die mehr als tau-send Jungen und Mädchen im „Corso" für die frischen, temperamentvollen Darbietungen der sowjetischen Gäste. Nachdem diese zweimal in ihren farbenfrohen Kostümen über die Bretter gewirbelt waren, wurde noch eine Zugabe erklatscht. Zustimmenden Applaus gab es auch für die Feststellung des Ansagers, daß dies das erstemal sei, da ein Kulturensemble der sowjetischen Armee auf einer Veranstaltung der sozialdemokratischen Jugendorganisation „Die Falken" in Westberlin mitwirke.

Ehrlich empört war der größte Teil der Anwesenden, als nach den Tänzen der stellv. Vorsitzende der Berliner SPD, Jupp Braun, auf die Bühne kam und diese Tatsache und die Freude darüber zu schmälern versuchte. Mit „Pfui!", „Das gehört nicht hierher!" und „Man kann nicht Gäste einladen und sie beschimpfen!" quittierten die Falken seine gegen die Sowjetunion und die DDR gerichteten Worte und zwangen den Redner, von der Bühne zu gehen.

BZ 14. Mai 1956

In den 60er Jahren wurden ähnliche kulturelle Großveranstaltungen immer mehr von privaten Veranstaltern organisiert. Jetzt gingen die Falkengruppen eben dorthin als Zuschauer. Die Sozialistischen Jugendrevuen starben, weil ihnen schon vorher die Kraft entzogen worden war – die aktive Beteiligung der Falkenmitglieder.

Avantgarde und Außenseiter

Die Jugendrevuen bestimmten natürlich nur zu einem geringen Teil das Ansehen der Sozialistischen Jugend. Die unorganisierten Jugendlichen gingen immer mehr in Distanz zu den Falken, die ihre »Avantgardeposition« deutlich sichtbar vor sich her trugen.

»Das, was wir am meisten hassen, ist der Unverstand der Massen!« Dieser Ausspruch von August Bebel war auch ein beliebtes Motto des Verbandes.

Wir wollen im folgenden genauer beschreiben, was die Berliner Jugend über die Falken dachte.

»Die Falken haben sicher keinen Hehl daraus gemacht, daß sie in ihrem Bewußtsein weiter waren als der Rest der ›Doofies‹. Es gibt ein offensives und ein defensives Avantgardebewußtsein. Avantgarde heißt zunächst mal Abgrenzung bei einer gleichzeitigen Definition, daß man weiter ist als die anderen. Bloß wenn die anderen das nicht akzeptieren als eine Führerposition, sondern als eine Außenseiterposition? – Es war mein Eindruck, daß der Verband und die Aktiven im Verband zwar über Bewußtsein verfügten und auch über genügend politische Informationen, um überall angemessen argumentieren zu können, daß sie aber mit ihren Argumenten eigentlich ihre eigene Selbstisolation immer noch vergrößerten, denn die allgemeine Situation war nicht die eines Aufbruchs.« (C. W. Müller)

Zum Ende der 50er Jahre und insbesondere 1961 nach dem Mauerbau war es aber auch nicht leicht, als Sozialist Positionen zu vertreten.

Die Abwehr der unorganisierten Jugendlichen gegen die Falken wurde mit politischer Kritik an jeglichem Sozialismus verbunden und führte zu einer eindeutigen Außenseiterposition. Im Verband selbst wurde diese Rolle dann auch ein wenig trotzig übernommen und mit dem eigenen Bewußtsein als Avantgarde verschmolzen.

Im Jahre 1961 entstand eine Repräsentativuntersuchung über die West-Berliner Jugend, in der auch besonders das Verhältnis von organisierten und unorganisierten Jugendlichen untersucht wurde.

Diese Studie belegt sehr deutlich die Rolle der Falken in Berlin. Sie zeigt aber auch die Zeitstimmung. Von Jugendprotest ist kaum etwas zu spüren, und das gegenseitige Unverständnis scheint hier auf dem Höhepunkt gewesen zu sein.

Es wurden 1200 West-Berliner Jugendliche repräsentativ befragt und parallel dazu Mitglieder der Jugendverbände. Es entstand so für uns die Gelegenheit, unsere Thesen über die Entwicklung der Falken im Vergleich zu anderen Jugendlichen zu überprüfen. Es zeigte sich, daß die Ergebnisse der Befragung unsere Einschätzungen bestätigten. Im folgenden wollen wir einige zentrale Aussagen dieser Studie zusammenfassen:

Nur für 9% der Jugendlichen sind die Falken der beliebteste Jugendverband. Das ist der niedrigste Teil verglichen mit anderen Jugendverbänden (z. B. für die Sportjugend sprechen sich 30% aus, für die Pfadfinder 15%). Entsprechend am größten ist auch die Ablehnung der Falken. 33% vertreten diese Haltung (zum Vergleich: die Sportjugend wird nur von 1% der Jugendlichen abgelehnt, die Pfadfinder nur von 5%).

Die Falken selbst haben eine sehr kritische Einschätzung von den unorganisierten Jugendlichen. Diese seien oberflächlich 38%, nur auf's Vergnügen aus 27%, langweilig 25% oder haben keine Ideale 22%. Diese Kritik wird von den Falken verbunden mit der Kritik an den Erwachsenen, die genauso seien.

Interessant ist dagegen die Einschätzung der Jugendverbände durch die Unorganisierten: Anerkannt wird zwar das politische Interesse der Jugendverbandsmitglieder

(54%), aber nur 19% halten sie für modern. Die Jugendverbände werden als kleine Erwachsenenorganisation kritisiert, in denen die Normen und Werte der Älteren vorherrschen.

Nur noch ein Drittel der Jugendlichen sind in Verbänden organisiert, und sie werden von den Unorganisierten immer weniger verstanden. Bei den Falken sind zwar nur ca. 2% der Jugendlichen organisiert, trotzdem schlägt diesem Verband die stärkste Abwehr entgegen.[16]

Carl-Wolfgang Müller, der Verfasser dieser Studie, erinnerte sich dazu:

»Da gab es drei Sachen, die eine Rolle spielten. Das eine ist eine indirekte Auswirkung des Krieges. Die Falken sind ja Gott sei Dank damals auch in Erscheinung getreten als aktive Repräsentanten einer im Augenblick nicht Mehrheitsmeinung, z. B. Wiederbewaffnung und das Verhältnis zu den Ländern des realen Sozialismus. Es war kein Mißverständnis der anderen, die haben uns schon richtig eingeschätzt. Zweitens, daß in der Tat die sogenannten unorganisierten Jugendlichen die organisierten in einer sehr ambivalenten Weise mit einer gewissen Hochachtung gesehen haben und auf der anderen Seite mit einer starken Abwertung. Dieses reglementierte Jugendleben und die Gruppenarbeit und der ganze Zwang – das ist ja quasi militärisch, da gibt es Beschlüsse und da muß man sich dran halten, man kann abgewählt werden. Diese ambivalente Haltung betraf ja nicht nur die Falken, sondern alle organisierten Jugendlichen, aber unter den organisierten Jugendlichen am stärksten die Falken. Dafür würde ich die richtige Politik der Falken verantwortlich machen, die nur damals eben nicht mehrheitsfähig war. Der dritte Punkt ist der, daß im konkreten Leben des Freizeitheims etwa die organisierten Gruppen in den Augen der Unorganisierten tatsächlich so was wie eine sich selber abschottende Elite darstellten. Die kamen rein, gingen in ihren Gruppenraum, machten die Tür zu, während die anderen unten halt kickerten.«

Der Gegensatz zu den unorganisierten Jugendlichen wurde auch nicht durch die großen Zeltlager der Falken aufgehoben. Auch hier traten sich beide Gruppen in einer unterschiedlichen Haltung gegenüber. Es wurden Jugendliche zu Lehrern oder Helfern für andere Jugendliche eingesetzt, die diese Helfer gar nicht unbedingt wollten.

»Ich erinnere mich an eine Situation, das war in Callantsoog: Da waren Jugendliche, die fragten uns: ›Sagt mal, was verdient ihr denn hier?‹ Da haben wir gesagt: ›Nichts.‹ ›Wovon wollt ihr uns dann überzeugen?‹ Für die war klar, entweder macht jemand das für Geld oder er will uns missionieren. Sicher war ein bißchen Interesse dahinter, aber als Missionare waren wir natürlich total unglaubwürdig. Die Falken hielten sich an die Regeln – also Verhinderung von sexuellen Exzessen und Ablehnung dieser Negermusik oder was immer die da gesagt haben mögen. Es war eine reale Verklemmtheit. Auf der anderen Seite wurde aber immer so argumentiert: ›Wir würden ja, wenn wir dürften, aber wir dürfen ja nicht.‹ Dieser Spruch: ›Fährt deine Schwester auch ins Lager?‹ ›Nein, die hat schon ein Kind‹ – ist ja nicht zufällig entstanden. Dem wollte man entgegen wirken, damit die Eltern die Kinder auch wieder mitschicken.« (Gunter Soukup)

Die Normen der sozialistischen Arbeiterbewegung mußten diesen neuen Jugendlichen entsprechend verändert werden. Es waren eben keine Kinder von Sozialdemokraten, die vorbereitet in ein solches Zeltlager gefahren wären.

»Du mußt sehen, das Konzept von Callantsoog war eigentlich schon ganz stark orientiert auf konsumorientierte Jugendliche. Da gab's schon die ›Messe‹, also den großen Disco-Schuppen. Da gab es dann innerverbandlich den Streit: Sollen wir dieser Konsumwelt Tür und Tor öffnen oder muß man etwas dagegen setzten? Und da haben so einige Kreise – Wilmersdorf besonders – versucht, ein kulturelles Programm dagegenzusetzen und quasi die Unorganisierten politisch-kulturell anzuregen. Ich weiß, da hatten wir noch den Fritjof Meyer, der jetzt beim Spiegel ist. Dann hat der Brecht-Lieder gesungen. Irgendwo war es faszinierend in dem Lager – quasi eine Gegenkultur gegen die Konsumkultur.« (Gunther Soukup)

Das Interesse vieler Falken, als Helfer mit ins Zeltlager zu fahren – in Callantsoog waren es ca. 250 Personen – erklärt sich auch aus der besonderen Bedeutung, die eine solche Funktion bekommen kann.

»Leute, die das ganze Jahr unterdrückt sind, die haben da plötzlich mal Macht in den 3 Wochen. Dafür ackerten die auch, damit sie mal nicht ohnmächtig, sondern mal mächtig sind, also Gestaltungsmacht haben. Wenn du sonst an Arbeitsplätzen bist, wo du nichts zu sagen hast und wo es eigentlich immer über deinen Kopf hinweggeht, war das natürlich faszinierend, in so einem Zeltlager da gestalten zu können. Das war die Motivation dazu. Es war auch nie wirklich Klarheit im Verband darüber. Es wurde zwar immer gesagt, wir machen die Lager und nehmen dafür auch Schulden und sonstwas in Kauf, um an neue Jugendliche ranzukommen, aber wirklich gewollt hat die neuen eigentlich keiner. De facto sind die Falken Helfer gewesen, mit wenigen Ausnahmen. Bei 1500 Teilnehmern brauchst du eine ganze Menge Helfer.« (Gunther Soukup)

Es fühlten sich so neben den politisch Interessierten – hauptsächlich diejenigen Jugendlichen von den Falken angesprochen, die auch selber gerne eine solche Helfer-rolle übernommen hätten. Die anderen Jugendlichen setzten die Verbandsmitglieder schnell mit Erwachsenen gleich, »die immer nur die Regeln im Kopf haben oder politisch überzeugen wollen«.
Die Modernisierung des Verbandes blieb sehr schnell unter diesen Bedingungen stecken. Es gab sicher auch die unausgesprochene Tendenz, den Verband gar nicht zu sehr für andere Jugendliche zu öffnen, da mit Recht befürchtet wurde, daß diese die alten Strukturen völlig zerstören würden.

»Beispielsweise gab es damals die Skiffle-Bewegung. Ich habe damals 10 oder 20 Banjos gekauft. Wir haben einen damals in Berlin bekannten Skiffler engagiert, der zweimal in der Woche Skiffle-Unterricht gegeben hat. Wir wollten versuchen, uns da anzuhängen. Aber das ist wirlich nicht auf Gegenliebe gestoßen, und ich vermute, weil der Verdacht bestand, wenn wir versuchen, an ganze Gruppen ranzukommen, um die zu integrieren, dann gibt es kein Halten mehr. Es gab zumindest – ob er ausgesprochen worden ist oder nicht – einen starken Vorbehalt gegenüber der Jugendsubkultur, die abgewertet worden ist als konsumorientiert, politikfeindlich.« (C. W. Müller)

Obwohl die linke Führungsgruppe des Verbandes diese Veränderungen und Moderni-sierungen eingeleitet hatte und in den folgenden Jahren vertrat, kann die Auseinander-setzung nicht auf ein Links-Rechts-Schema reduziert werden.
Teile der rechten SPD wollten schon lange Begriffe wie »Genosse« oder »Proleta-riat« abschaffen. Man nannte das »Ballast abwerfen«.

»Ich habe damals in der Gesamtpartei Wahlkampf mitorganisiert. Da haben wir versucht, diese neuen Formen – etwa politisches Kabarett oder SPD-Revuen – zu organisieren in den großen Städten, vor allen Dingen '57. Da bin ich durch die Lande gereist und habe die Parteifunktionäre für solche Sachen gewinnen müssen. Da glaube ich eine gewisse Tendenz festgestellt zu haben, nämlich, daß es zwei Arten von Konservativen bei uns gibt Ein Konservatismus im Hinblick auf Formen, der häufig mit einem zumindest verbalen linken Bewußtsein Hand in Hand geht, während beispielsweise diejenigen, die am lautesten applaudiert haben, wenn wir mit unseren neuen Wahlkampfformen kamen, waren im Grunde die rechten Kräfte. Das heißt, es gab da merkwürdige Verbindungen zwischen formal-progressiv und politisch-konservativ und politisch-progressiv mit formal-konservativ. Die einen wollten eh die alten Inhalte abstoßen und waren deswegen über unsere neuen Formen ganz froh.« (C. W. Müller)

Auch die traditionalistischen Falken-Gruppen lösten sich auf. Das Blauhemd oder der Fanfarenzug wurden selbst im Verband immer weniger verstanden.

»Wir hatten hier einen Spielmannszug, der ist aber kaputtgegangen – innerverbandlich. Früher hatten sie Schalmeien und weiß ich was alles. Irgendwo kam mal einer von Neukölln als Spielleiter und sagte: ›Mensch, haste Leute? Dann macht doch bei Falkens so einen Spielmannszug.‹ Den haben wir dann hier gemacht und haben ihn auch einige Jahre gehabt. Dann wurde das so aggressiv, daß die als Nazis bezeichnet wurden von den Falken. Warum weiß ich nicht, die nannten sich links, die das gemacht haben. Dann haben wir gesagt, ihr könnt uns mal am Arsch lecken, wir sind doch keine Nazis und haben die Fanfaren beiseite gelegt.« (Herbert Bohn)

Es hatte sich eben einiges verändert um die Falken herum. Symbole, die Jugendliche früher gerne übernommen hatten, wurden ihnen nun immer fremder.

Es gab zwar Widerstand von Jugendlichen in vielfältigen, oft unbewußten Formen, aber den Falken gelang es nicht mehr, daran anzuknüpfen und politische Orientierungshilfen für Arbeiterjugendliche zu geben. Eine Lederjacke war nun einmal für sie nicht mit dem Blauhemd zu verbinden, auch wenn hier ein Protesthaltung sich ankündigte, wie sie zum Teil einmal die Blauhemden verkörpert hatten. Die Lederjacke wurde zu einem neuen Protestsymbol. Die gesellschaftlichen Konflikte waren nicht gelöst, sie äußerten sich nur in anderen Formen.

Vor diesen neuen Formen und Symbolen schreckten die Falken aber eher zurück, weil dadurch ihr labiles verbandliches Gleichgewicht bedroht erschien. Man kapselte sich in der Organisation gegenüber neuen Jugendlichen ab und versteifte sich auf die alten Formen. Ein Blauhemd war aber nicht von alleine schon eine politische Aussage. Die Angst vor dem Zerfall des Verbandes und die real erfahrene Auflösung des sozialdemokratischen Arbeitermilieus verhinderte eine Weiterentwicklung des Arbeitermilieus bei den Falken. Sie führte zur traditionalistischen Verhärtung eines Teils der Mitglieder. Wie immer in Krisenmomenten wurde auf die Scheinsicherheit der Traditionen zurückgegriffen. Mit besonderem Pathos wurde an den alten Symbolen festgehalten und noch eine Weile die kleine Gemeinschaft damit zusammengehalten; Ende der 60er Jahre aber zerfiel auch dieser Zusammenhang, da er nicht mehr die Erfahrungen und Konflikte der einzelnen repräsentierte.

Die Verbandsmitglieder wurden im Durchschnitt immer älter. Der Nachwuchs fehlte. Wer sollte aber die nachfolgende Generation werden? Sozialdemokraten schickten immer seltener ihre Kinder zu den roten Falken. Andere Arbeiterjugendliche hatten es schwerer, in diese festgefügte und politisch bewußte Gruppe aufgenommen zu werden. Indirekt sperrten sich die Falkengruppen auch gegen die unpolitischen, konsumorientierten Bedürfnisse. Man fühlte sich zwar selber klug, aber das reichte auf die Dauer nicht.

Die Alternative aus diesem Dilemma war dann nicht zufällig eine individuelle Perspektive der Falkenmitglieder.

Der heimliche Lehrplan – Aufstieg

Wissen ist Macht! Diese Maxime der deutschen Arbeiterbewegung war auch bei den Berliner Falken Grundlage für die Bildungsbestrebungen. Im Gegensatz zum Beginn der 50er Jahre veränderten sich aber Formen und Inhalte dieser Bildungsprozesse in der zweiten Hälfte der 50er Jahre. Die politischen Auseinandersetzungen forderten, daß die Mitglieder sich ein breites Wissen aneigneten. Traditionen der Arbeiterbewegung, Marxismus und aktuelle politische Fragen wurden behandelt. Im Gegensatz zu früher wurden die Inhalte politischer und die Formen verschulter. Wenn vorher über alle möglichen Fragen der Jugendlichen – vom Sternenhimmel über Rechtsschutz bis zu Religion und Liebe – in den Gruppen diskutiert wurde, waren es nun eher die abstrakten gesellschaftstheoretischen Fragen, die im Mittelpunkt standen. Für die langjährigen Mitglieder war das ein konsequente Entwicklung. Aber was sollte ein neu eintretender Arbeiterjugendlicher damit anfangen?

Für die Falken jedoch nahmen solche Bildungserlebnisse einen wichtigen Stellenwert in der persönlichen Entwicklung ein, denn in der Schule endete für Haupt- und Mittelschüler der gesellschaftspolitische Unterricht noch oft bei Bismarck. Politische Kontroversen wurden von den Lehrern meist aus dem Unterricht herausgehalten, es sei denn, der Kommunismus konnte kritisiert werden. Die Falkenvorstände waren also gezwungen, eigene Bildungsveranstaltungen zu organisieren und trafen damit auf ein Bedürfnis ihrer Mitglieder:

»Ich habe in der Schule Geschichte praktisch nicht gehabt. Wir haben zwar über Karl den Großen gesprochen, aber die Geschichte, womit man dich hätte interessieren können, die hatten wir in der Schule nicht. Das habe ich erst alles bei den Falken gelernt. Da habe ich eigentlich das erstemal Geschichte interessiert gehört und gemerkt, daß es eine Arbeitergeschichte gab. Das kannte ich vorher nicht, da haben die Falken wirklich eine Menge für mich ganz persönlich mit bewegt. Es gab Falkenveranstaltungen, da ist man hingegangen, um sich zu amüsieren, und es gab mindestens genauso viele Veranstaltungen, wo du gesagt hast: ›Wenn ich von da komme, dann weiß ich zu dem Thema mehr, da gehste nicht umsonst hin.‹ Den Anspruch hatte ich eigentlich immer an Falkenveranstaltungen, bin im Grunde genommen nie nachhaltig enttäuscht worden. Diese Geschichtsseminare waren auch anstrengend. Teilweise war das abends oder Sonntag vormittags. Du bist abends, wenn andere Fußball spielen, nach der Arbeit hingegangen. Insofern meine ich, muß das schon sehr gut gewesen sein. Es hat nie das Problem gegeben, wenn schönes Wetter war, daß das Seminar leer war. Da ist dann keiner zum Schwimmen gegangen.« (Siegfried Stirba)

»Ich weiß nicht, ob das von uns selbst kam, aber jeder Funktionär hat für sich den Anspruch gestellt, wenn er Funktionär ist, dann muß er auch die Bildungsarbeit des Landesverbandes fördern und mit dran teilnehmen, sonst kann man die Ideen der Falken nie vertreten, wenn man nur in seinem eigenen Saft schmort. Zu bestimmten Punkten hast du Seminare besucht, wo du merktest, da fehlt dir was. Wenn du z. B. eine politische Veranstaltung besucht hast, angenommen eine große Veranstaltung zum Todestag vom Marx. Dann hast du was gehört und hast gedacht, da fehlt dir was. Oder einer hat ein paar Zitate gebracht über Marx. Du hast gesagt, das verstehst du nicht. Dann hat der gesagt: ›Na, denn lies doch mal das ›Kapital‹ durch‹. Ich habe versucht, das ›Kapital‹ zu lesen. Bis zur 6. oder 7. Seite bin ich gekommen, dann habe ich aufgehört. Es war mir zu trocken. So habe ich mir gesagt, wirst du eben das Seminar besuchen.« (Wolfgang Jahn)

»Wir haben im allgemeinen angefangen bei Marx, zwar nie diese Seminare, die der SDS brachte mit Schulaufgaben wie Marx lesen – das haben wir unseren Leuten nicht zugetraut. Marx-Erklärungen und das Manifest ja, aber an die dicken Schwarten sind wir nicht rangegangen; die wurden erklärt, die wurden diskutiert. Dann die Entwicklung der Sozialdemokratie, was eigentlich im Schulunterricht gemacht werden müßte und nicht gemacht wurde, also Geschichtsunterricht nachgearbeitet. Es ging fast nahtlos über in die Vorbereitungen der ersten Gedenkstättenfahrten, Polen, Theresienstadt, Auschwitz. Die liefen nur mit diesem einen Schwerpunkt: Faschismus und Auswirkungen des Faschismus.« (Waldemar Klemm)

Sozialistische Jugend Deutschlands – Die Falken Landesverband Berlin

Berlin W 35, 11.10.1960
Zietenstr. 18

An die Teilnehmer unserer
Bildungskurse und die Mitglieder
der Kreise Schöneberg, Wilmersdorf,
Steglitz und Kreuzberg

Liebe Genossinnen und Genossen!

Als Auftakt unserer Bildungsarbeit in diesem Winterhalbjahr bieten wir Euch folgendes Spezialseminar an, das der Kreis Schöneberg durchführt: (. . .)
Das Seminar steht unter dem Thema:

»Der zweite Weltkrieg«

und behandelt – von sozialistischen Experten oder Wissenschaftlern gestaltet – an 5 Abenden:
1. Die Entstehung der zweiten Weltkrieges (Prof. Dr. A. Gurland)
2. Die Zeit der faschistischen Erfolge 1939–1942 (W. Götsch)
3. Die Zeit der faschistischen Niederlagen 1942–1944 (H. Roch)
4. Das Ende des Faschismus vom 20. Juli 1944–9.5.1945 (H. Ristock)
5. Die Folgen des zweiten Weltkrieges (B. Kleinert)

An jedem Abend wird ein höchstens 40 Minuten langer Vortrag gehalten, anschließend ein volles Abendbrot eingenommen und danach Dokumentarmaterial vorgeführt. Von 21.00 bis 22.00 Uhr werden dann Fragen, die sich ergeben haben, diskutiert. (. . .)

Liebe Genossen, wir hoffen sehr, daß Ihr Euch für die einmalige Gelegenheit, die Zeit des Faschismus gründlich zu erarbeiten, interessiert und rechnen fest mit Eurer Anmeldung und Teilnahme.

Freundschaft!
Manfred Wetzel   Harry Ristock [17]

Ein Teil der Seminare war für die Arbeiterjugendlichen nicht ohne Widersprüche. Sie trafen dort auf Studenten und Oberschüler aus den bürgerlichen Bezirken, die andere Formen der Diskussion gewöhnt waren. Es wurde der Fehler gemacht, diese Unterschiede nicht zu berücksichtigen, denn die Effektivität wurde hauptsächlich am Lernziel bemessen und nicht an dem zu bewältigenden Lernprozeß. Diese Lernziele erreichten natürlich die Studenten schneller, eine langsame Verdrängung der Arbeiter setzte in diesen Seminaren ein.

»Ich habe bei der einen oder anderen Bildungsveranstaltung den Eindruck gehabt, daß das dann eine Nummer zu hoch für mich ist. Beim Harry Ristock war das ja nicht leicht zu folgen – der ist heute noch so. Wenn du mit Harry praxisbezogen diskutieren willst, dann mußt du ihn wirklich mit beiden Händen festhalten, daß er nicht abhebt. Ich weiß, daß ich bei ihm wesentlich mehr Schwierigkeiten hatte zu folgen, nicht nur dem Harry, sondern auch den Diskussionsbeiträgen. Es könnte sein, daß da Oberschüler waren, die mir um einiges voraus waren. Ich habe mich ein bißchen einsam gefühlt.« (Siegfried Stirba)

In diesen Seminaren fiel auch die – nicht nur für Arbeiterjugendliche so wichtige – Verbindung zwischen Lernen und Handeln auseinander. Dies war der große Unterschied zwischen der früheren Bildung in den Jugendgruppen und dieser neuen zentralisierten Seminarform.

Neben der politischen Bildung wurde allerdings auch versucht, Impulse für die Gruppenarbeit zu geben. Wolfgang Müller und Gunther Soukup z. B. stellten den Gruppenleitern neue Formen der Jugendarbeit vor:

»Zwei Schauspieler sind angereist und haben das ›Kommunistische Manifest‹ verfeatured. Sie haben gesagt, das ist ein alter Text, aber wir wollen mal versuchen, euch den nahezubringen auf eine Art und Weise, daß man begreifen kann, was dahintersteckt. Sie haben im Grunde versucht, das ›Kommunistische Manifest‹ szenisch, durch Lesung und durch Schallplatten mit Liedern aus der Arbeiterbewegung aufzufüllen. Ich erinnere mich, Jürgen Dittner hat mir mal erzählt: ›Ihr müßt da unheimliche Sachen machen. Ich habe da ein oder zwei Gruppenleiter, das waren Schlußlichter bei mir im Kreis, die haben da teilgenommen, die sind jetzt aufgewacht.‹ Solche Art von Rückmeldung gab es.«

Die Gruppenarbeit wurde pädagogisiert. Da die Gruppenleiter sich immer weniger einer großen politischen Arbeiterbewegung zugehörig fühlen konnten, mußten sie auf sich allein gestellt versuchen, politische Kinder- und Jugendarbeit zu leisten. Was früher politisches Selbstverständnis der sozialdemokratischen Bewegung war, welches man vermitteln wollte, das wurde jetzt immer mehr zu einem pädagogischen Problem.

Angebote für Planung und Durchführung der Gruppenarbeit wurden gerne angenommen, auch von denen, die früher auch ohne dies erfolgreiche Jugendarbeit geleistet hatten.

»Wie man Gruppenabende durchführt, wie man sich vorbereitet, das haben wir damals ein bißchen eingepaukt gekriegt. Ich muß sagen, ab 1960 war dann die Form von Soukup für uns ein bißchen Vorbild. Da haben wir gesagt, das probieren wir auch. Es ist ja nicht so, daß wir gesagt haben, der macht nur Scheiße und das interessiert uns nicht. Ich habe gesagt, wir probieren das auch.« (Herbert Bohn)

Es entstanden jetzt zwei Ebenen des Lernprozesses. Der offizielle – in Verbandsbroschüren und den Reden der Funktionäre – und der heimliche, unbemerkte.

Der offizielle Lehrplan lautete:
1. Politische Bildung, sozialistisches Bewußtsein und die Traditionen der Arbeiterbewegung vermitteln.
2. Neue pädagogische Formen entwickeln, den veränderten Interessen der Jugendlichen gerecht werden.

Dieser offizielle Lehrplan wurde in den Seminaren praktiziert.

Daneben aber gab es den heimlichen Lehrplan, der den Beteiligten kaum bewußt war. Es entwickelten sich pädagogische Fachleute bei den Falken, die beste Aussichten auf hauptamtliche Anstellung in der öffentlichen Jugendpflege erwarten durften.

– Der heimliche Lehrplan hieß Aufstieg! –

Professionelle Pädagogik, öffentlicher Dienst

Die Berliner SPD war eine Partei, deren Mitglieder zu einem großen Teil aus dem öffentlichen Dienst kamen:
1957 waren es 21,8% Angestellte, 18,7% Beamte und 35% Arbeiter.[18]

Dieser Prozeß wirkte sich abgeschwächt in den 50er Jahren auch auf die Jugendarbeit der Falken aus. Die staatliche Jugendpflege bot Berufschancen im abgesicherten, sozialdemokratisch dominierten öffentlichen Dienst. Ab 1956 wurde die berufsbegleitende Jugendpflegerausbildung eingeführt – ein wichtiges Sprungbrett für viele Falkenfunktionäre. Es entstand langsam eine professionelle Pädagogik, die in Konkurrenz zu den Jugendverbänden trat. Die Sozialdemokraten versuchten zwar, die hauptamtlichen Stellen mit eigenen Genossen(innen) zu besetzen, aber es begann ein Prozeß, in dem die Jugendverbände in eine Randstellung gedrängt wurden.

Hans Maasch, absolvierte den Aufstieg vom Gruppenleiter über den Heimwart im Jugendheim zum Sozialarbeiter:

»In den 50er Jahren hat sich eine Pädagogik institutionalisiert, die nicht organisch gewachsen ist. Es gab immer Pädagogen – die hießen früher bloß nicht so – das waren die Erfinder, das waren echte Animateure. Die haben ganze Gruppen mobilisiert, die haben gar nicht gewußt, daß das Pädagogik ist. Die Verwaltungsleute, die da nun aber saßen, waren per Amt Pädagogen, die verwalteten die Gruppen, die da rumturnten in der öffentlichen Jugendpflege oder auch bei den Verbänden, denn das war ja schon recht gemischt in den Heimen. Die Kreuzberger Falken haben zum Beispiel das Haus der Jugend Kreuzberg mitgebaut, haben da die Fundamente ausgegraben und haben mit gemischten Gefühlen an die Zukunft dieses Hauses gedacht, gar nicht froh darüber, daß jetzt alle da rein können.«

Diese anfänglichen Vorbehalte gegenüber den Jugendfreizeitheimen lösten sich aber bald bei den Falken auf. Es waren ja die eigenen Genossen, die dort zu Beginn hauptamtlich arbeiteten. Das Programm der staatlichen Jugendpflege war nicht für unorganisierte Jugendliche attraktiv. 1961 gab es in West-Berlin ca. 100 Jugendfreizeitheime, die von vielen Jugendlichen besucht wurden. Die Infas-Repräsentativbefragung[19] im gleichen Jahr ermittelte, daß 61% der Berliner Jugendlichen die Freizeitheime besuchten und davon 83% sich dort sehr wohl fühlten – eine für die heutige öffentliche Jugendarbeit nur schwer vorstellbare Zufriedenheit. Die Falken kannten zu 100% die Jugendfreizeitheime, und 93% von ihnen gingen dort sehr gerne hin. Diese von der kommunalen Jugendpflege unterhaltenen Einrichtungen boten vielen Gruppenleitern eine hauptamtliche Berufsperspektive, die einen angesehenen Status mit beruflicher Zufriedenheit versprach.

Auch die Jugendsenatorin Ella Kay versuchte, Mitarbeiter aus den Jugendverbänden für diese Arbeit zu gewinnen. Sie bot nicht nur finanzielle Verbesserungen für die Gruppenleiter an, sondern verband die professionelle Jugendarbeit mit einer politischen Strategie für die sozialdemokratische Bewegung – Positionen gegen die CDU besetzen, hieß die Aufforderung.

Peter Weiß war damals bereits Bezirksjugendpfleger. Er beschrieb die Erwartungen, die in dieser jugendpolitischen Konzeption lagen:

»Man darf ja nicht vergessen, daß die NS-Zeit noch nicht weit zurücklag und es darum ging, auch die geistigen Folgen dieser Zeit zu überwinden. Für uns ging es darum, das andere Deutschland auch auf dem Wege der Erziehung zu stärken. Der Jugendarbeit maßen wir in diesem Zusammenhang eine große Bedeutung zu. Diesmal sollte nicht nur der Kaiser gegangen sein, sondern wir wollten alles Mögliche tun, um endlich in

Deutschland einen demokratischen und fortschrittlich gesinnten öffentlichen Dienst zu haben. Wir hofften, uns vor einem bürokratischen und verknöcherten Jugendbeamten schützen zu können, wenn wir erfahrene und demokratisch engagierte, aus den bestehenden Jugendverbänden kommende Jugendleiter für die Berufsausbildung gewinnen würden. Die praktischen Erfahrungen machten wir sogar zur Voraussetzung für die Zulassung zur Ausbildung. Dabei erwarteten wir, daß diese Mitarbeiter auch als öffentliche Jugendpfleger ihre Verbindung zu den Jugendverbänden sich erhalten werden, und schließlich kennzeichneten wir die Förderung und Stützung der Jugendverbandsarbeit als eine wesentliche Aufgabenstellung der behördlichen Jugendpfleger. Ein großer Teil von ihnen erfüllte dann insoweit nicht die in sie gesetzten Erwartungen, als sie angesichts der Belastungen ihr ehrenamtliches Engagement im Jugendverband sehr weitgehend oder ganz aufgaben. Einige sahen in ihren amtlichen Funktionen mit einem Mal sogar die freien Verbände als eine Konkurrenz zu ihrer in den Jugendfreizeitheimen geleisteten offenen Jugendarbeit an, was sehr negativ war.

Man muß allerdings auch berücksichtigen, daß viele sowieso nur für begrenzte Zeit die sehr anstrengende Arbeit im Jugendverband leisten konnten. Aber es gab auch eine größere Zahl von Jugendpflegern, die – gerade weil Jugendarbeit ihr Beruf wurde – am Leben ihrer Verbände aktiven Anteil nahmen. Aus unserem Kreis Wilmersdorf fallen mir dazu Gerhard Zimmerling, Willy Edel und von den Naturfreunden Peter Böhmert ein.« (Schriftlicher Nachtrag von Peter Weiß zum Interview)

Bei den Falken gab es viele Interessenten für die berufsbegleitende Jugendpflegerausbildung. Wilfried Gottschalch erinnerte sich, daß es ja auch gute Gründe dafür gab:

»Also ich war der Meinung, daß wir Jugendgruppenleiter über 25 nicht haben sollten. Ja, wo sollten die dann hin? Dann mußten sie ja in die Jugendämter. Warum sollten sie auch nicht in die Jugendämter? Es war damals für uns eine ganz wichtige Frage, ob in den Jugendämtern Jugendpfleger saßen, mit denen wir konnten oder nicht. Ich erinnere mich daran, hier in Wilmersdorf war das Atze Wendt. In allen Fällen hat der uns – auch in sehr problematischen Fällen – unterstützt. Wir flogen nicht aus dem Heim, was doch auch mal vorkommen konnte. Wir wurden auch nicht denunziert, wenn was schiefging, das gab's nicht.«

Daneben gab es aber auch die ganz persönliche Entscheidung. Die Arbeitslosigkeit war hoch, und viele hofften, auf diesem Weg ihre Falkenarbeit beruflich abgesichert fortsetzen zu können. Herbert Bohn wurde vom Stadtrat zur Übernahme eines Jugendfreizeitheimes überredet.

»Da hat er gesagt: ›Herbert, fang doch an und mach doch.‹ Ich sage: ›Ach hör auf, das könnt ihr doch nicht zahlen.‹ Sagt er: ›Menschenskind, da machst du Kurse und weiß ich was. Dann kommst du ins Angestelltenverhältnis und du kommst einigermaßen über die Runden.‹ Na ja, und so kam das. Ich habe mir zwar viel eingehandelt. Sie haben gesagt: ›Du hast ja eine Macke, wie kannst du das machen für 60 Mark.‹ Mein Vater hat mir noch Taschengeld gegeben. Dann bin ich ins Angestelltenverhältnis gekommen. Meine Bedingung war, ich werde diese Stelle nur annehmen, wenn ich noch weiter Falkenarbeit machen kann.«

Die neuen beruflichen Perspektiven boten andere, für viele bisher ungeahnte Lebensperspektiven. Auf einmal waren immer mehr Falken am »Wirtschaftswunder« – wenn auch nur im kleinen – beteiligt. Aus Berufsinteressen wurden Aufstiegsinteressen. Chancen für eigene persönliche Entwicklungen taten sich auf, die im Arbeiterjugendverband bisher nicht gegeben waren. Im bürgerlichen Bezirk Wilmersdorf wurde eine solche Entwicklung besonders begünstigt:

»Auf jeden Fall ergab sich der Berufswechsel aus der Unzufriedenheit in meinem Beruf. Ich war Industriekaufmann in der Damenoberbekleidung, das hieß, Stoffe abmessen für die Zwischenmeister, Knöpfe zählen. Dann sonstige Hilfstätigkeiten, wenn eine Messe war, mußte man dabei sein, um auszuhelfen. Das war alles verbunden mit einer äußerst miesen Bezahlung. 120 oder 150 Mark im Monat Lehrlingsgehalt mit der Perspektive, wenn ich dann ausgelernt habe, meinen Tariflohn von 420 Mark zu kriegen. Eigentlich wollte ich damals nicht in der Jugendpflege landen und habe mich deshalb für den Fürsorgerberuf entschieden. Ich habe mich aus alter SPD- oder Falkenverbundenheit an die Arbeiterwohlfahrt gewandt und habe da meine Ausbildung gemacht.« (Peter Bischoff)

»Der Peter Weiß hat mich in die Ausbildung getrieben. Also ich von mir aus hatte ja gar nicht so eine Aufstiegsintention. Ich dachte: ›Jetzt hast du einen Job, das ist gut‹. Da sagt er: ›Das reicht nicht, du mußt da auch eine Ausbildung zu machen‹. Und dann hat er mich erstmal die Mittlere Reife nachholen lassen, dann die Ausbildung. Da hat er wirklich drauf bestanden, daß ich das mache. Erst sah ich das gar nicht ein, aber dann hat mich das wirklich gepackt. Berufsbegleitende Ausbildung war das. Das wirkliche zentrale sozialisierende Element war die Orientierung, Aufstieg durch Bildung herzustellen und zu verstärken. Das war zwar viel politischer formuliert, aber in Wirklichkeit haben wir unsere eigene reale Chance, durch Bildung aufzusteigen, anderen eingeimpft.« (Gunther Soukup)

Auch der Maler Rolf Hirschmann beschloß, nicht mehr nur noch für die Politik zu leben, sondern auch einmal an sich zu denken:

»Ich bin ja arbeiten gegangen, ich habe schon als Geselle gearbeitet. Dann fiel mir ein, wenn ich so weitermache, arbeite ich nur noch für die Partei. Ich habe andere gesehen, die hatten schon Karriere gemacht und ich bin immer noch in den Startlöchern. Da habe ich gesagt: ›Nee, so nicht, jetzt muß ich mich mal um mich selbst kümmern.‹ Ich wollte nicht mit 50 Jahren noch auf 'ner Baustelle sitzen mit meiner Thermosflasche zwischen den Knien und meine Stullen essen. Ich mußte an mir selber arbeiten, ich mußte weiter.« (Rolf Hirschmann)

Natürlich fanden nicht alle Falken einen Arbeitsplatz in der Jugendpflege. Aber es gab ja noch viele andere Stellen im öffentlichen Dienst, die besetzt werden mußten. Für viele Arbeiter war beispielsweise ein Aufstieg zur Feuerwehr ein erstrebenswertes Ziel. Die sozialdemokratischen Kontakte waren in der Berliner Verwaltung weit entwickelt, und so konnte man schon seine Genossen in die entsprechende Positionen vermitteln.

Diese Strategie der gegenseitigen persönlichen Hilfestellung entsprach den alten Idealen von Solidarität. Aber wenn der individuelle Aufstieg nur noch über Beziehungen realisiert werden konnte, wurden andere politische Haltungen in Frage gestellt.

In den Seminaren der Falken wurde von Sozialismus und kollektivem Klassenkampf gesprochen, während heimlich die einzelnen an ihrer Berufskarriere arbeiten mußten. Gerade für die Arbeiterjugendgruppen war eine solche Trennung nicht immer leicht zu verkraften.

»Niemand hat insgeheim gedacht, mit Hilfe der Gruppe komme ich da und da hin. Solange die materielle Not groß war, waren sie aufeinander angewiesen und haben miteinander und voneinander gelebt. Und nichts hätte sie bewegen können, die Gruppen zu verlassen für den Aufstieg. Aber dann so in den 50er Jahren blähte sich die Verwaltung auf, schaffte Planstellen. Diese Verlockung sickerte überall hin, die mußte man nicht extra in die Zeitung schreiben; die wird besprochen, die wird

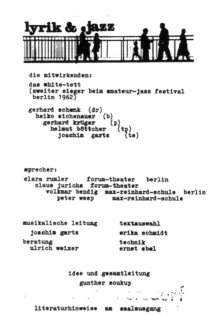

lyrik & jazz

die mitwirkenden:
das white-tett
(zweiter sieger beim amateur-jazz festival
berlin 1962)

gerhard schenk (dr)
 heiko eichenauer (b)
  gerhard krüger (p)
  helmut böttcher (tp)
  joachim garts (ts)

sprecher:
clara rumler   forum-theater   berlin
 claus jurichs forum-theater
 volkmar bendig max-reinhard-schule berlin
  peter wesp   max-reinhard-schule

musikalische leitung   textauswahl
 joachim garts   erika schmidt
 beratung   technik
 ulrich weixer   ernst ebel

idee und gesamtleitung
gunther soukup

literaturhinweise am saalausgang

weitergegeben. Dann fühlten sich einige aufgerufen, doch mal was anderes zu machen. Beispielsweise war einer Werkzeugmacher, der überlegte lange, ob er in diesem Job bleiben sollte oder ob es nicht einfacher ist, wenn er zur Feuerwehr geht. Dann überlegten gleich mehrere – die Feuerwehr wegen der Altersversorgung. Es kam der Spruch: ›Mensch Kinder, seid doch nicht blöd!‹ Und das waren die Funktionäre, die so gekommen sind. Die hatten nun plötzlich die Möglichkeiten in der Hand, traten jetzt auch ein bißchen gönnerhaft auf und sagten: ›Na klar, da können wir was machen, da wird was frei!‹ Die Gruppe, von der ich die ganze Zeit berichtet habe, die hat sich allmählich aufgelöst, nachdem alle sich etabliert hatten in Berufen. Viele sind zur Feuerwehr gegangen, das war damals möglich über die Schnüre, die man so hatte.« (Hans Maasch)

In diesem Beispiel wird aber nur die eine Seite des sozialen Aufstiegs beschrieben. Neben der Individualisierung in einem solchen Prozeß war es aber für die einzelnen oft eine entscheidende lebensgeschichtliche Neuorientierung, die viel Mühe und Arbeit erforderte. Niemand wird behaupten wollen, daß es falsch wäre, daß Arbeiter gleiche Chancen für berufliche Karrieren erhalten. Hier hatten die Falken viel geleistet. Schulische und familiäre Nachteile konnten im Jugendverband ausgeglichen werden, und persönliche Entwicklungsprozesse wurden gerade für Arbeiterkinder eingeleitet, von denen diese oft noch heute profitieren. Schon immer hatte es sich die Arbeiterbewegung zur Aufgabe gesetzt, durch Bildung und Erziehung gesellschaftliche Ungleichheit zu verändern, und genau das taten die Falken.

Das Problem lag aber darin, daß nur ein kleiner Teil der Arbeiterjugend von diesen Hilfen profitieren konnte. Zwar forderten die Falken eine allgemeine gesellschaftliche Chancengleichheit, aber konkrete Lebenshilfe konnten sie nur einem Teil ihrer eige-

nen Mitglieder bieten. Damit entstand die Kluft zu den unorganisierten Arbeiterju gendlichen, die die Falken hauptsächlich als soziale Aufsteiger erlebten und sie etwas neidisch und skeptisch betrachten.
Der lange Marsch in die Institutionen machte die Protesthaltung der frühen Jahre bei den Berliner Jugendlichen unglaubwürdig.

Politische Karrieren oder Ernst Froebel (MdO)

»Meine Briefe unterschreibe ich gern mit Ernst Froebel (MdO), und wer das nicht kennt, kiekt immer ganz doof. Die ich kenne, sind alle Mitglied MdB (Mitglied des Bundestages), MdL (Mitglied des Landtages), MdA (Mitglied des Abgeordnetenhauses). Ich bin Mitglied MdO (Mitglied der Ortskrankenkasse). Und da bin ich ganz stolz drauf, da sind Millionen drinne; die sind bloß ein paar Tausend, wir sind Millionen.« (Ernst Froebel)

Über den beruflichen Aufstieg wurde für einige Falken auch eine politische Karriere möglich. Die SPD brauchte immer mehr fachlich spezialisierte Menschen für Aufgaben in der Regierungsverantwortung und für die politischen Auseinandersetzungen. Der Jugendverband war schon früher eine Kaderschule für Nachwuchspolitiker gewesen. Es reichte aber jetzt nicht mehr aus, nur den »sozialdemokratischen Stallgeruch« mitzubringen, sondern gefragt waren die Spezialisten. In Fragen der Jugendarbeit waren die Falken solche Fachkräfte und wurden deshalb dazu gedrängt, berufliche und politische Positionen zu übernehmen.

Innerhalb der SPD waren die Falken aber linke Außenseiter und konnten bis Anfang der 60er Jahre kaum in irgendwelche bedeutenden Funktionen gelangen. Trotzdem ist in den Falken die politische Sozialisation für die Gremienarbeit der Partei organisiert worden. Obwohl der Verband Ende der 50er Jahre zur Opposition in der SPD gehörte und immer wieder von der Partei bedroht wurde, war eine eindeutige Orientierung auf die SPD vorherrschend. Man fühlte sich »als die Partei von morgen« und sah sich in den eigenen politischen Positionen, z.B. der Ostpolitik, im Recht.

Einen ehemaligen Falken könne man noch immer irgendwie erkennen – über alle politischen Gegensätze hinweg –, behauptete Nils Diederich, heute MdB:

»Die Falken sind wirklich eine Art Kaderschule gewesen in dem Sinne, als man dort bestimmte Auseinandersetzungsmechanismen in Organisationen und Parteien gelernt hat. Und das schleift sich natürlich ein. Man sieht das auch an anderen, wie sie sich verhalten, und kann sagen: Das ist bestimmt ein ehemaliger Falke. Ich glaube, daß die Probleme, die die Partei mit den Jungsozialisten in späteren Jahren gehabt hat, damit zu tun haben, daß der Jugendverband kaputtgegangen ist und alles das, was sich früher in den Falken sozusagen als Lernprozeß, als politischer Lernprozeß – so wie Geschäftsordnung, wie geht man mit einer Versammlung um, wie überzeugt man Leute und so weiter – daß sich das jetzt in den Jungsozialisten abgespielt hat und auch noch abspielt und natürlich zu Reibungen führt, weil man da am laufenden Band Fehler macht bei diesen Lernprozessen.«

Für die frühen 50er Jahre stand im Gegensatz zu den Jungsozialisten nicht die Parteikarriere für die Falkenmitglieder im Vordergrund. Falkenarbeit war eher hinderlich für den Aufstieg in der SPD. Erst in den 60er Jahren gelang es einigen Falken, wichtigere Positionen zu besetzen. Die Grundlagen dafür wurden aber schon früh im Jugendverband erlernt.

Renate Kirchner erinnerte die widersprüchliche Rolle der Mädchen bei diesen Prozessen:

»Wenn Du mein Elternhaus anguckst, war das für mich der Weg nach oben. Damit hast du Status erreicht. Das war ja nicht nur eine hehre Geschichte, die da abgelaufen ist. So sehe ich das jedenfalls im nachhinein, das war so der Drang, persönlich seinen Weg gehen zu wollen. Nicht so ganz bewußt: Wir gehen in die Falken und machen Karriere oder lernen einen Mann kennen und machen mit ihm Karriere – so nicht. Aber es war ein Weg, um aus den Niederungen herauszukommen, eine unbeschreibliche Überbewertung von Wissen und Intellektualität. Sie sind ja alle auch unheimlich kopflastig.«

Karrieren machten aber nur diejenigen, die sich den Anforderungen entsprechend veränderten, d.h. sie mußten konkurrenzfähig werden, taktisch klug und rhetorisch überzeugend.

Bei einigen Arbeiterjugendlichen stießen solche Personen natürlich auf Mißtrauen, aber Alternativen zu diesen politischen Karrieren konnten die Jugendgruppen auch nicht entwickeln. Natürlich wollten alle, daß die Falken ihre politischen Forderungen stark nach außen vertreten können. Aber waren es noch die gleichen Genossen, wenn sie auf der Karriereleiter immer weiter fortkletterten? Bei diesen Entwicklungen setzten sich Unterschiede durch. Die Arbeiter und die Frauen hatten bis auf wenige Ausnahmen nur geringere Chancen für derartige Aufstiege.

»Es ist stärker geworden, das Gefühl, daß die da oben was machen, was mit uns da unten gar nichts mehr zu tun hat. Das ist zunehmend gewachsen, und zwar in dem Maße, in dem die Partei und auch der Jugendverband – da gab's ja unzählige Personalunionen – in dem die ausgeschwärmt sind in die Ämter. Auch in dem Maße, in dem es Personalunionen gab zwischen dem Senatsangestellten und Beamten und dem Falkenfunktionär – das hat die mißtrauisch gemacht. Die haben gesagt: ›Das ist nicht mehr unsere Sache, die machen da irgendwas, das hat mit ihnen zu tun, mit uns nicht‹. Im Zusammenhang damit hat die Spitze des Verbandes ja auch erwartet, daß die Gruppen sich einstellen als Zulieferer für das Baumaterial Macht. Das stand in einem eklatanten Widerspruch zu dem, was die Jungs und Mädchen gewünscht haben, die wollten das Zusammenleben. Manche haben mit dem Kopf gewackelt und gesagt: ›Ich verstehe das irgendwie nicht, was haben die denn da vor?‹ Wir haben mit ein paar Funktionären ein Gespräch in einer Gruppe gehabt. Die haben eigentlich sehr deutlich gesagt: ›Wenn wir so bleiben in der linken Ecke, dann hätten wir doch gar keine Chance, die Machtpositionen zu besetzen.‹ Ich glaube, alle haben damals gesagt, das stimmt. Aber die Frage hieß: ›Werdet ihr denn bleiben, die ihr jetzt seid, die ihr gewesen seid, wenn ihr erst Macht habt, oder werdet ihr euch doch korrumpieren lassen?‹ Damals hat noch keiner korrumpieren sagen können, das war noch nicht im Sprachgebrauch eingeführt. Aber wir haben dann gesagt: ›Wenn die Arschlöcher erstmal oben sind!‹ Mit der Haltung haben die Kreuzberger die ganze Bewegung bis zum Godesberger Programm beobachtet, haben sich immer gefragt, ob das für sie ist und für ihre Freunde oder wem wird's nützen in Zukunft. Und das ist kaum zu durchschauen gewesen damals, heute kann man das rückwirkend beobachten und finsteren Verdacht haben.« (Hans Maasch)

Uns scheint, daß im letzten Satz von Hans Maasch die Widersprüchlichkeit der damaligen Situation erst richtig deutlich wird. Es gab nicht die klare Kritik an den Karrieristen, wie sie heute im Rückblick von ihm formuliert werden konnte. Es gab

die Unsicherheit gegenüber den Aufsteigern, aber es gab auch die Hoffnung, daß über sie die eigene politische Position gestärkt werden könnte.

Diese Entwicklung bei den Falken wurde auch durch Veränderungen in der sozialdemokratischen Bewegung begünstigt.

»Ich glaube, da drückt sich ein generelles Dilemma von sozialdemokratischen oder sozialistischen Gruppen überhaupt aus. Wenn die Funktionäre erstmal ihr Wirkungsfeld haben, genügt es ihnen, wenn sie für die Leute glückliche Zustände schaffen können. Es kommt ihnen nicht mehr drauf an, daß diese selber glückliche Zustände schaffen. So was war da in der Nußschale eigentlich schon erkennbar, würde ich von jetzt aus sagen.« (Gunther Soukup)

Es gab im Verband aber auch Kritik an diesen Strategien sozialdemokratischer Politik. Sie traute auch den eigenen Genossen nicht zu, daß sie den »langen Marsch in die SPD« überstehen würden. Peter Bischoff, später als Vertreter der Alternativen Liste Bezirksverordneter in Schöneberg, erinnerte seine ersten Gegensätze und die Kritik der trotzkistisch orientierten Falken in der Gruppe »Spartacus«. Es war eine Falkengruppe im Bezirk Schöneberg, die in den 60er Jahren zur Opposition im Verband gehörte.

»Ich entsinne mich, daß ich damals schon – nachdem ich auch mal eine Zeitlang Ristock-Fan war – mich Anfang der 60er Jahre von Ristock immer mehr distanziert habe. Ich konnte die Logik, die in der Ristockschen Politik lag, nicht nachvollziehen, weil ich in meiner Beobachtung von SPD-Versammlungen oder der Entwicklung von SPD-Funktionären festgestellt hatte, daß je höher jemand steigt innerhalb dieser SPD-Hierarchie, desto mehr verwässert sich die ursprüngliche Entschlossenheit, irgendwas verändern zu wollen. Deshalb komme ich noch mal – weil die mich doch am meisten geprägt hat – auf die Gruppe ›Spartacus‹, auf diese Bürokratismuskritik zurück. Ich denke, die AL ist kein Kind von trotzkistischen Gruppen. Das kann man bei weitem nicht sagen, aber ich denke, daß ein Teil des Spontaneismus und der Kritik an Hierarchien innerhalb der AL aus dieser und anderer Quelle fließt. Das hat uns damals schon angestunken, diese Hierarchie und diese Rücksichtnahme auf die jeweils aktuelle SPD-Politik, die so gelaufen ist, daß wir bestimmte Forderungen nicht aufstellen konnten, die dem SPD-Vorstand mißbehagt haben. Es gab ja regelmäßig gemeinsame Sitzungen zwischen dem SPD-Landesverband und dem Falkenvorstand, die zunächst freundlich begannen, aber dann schließlich oft im Krach geendet haben, weil wir uns nicht einigen konnten und weil wir immer von den SPD-Funktionären bedroht wurden, daß wir kein Geld mehr kriegen oder dieses ständige Schwert der Trennung der SPD von den Falken über uns schwebte. Die Falken waren ja existentiell als Organisation abhängig von der SPD.«

Arbeiter ohne pädagogische Perspektiven

Der heimliche Lehrplan des Aufstiegs in den öffentlichen Dienst veränderte den Jugendverband.

Es war immer weniger ein Lebenszusammenhang für Arbeiterjugendliche mit Gruppenleitern(innen) als öffentlichen Vätern und Müttern. Die vorpolitischen Interessen wie Sport, Musik oder einfache Lebenshilfen wurden vernachlässigt. Hoffnungen auf eine schnelle Gesellschaftsänderung mußten auf lange Sicht begraben werden, und das sozialdemokratische Milieu bot ebenfalls keine Perspektive. Immer mehr Arbeiter zogen sich enttäuscht aus der aktiven Politik zurück. Ein Ausweg war der beschriebene individuelle Aufstieg. Es entstand das Gefühl, nun auch am gesellschaftlichen Fortschritt persönlich teilnehmen zu können, denn ein Aufstieg war in der Regel mit materiellen Verbesserungen verbunden.

Die politische Identität wandelte sich für einige zum Pragmatismus der sozialdemokratischen Verwaltung, andere zogen sich ganz ins Privatleben zurück, einige »ballten noch immer die Faust in der Tasche«.

Langjährige Falkenmitglieder traten so gut wie nie aus dem Verband aus. Viele zahlen noch heute ihren Solidaritätsbeitrag. Sie wuchsen eher langsam aus dem Jugendverband heraus. Neue Arbeiterjugendliche konnten aber nur noch selten gewonnen werden. Andere Gruppen fanden am Verband Interesse:

»Da gab es dann diese irrsinnige Geschichte, daß plötzlich viele reinkamen, die nebenberuflich ihre Erzieherausbildung gemacht haben. Die sind dann mit einem intellektuellen Anspruch in den Jugendverband reingegangen und haben vergessen, daß das eigentlich Arbeiterjugendliche sind. Sie haben praktisch den Arbeiterjugendlichen die Tür vor der Nase zugemacht, haben gesagt, ihr könnt unten zwar unsere Basis sein, aber mehr auch nicht. Das war der größte Fehler. Ende der 50er Jahre haben sie so schnell Beschlüsse gefaßt, daß die Mitgliedschaft unten gar nicht mehr mitkam.« (Wolfgang Jahn)

Diejenigen, die den Arbeiterjugendverband in den 60er Jahren bestimmten, waren zum großen Teil angehende Erzieher, Sozialarbeiter, Studenten und Lehrer mit langfristigen professionellen pädagogischen Interessen. Diese Gesellschaftsgruppe erlebte dann in den 60er Jahren auch ihren Höhepunkt, als die Erziehungstheorien (z. B. die antiautoritäre Pädagogik) als Ersatz oder als Voraussetzung für politische Veränderung im Mittelpunkt der Diskussion standen.

Arbeiter dagegen waren immer seltener zu motivieren, ehrenamtlich im Jugendverband zu arbeiten. In dem Augenblick, wo die Organisationszusammenhänge des sozialdemokratischen Arbeitermilieus brüchig wurden, zerfiel auch die Basis der politischen Erziehungsarbeit. Wie sollte man auch Arbeiterkindern gesellschaftliche Perspektiven vermitteln, wenn die eigenen politischen Lebenszusammenhänge sich aufzulösen begannen.

Ernst Froebel erinnerte sich, daß Lehrer nur sehr selten für Arbeiterjugendliche attraktiv waren und daß es ihnen oft schwerfiel, den Bedürfnissen dieser Jugendlichen gerecht zu werden.

»Hier in Reinickendorf hat es keine guten Erfahrungen mit Lehrern als Gruppenleitern gegeben. Eine wirklich rühmlich Ausnahme waren die Odebrechts, die waren beide Lehrer. Wir haben es versucht mit einem Lehrer, der bereit war mitzumachen. Wir haben dem eine Gruppe gegeben, das ging in die Binsen. Genauso, wenn du Erzieherinnen oder Kinderleiterinnen hattest – das ging in die Binsen. Vielleicht sind da schon eine ganze Menge Hemmungen. Ich weiß nicht, ob ein Lehrer als Gruppenleiter mit Bäume klauen geht oder so was.«

Als Beispiel für diesen Unterschied erzählte uns Ernst Froebel, wie er mit seiner Gruppe von einem entfernten Platz Stangen besorgt hat.

»Dann kriegen wir die Idee, wir gehen aber den kurzen Weg durch den Wald, aber wir laufen nicht um den See. Die Stämme schwimmen wir rüber – und das in der Nacht. Na, welcher Lehrer riskiert das so was ohne Erlaubnis der Eltern! Das geht nicht, das kann ein Lehrer nicht, wobei uns dabei noch die Scheiße passierte: Wie wir dann die Stangen abgeliefert haben und alle wieder zurückgeschwommen sind, und ich sagte: Antreten – 1, 2, 3, 4, 6, 8, 10, 12 – einer fehlt, noch mal – 1, 2, 3, 4 – einer fehlt. Ist der uns unterwegs ersoffen oder so? Jetzt mal zeltweise antreten, damit wir feststellen, aus welchem Zelt fehlt einer. Dann hat der eine gefehlt – und dieser Brühkopp hat da drüben eine Freundin getroffen und ist drüben geblieben. Die hatte ein sturmfreies Zelt. Wenn er gekommen wäre und gefragt hätte, hätte ich gesagt: ›Bleib da, Mensch, aber komm morgen pünktlich‹. Und dann war da eine Brücke, so breite Bögen, solche Knöppe da drauf. ›Ernst, laufen wir rüber?‹ Da sage ich: ›Nur die, die wollen‹, nicht etwa, daß alle müssen, das ist nicht drinne. Über diesen Riesenbogen sind wir nachts rübergelaufen. Also so ein Erleben – ist das was? Ich bin mit rübergeklettert, ich konnte doch nicht sagen, Kinder lauft alleine, das ging nicht.«

Der neue Gruppenleitertyp der Falken war aber nur noch selten ein solcher »Räuberhauptmann«, sondern war eher intellektuell, kopflastig und ausdauernd in den politischen Diskussionen.

Irgendwann muß so eine Zeit auch vorbei sein

»Irgendwann waren wir zum Teil verheiratet, verlobt und hatten mittlerweile andere Interessen. So bröckelte die Gruppe nach und nach auseinander. Wir haben nicht mehr Gruppenabend, sondern unsere Tagung gesagt und uns im Lokal getroffen, in der Wrangelburg war nichts mehr los. Es wurde schon ein Glas Bier getrunken, ja und da wurde natürlich nur noch Blabla draus. Eines Tages haben wir uns gesagt: ›Ja wißt ihr Kinder, so bringt das nichts mehr. Soll jeder seinen Kram machen, wie er denkt.‹ So sind wir auseinandergegangen. Einzelne Gruppenmitglieder haben sich noch lange Zeit privat getroffen, aber das ist dann auch eingeschlafen. Vor allen Dingen, nachdem sie alle verheiratet waren. Es kamen Kinder, und dann war im Grunde genommen der Ofen aus.« (Manfred Eisenblätter)

Dieser Ablösungsprozeß vom Jugendverband war eigentlich typisch. Wenn er sich bei einigen Gruppen noch sehr in die Länge zog, so lag das an den fehlenden Alternativen. Für Arbeiterjugendliche aus dem sozialistischen Jugendverband war die SPD nicht mehr die selbstverständliche Perspektive. Zwar hatten sie bei den Falken eine politische Sozialisation erfahren, die sie auf die sozialdemokratische Bewegung orientierte, aber in der Partei waren ihre Fähigkeiten kaum noch gefragt, und der Posten des Beitragskassierers war in der Regel durch einen älteren Genossen besetzt.

»Ich habe mich innerhalb meiner SPD-Abteilung eigentlich nie heimisch gefühlt. Teilweise ist es ja auch so, daß die alten Funktionäre immer wieder ihre Mehrheiten auf ihre Seite kriegen und viele dann sagen, ja ja, der macht das schon so lange, den kannst du nicht abwählen, dann ist der für den Rest seines Lebens beleidigt. So ungefähr läuft das ja. Insofern hatte ich mich mehr auf die Arbeit in der Gewerkschaft eingelassen. Die Schwierigkeit dabei ist doch die, daß du, indem du aus der Falkengruppe den Übergang findest ins Erwachsenenleben, im Grunde dann auch andere Verpflichtungen eingehst, mehr und mehr in die berufliche Verantwortung gehst und in die familiäre Verantwortung. Du ziehst aus dem ursprünglichen Einzugsbereich raus und kommst dadurch gar nicht als Gruppe in eine SPD-Abteilung. Die ehemaligen Genossen aus der Gruppe ›Freiheit‹ sind jetzt in den unterschiedlichsten SPD-Bezirken drin.« (Gerhard Zimmerling)

Die Werte und Normen, die in den Falkengruppen praktiziert wurden, gehörten zwar noch immer zu den Sonntagsreden der SPD, aber praktische Erfahrungen von Sicherheit und Solidarität konnten nur noch selten erlebt werden.
Bei vielen hatte sich die Falkensozialisation auf die berufliche und politische Entwicklung ausgewirkt. Siegfried Stirba entschied sich für die aktive Gewerkschaftsarbeit und ist heute Betriebsrat.

»Ich bin sicher, ich hätte sonst eine ganz andere Entwicklung genommen. Aber wenn ich das betrachte, bin ich froh, daß das so gekommen ist, denn die Tatsache, daß ich mich dazu entschlossen habe, in der Richtung weiter tätig zu sein – also sich für die Belange der Arbeiter einzusetzen – ist ja letztendlich nur möglich, wenn man eine innere Prägung dazu hat, und die ist ganz zweifellos durch die Falken gekommen. Ich hatte keine Vorbelastung durch das Elternhaus. Das haben eindeutig die Falken bewirkt.«

Peter Weiß wurde vom Rohrleger zum Professor an der Fachhochschule für Sozialarbeit:

»Ich kann natürlich nicht bestimmen, was gewesen wäre, wenn ich sie nicht gehabt hätte. Es war eigentlich ein Lebenszusammenhang. Für mich war es natürlich auch verbunden mit der Berufswelt nachher. Ich kann es mir gar nicht anders vorstellen. Nach dem Kriege war es für mich klar, ich wollte was tun, damit es nicht wieder Faschismus gibt. Ich wollte eine andere Gesellschaft, und ich habe es immer für richtig gehalten, sich um junge Leute in dem Zusammenhang zu kümmern. Deshalb bin ich heute noch damit verbunden über so lange Jahre. Es war für mich eben mehr als nur eine Episode. Man hat dann natürlich abgewogen mit anderen denkbaren Möglichkeiten – und so empfand ich das alles noch besser als vieles andere, was andere Leute so in der Partei machten. Ich fand das alles noch ehrlicher, verbindlicher und besser. Ich habe auch eine Menge Freunde gehabt. Ich habe mich immer von meiner Grundentscheidung her gesehen, nämlich gegen Faschismus zu sein und gegen reaktionäre Verkrustungen. Von daher habe ich immer das, was ich für notwendig halte, getan und vertreten.«

Viele fanden den Arbeitsplatz im öffentlichen Dienst oder in Partei und Gewerkschaft:

»Es ist ja gar nicht so negativ, wenn eine Gruppe, die ihr Ziel erreicht hat, sich auflöst und das, was sie gelernt hat, mitnimmt in andere Bereiche. Wir haben mal versucht nachzuzählen, was aus einzelnen Leuten geworden ist. Nach dem Ergebnis sind wir zu dem Schluß gekommen, daß es offensichtlich doch an der Gruppenstruktur gelegen haben muß und an den Lernprozessen, die da abgelaufen sind, daß nach wie vor eine ganze Menge Leute im gesellschaftlichen Bereich aktiv sind. Sie sind bei der Bewag im Personalrat gelandet, auch Bezirksverordnete gewesen. Der Ete Dankert ist bei der Gewerkschaft gelandet, war Jugendsekretär gewesen eine Zeitlang und ist jetzt Geschäftsführer beim ACE (gewerkschaftlicher Automobilclub). Der Edmund Greube ist bei der Bewag im Personalrat, Hans Hänelt ist jetzt Parteisekretär in Neukölln. Der Hans Maasch ist im sozialen Beruf gelandet, ich bin im sozialen Beruf gelandet. Ein anderer Kumpel ist bei der Feuerwehr, hat lange Jahre im Personalrat mitgearbeitet, ist heute auch in der Partei in der unteren Ebene aktiv, weil er dienstlich auch nicht mehr alles unter einen Hut kriegen kann. Zwei, drei sind abgestürzt – da wissen wir gar nicht, was los ist.« (Siegfried Bilewicz)

Vom Zahntechniker zum Professor für Pädagogik war der Weg von Gunther Soukup:

»Einmal habe ich gelernt, was wirklich Politik ist, also nicht bloß, was man sich vorstellt. Was du zum Beispiel alles getan hast, um auf einer Landeskonferenz eine Mehrheit zu kriegen. Und dann hast du doch nicht bedacht, auf welche Tour der Vorsitzende kommen könnte, um einen Kreis wieder auszutrocknen. Dann hast du dagestanden. Das nächstemal warst du aber cleverer und hast schon auf andere Art verstanden, eine Mehrheit zu akkumulieren. Da habe ich viel gelernt. Die Erfahrung, daß man das, was man sich nur vorstellt im Kopf, daß man das nachher verwirklichen kann, daß das Wirklichkeit werden kann, das ist für mich eine ganz wichtige Grunderfahrung. Was ich hauptsächlich als Hochschullehrer mache, ist in den Theorie-Praxis-Seminaren den Studenten diese Erfahrung zu verschaffen.«

Von denjenigen, die über eine lange Zeit bei den Falken aktiv waren, verließ kaum jemand den Verband über Nacht. Ein langsames Herauswachsen war der normale Weg. Ein Wechsel der Mitglieder ist in einem Jugendverband ein notwendiger Prozeß, der alle 5 bis 7 Jahre stattfindet. Neue Jugendliche müssen die Position von denen übernehmen, die zu alt für einen Jugendverband geworden sind. Dieser Generationswechsel ist aber auch immer ein Punkt, an dem nachträglich die Entwicklung des Verbandes abgelesen werden kann. Anfang der 60er Jahre kamen kaum noch Arbeiterjugendliche.

Die Falken waren ein langjährig gewachsener Zusammenhang von linken Sozialdemokraten und Sozialisten geworden, die in anderen gesellschaftlichen Gruppen keine Perpektive sahen und so zu lange im Jugendverband blieben. Damit blockierten sie auch die Entfaltungsmöglichkeiten für neue Jugendliche mit ganz anderen Interessen.

Das sozialdemokratische Arbeitermilieu war in den 50er Jahren fast zerfallen und bot nur noch wenig Perspektiven. Dagegen wurde die linke Mittelschicht mit pädagogischen und politischen Interessen auf der Ebene der Gruppenleiter und Funktionäre immer stärker. Sie verließ dann aber später den Verband, als APO und Studentenbewegung angemessenere Zusammenhänge für sie boten.

»Die gingen weiter, als der SDS aktiv wurde. Da sind die Falken abgefallen. Die inhaltliche Seminararbeit, die die Falken gemacht haben, hat nachher der SDS übernommen, besser, intensiver und mit mehr Inhalt. Nur die Leute, die es bei den Falken hätten machen müssen, die haben es nicht mehr gemacht. Die früher Gruppenleiter bei den Falken waren, gingen zu denen ganz oben und ganz unten waren keine mehr. Die SDS-Studenten waren ganz oben. Die haben geschwebt in ihren Bereichen und ganz unten die Arbeiterjugend der Falken, die nirgendwo was gelernt hatten, die waren auf ihren Mittelbau, auf ihre Gruppenleiter angewiesen. Und die Gruppenleiter gab es nicht mehr oder die haben sich nicht für uns interessiert, sondern gingen dann zu denen ganz oben hin und haben da später auch ganz anders gearbeitet. Ja, als es den noch nicht gab, den SDS-Oberbau, da waren die Falken so eine Art linke Notgemeinschaft, die einzige, die es gab. Da hat sich alles bei den Falken gesammelt. Als es mehr linke Gruppierungen gab, haben sich die Linken aufgesplittert.« (Waldemar Klemm)

Das Ende der deutschen Arbeiterbewegung?

Arbeiterjugendliche wurden immer seltener zu Gruppenleitern. Für sie fehlte eine politische Perspektive über den Jugendverband hinaus. Eine Erwachsenenorganisation für Arbeiter war die SPD immer weniger, und die kulturellen und sportlichen Vereinszusammenhänge der Arbeiterbewegung gab es nicht mehr. Woher sollten also die Arbeiter für eine ehrenamtliche Jugendarbeit motiviert werden, und was sollten sie den Jugendlichen vermitteln, wo sie selber immer perspektivloser wurden? Also fuhren dann die meisten doch lieber das erste Mal nach Italien oder Spanien in den Urlaub und hofften auf ein kleines privates Wirtschaftswunder. Die SPD als Solidargemeinschaft für Arbeiter existierte nicht mehr wie vor dem zweiten Weltkrieg. Nach dem Krieg wurde das sozialdemokratische Vereinswesen nicht in der alten Form wieder aufgebaut. Man wollte nicht mehr ein abgeschlossenes Lager in der Gesellschaft sein, sondern der sozialdemokratische Gedanke sollte alle Bereiche des neuen Staates nach 1945 prägen. Die SPD mußte sich aber mit der Situation einer Oppositionspartei abfinden und konnte ihre Vorstellung des Wiederaufbaus nicht verwirklichen.

Der wirtschaftliche Aufschwung in den 50er Jahren wirkte zusätzlich entsolidarisierend. Zwar war sehr schnell die alte Klassenspaltung entstanden, aber dem einzelnen blieben vielfältige Möglichkeiten zur real erfahrbaren Verbesserung des Lebens. Die alte sozialdemokratische Notgemeinschaft schien deshalb vielen nicht mehr notwendig. Durch den Wiederaufbau wurden alte proletarische Wohnviertel zerstört, und damit ging eine weitere historisch gewachsene Basis des Arbeitermilieus verloren. Insbesondere aber die Veränderungen in der SPD selbst wirkten für Arbeiter nicht gerade anziehend. Schon Ende der 40er Jahre hatte die Berliner Partei mehrheitlich Mitglieder aus der Mittelschicht (1948 waren es 30,7% Arbeiter und 51,1% Angestellte und andere Angehörige der Mittelschicht).[21]

Dazu kam auch die gesamtgesellschaftliche Verschiebung der Berufsgruppen. Folgende Zahlen gibt das Statistische Jahrbuch 1971 für die Bundesrepublik an:

Anteil der Erwerbspersonen an der Gesamtbevölkerung

1950	Arbeiter	51%	Beamte / Angestellte	20,6%
1961	"	48,1%	"	29,9%
1970	"	46,7%	"	36,2% [22]

Gerade in Wahlkämpfen mußte die SPD auf die Gruppe der Wechselwähler aus der anwachsenden Mittelschicht Rücksicht nehmen.

Neben dieser Veränderung der Gesellschaftsstruktur gab es aber noch einen weiteren wichtigen Grund für die Veränderungen der Arbeiterorganisationen.

»Die Sonderstellung der Partei im Grundgesetz, die Zuwendungen, welche die Parteien durch das Parteiengesetz aus öffentlichen Mitteln erhielten sowie die Zuwendungen zur Erfüllung der Aufgaben staatsbürgerlicher Bildung, stellten einen entscheidenen Bruch mit einem der Grundsätze der alten Arbeiterbewegung dar, der da lautete: ›Die Arbeiterbewegung lebt nur von Arbeitergroschen‹, d. h. den freiwilligen Beiträgen und Spenden ihrer Mitglieder, um jeder Abhängigkeit zu entgehen und das Finanzgebaren der Partei unter Kontrolle der Parteiinstanzen und der Parteiöffentlichkeit zu halten sowie jede Identifizierung mit Einrichtungen außerhalb der Partei – welche die Partei vielleicht in entscheidenden politischen Augenblicken binden könnte – zu vermeiden. (...) Die aus diesem System des Parteienwesens der Westzonen und später der Bundesrepublik hervorgegangenen Regeln, Normen, Strategien und Zielsetzungen sozialdemokratischer Finanzpolitik haben die Autonomie der SPD – und neben dem Prinzip Solidarität gehört das Prinzip der Autonomie zu den Grundprinzipien der klassischen deutschen Arbeiterbewegung – nicht nur in Frage gestellt, sondern tatsächlich aufgehoben. Hier scheint mir eins der wichtigsten Erkenntnisfelder über das Ende der Arbeiterbewegung in der Bundesrepublik zu liegen.«[23]

Ernst Froebel konnte sich noch genau erinnern, wie ihm schon kurz nach dem Kriege eine holländische Genossin die Entwicklung der Sozialdemokratie vorausgesagt hatte:

»Die Toni sagte mir dann: ›Weißt du, du wirst sehr erstaunt sein, den größten Blutzoll hat die Arbeiterbewegung gehabt. Und die Nazis haben eins geschafft, die Elite der Arbeiterbewegung – sie war eine alte Dame, damals schon über 70 – die Arbeiterbewegung ist mit ihren besten Kräften in den Widerstand gegangen. Wir hier in Holland haben den höchsten Zoll bezahlt. Was du jetzt siehst an Arbeiterbewegung und revolutionärer Bewegung, ist eine Partei, die sich arrangiert mit der Gesellschaft. Jeder, der so einen Daumen breit rausragt und überlebt hat und befähigt ist, Funktionen zu tragen, ist in der Verwaltung, in der Behörde, in der Regierung, ist in der Partei, ist in der Gewerkschaft. Und die Proleten am Schraubstock lassen sie alleine. Das ist die Situation. Und so wird das weiterlaufen, und dann wird die Arbeiterbewegung für Jahrzehnte keine Kampforganisation mehr sein. Vielleicht schafft das eine junge Generation auf einem ganz anderen Weg, aber diese Partei, die ist sozial ein bißchen mehr wie die anderen, aber das ist auch schon alles.‹

Und davon ist vieles wahr, sehr vieles. Von unseren Abgeordneten – wer steht in einer Fabrik? Ich frage sogar noch mehr: Wer war denn überhaupt mal in einer Fabrik? Wer hat denn schon mal in Kreuzberg auf dem 2. Hof gewohnt?«

»Wir mußten stellvertretend handeln«

Die Position als kleine linke Opposition in einer Zeit des Kalten Krieges war für einen Jugendverband ohne intaktes sozialdemokratisches Milieu auf die Dauer kaum durchzuhalten.

Die politisch aktiven Falkenmitglieder versuchten diesen Widerspruch zu lösen, indem sie sich immer stärker zur Avantgarde erklärten, die stellvertretend handeln müsse.

»Mit der Entwicklung des Konsums, sozusagen mit der gesellschaftlichen Bestechung durch die sich entwickelnde Wirtschaft, daß die Leute immer mehr Geld hatten, zeigte sich: Es war eine Entpolitisierung der gesellschaftlichen Gruppen allgemein. Gerade unser Avantgardeanspruch rührte daher, daß wir neue Antworten auf die Entwicklung bringen wollten. Ich halte es weiterhin für notwendig oder für unvermeidlich, so arrogant und so selbstbewußt aufzutreten, wenn man die Idee hat, was Neues zu repräsentieren.« (Peter Bischoff)

Gunther Soukup versuchte, damalige Fehler zu benennen:

»Also ich denke schon, wir hätten zwei Sachen beachten müssen: Einmal – wir hätten nicht so elitär sein dürfen, nicht so besserwisserisch, also auch viel stärker auf die anderen zugehen. Wir hätten sie da abholen müssen, wo sie sind und uns mit ihnen in Bewegung setzen, ohne diese der Selbstbeweihräucherung dienenden Bewußtseinsüberlegenheitsillusion. Das ist der eine Punkt. Wenn man Veränderungen gemacht hat, dann muß man auch mehr tun, um das zu stabilisieren. Ich denke, daß man Verhältnisse auftauen, in Bewegung setzen und dann aber erstmal wieder einfrieren muß, bevor man wieder anfängt und das auftaut. Das haben wir eigentlich nie wirklich ernst genommen, also die veränderten Bedingungen auch wirklich festzuklopfen, weil wir gleich das nächste gesehen haben – zu schnell. So sind wir auch dazu gekommen, diese Selbstauflösung des Verbandes ganz schön voranzutreiben.«

Die Avantgarderolle der Falken wurde besonders durch die Studenten verstärkt. Die Mitarbeit vieler Studenten hatte eine Ursache in den Querelen zwischen Partei und Studentenverband. Im Juli 1960 wurden die Beziehungen zum SDS durch Beschluß des Parteivorstandes abgebrochen. Eine Ausschlußwelle sollte die ungeliebten Studenten aus der Partei schwemmen.

»Ich bin im SDS gewesen, und als die Unvereinbarkeit kam, da ging hier in Zehlendorf der Rolf Heyn mit 'nem Schmetterlingsnetz durch den Kreis und hat jeden, der im SDS war, rausgeschmissen. Damals wurde das sehr entwürdigend gemacht, das heißt, den SDS-Leuten wurde die Pistole auf die Brust gesetzt und gesagt: ›Du mußt dich öffentlich von SDS distanzieren, sonst fliegst du aus der Partei‹, und viele sind dann aus beidem ausgetreten, Rexin, Zimmermann, eine ganze Gruppe damals.« (Nils Diederich)

Aber nicht nur die Studenten hatten Schwierigkeiten, mit einer linken Position SPD-Mitglied zu bleiben. Auch der Maurer Manfred Eisenblätter trat aus der Partei aus. Er war, wie er es von den Falken gewohnt war, in »den Osten« gefahren, um zu sehen, wie es dort wirklich zugeht. Er fuhr aber in die Sowjetunion mit der FDJ. Das war eine Tabuverletzung. Als er danach zu seiner SPD-Abteilungsversammlung kam, wurde nicht etwa mit ihm diskutiert . . . :

»Als ich dann wieder zurück bin, freudestrahlend zum Parteiabend, sag' ich: ›Kinder, ich hab' nen tollen Urlaub gehabt!‹ ›So, wo warst du?‹ Ich sage: ›War in der Sowjetunion.‹ ›Wo warst du?‹ Ich sage: ›Na ja, so und so ist das gegangen.‹ ›Na sage mal, wie hängt denn das zusammen, wie kannst du als Falke auf eine Einladung der FDJ und des Komsomol nach Rußland fahren?‹ Ich sage: ›Na eben, das ist nun mal so gewesen, und ich könnte euch einiges erzählen. Nein, damit wollen wir nichts zu tun haben!‹ ›Interessiert uns nicht.‹ Ich sage: ›Nun sagt mal, lebt ihr denn noch hinterm Mond?‹ Ja, also die wollten absolut damit nichts zu tun haben. Das ist zum Kreisvorstand gegangen, und dann habe ich eine Rüge gekriegt. Ich weiß nicht, ich glaube, den Brief habe ich noch. Eine Rüge, daß ich mich parteischädigend verhalten habe, und das ist mir gegen den Strich gegangen. Also Mitgliedsbuch zusammengepackt, Briefmarken rauf, mit bestem Dank retour geschickt. Das war für mich meine Partei-Karriere.«

Für die Falken ohne Aufstiegshoffnungen in den öffentlichen Dienst war diese SPD nicht mehr attraktiv. Viele Arbeiter verließen die Partei oder wurden passive Mitglieder.

»In unseren Zelten war Sozialismus«

Trotz solcher Enttäuschungen im sozialdemokratischen Arbeitermilieu dachten die ehemaligen Falken gerne an diese Zeit zurück. In der zusammenfassenden Einschätzung ihrer Falkenerfahrungen wurde noch einmal die lebensgeschichtliche Bedeutung des Jugendverbandes erkennbar.

Ein Rückblick von heute auf die 50er Jahre ist allerdings oft durch neue Erfahrungen und andere Probleme verklärt. Erinnerungen heften sich eher an Glückserlebnisse als an Enttäuschungen. Unsere Interviewpartner(innen) hatten ihre Jugendzeit bei den Falken alle sehr intensiv im Gedächtnis. Durch ihr langjähriges gesellschaftliches Engagement waren sie in der Lage, auch die Widersprüche der damaligen Zeit zu benennen. Keine bloße Glorifizierung der heilen Kindheitswelt, sondern die Erfahrungen von Not und gesellschaftlicher Ungleichheit sowie von solidarischen Alternativen prägten ihre Erzählungen.

Zwei Fragen wurden uns von fast allen in der gleichen Weise beantwortet. Die eine bezog sich auf ihre ersten bedeutsamsten Erfahrungen bei den Falken und das beeindruckendste Erlebnis aus dieser Zeit. Fast alle erinnerten sich dabei an die Nachkriegszeit: Wie eine kleine Gruppe mit Zelten in den Wald zog, in dem keine Soldaten mehr versteckt waren und keine Tiefflieger das Leben bedrohten. Selbst 20jährige holten hier auf einmal ein Stück von Kindheit und Jugend nach. Am Abend dann, am Lagerfeuer passierte das entscheidend Neue. Alle legten die mitgebrachten Brote, Würste oder Mohrrüben in die Mitte, und keiner mußte Angst haben, nichts abzubekommen.»Auch der kleine Bruder wurde nicht vergessen«. Die Erfahrung von Sicherheit, Wärme und Solidarität wurde für viele - durch ein solches Erlebnis in Zeiten der Not – zu einem Ideal einer neuen Gesellschaft, die von ihren Gruppenleitern(innen) Sozialismus genannt wurde.

Christel: »Was heißt, der Sozialismus ist machbar? Du darfst jetzt nicht vergessen, wir haben uns damals nicht mit dem theoretischen Sozialismus auseinandergesetzt. Für uns war es gelebter Sozialismus auf der Grundlage von Solidarität, Miteinander, Füreinander.
Gerda: Das muß ich auch sagen, das war nicht so eine klare Position.
Christel: Wir hatten das nie theoretisch irgendwo untermauert. Das war eben gelebt und erlebt... Haben wir uns überhaupt darüber Gedanken gemacht?
Gerda: Nein.
Christel: Für uns war Sozialismus das, was wir gelebt haben und daß man damit die Welt bewegen könnte – so weit waren wir damals noch gar nicht.«
(Gerda Bohn/Christel Dittner)

Die zweite Frage stellten wir am Ende eines jeden Gesprächs:»Wenn Ihr von heute an die Falkenzeit zurückdenkt, wie wichtig war sie für Euer Leben?«
Oft wurde aus dieser Frage eine genereller Rückblick auf die letzten 35 Jahre.

»Doch, das würde ich nochmal machen. Das würde ich ehrlich nochmal machen. Die Zeit will ich auch nie missen wollen, um Gottes Willen! Ich habe z. B. meinen gesamten Urlaub nur darauf ausgerichtet, als Mitarbeiter ins Zeltlager zu fahren. Das war für mich eine Selbstverständlichkeit. Wir haben damals Teilnehmergebühren bezahlen müssen. Wir sind sonnabends zurückgekommen, Montag bin ich schon wieder arbeiten gegangen. Die schönsten Zeltlager – das will ich nicht abstreiten – waren natürlich die primitiven, nämlich die Zeltlager in Glienicke bis in die Mitte der 50er Jahre. Weil erstmal die Ausstaffierung nicht so groß war, mußtest du unheimlich viel improvisieren. Es gab damals noch Plumpsklos und so was alles.« (Wolfgang Jahn)

»Mein Prägung war bei den Falken und nicht in der Partei. Denn da war ich ja schon acht Jahre bei den Falken, als ich in die Partei eintrat. Also, ohne Falken weiß ich nicht, ob ich so leben würde wie heute. Die müssen sein. Bin auch nach wie vor Mitglied, zahle auch pünktlich meinen Beitrag.« (Edith Töpfer)

»Woran ich manchmal gern zurückdenke, das war das Singen. Das machen wir ja manchmal, wenn wir Geburtstag feiern, dann hast du bloß heute oft nicht die richtige Truppe beisammen.« (Werner Trapp)

»Ja, die waren eigentlich mein Leben. Wenn ich jetzt zurückblicke, dann war ich täglich in der Falkengruppe. Es waren nicht immer die offiziellen Gruppenbande, aber wir hatten auch keine andere Möglichkeit. Wir haben uns im Grunde täglich getroffen und haben uns auch wechselseitig erzogen, uns angeregt. So ein bestimmter Nachholbedarf an Wissen, was ja auch zur Persönlichkeit gehört, war eben nur bei Falkens nachholbar, außerdem ein Teil der schulischen Bildung, die ja auch ein erhebliches Defizit aufgewiesen hat, weil in den ersten Nachkriegsjahren alles so drunter und drüber ging.« (Gerhard Zimmerling)

»Also ich wäre höchstwahrscheinlich irgendwo in der Gesellschaft gelandet im zweiten oder dritten Glied. Ich hätte gewisse Befähigungen, die in mir lagen, überhaupt nie entdeckt; Menschenführung in dieser Weise nie so entdeckt. Die Beziehungen waren viel intensiver, als es in jeder Parteiabteilung, Parteikreis, Parteitag ist. Es waren intensive und ununterbrochene Beziehungen notwendig, im Sinne natürlicher Autorität, nicht im Sinne von autoritär. Also ich würde sagen, ich bin wohl ›was geworden‹, wenn man das in Anführungsstriche setzt. Ich habe diesen Prozeß im Jugendverband gemacht. Ich halte es für den entscheidenden Prägungsimpuls, den ich in meinem Leben erfahren habe.« (Harry Ristock)

»Ich finde, daß die Falken mich wesentlich geformt haben, und ich finde es auch ganz gut, innerhalb der Falken gewesen zu sein. Ich finde auch, daß es eine notwendige Organisation war, und ich finde, daß auch in der Zeit Ristock eine herausragende Figur und eine wichtige Figur für die Entwicklung in Berlin gewesen ist.«
Ich glaube, was man so Alternativszene nennt, ist doch so etwas wie Jugendbewegung heutzutage. Meiner Ansicht nach haben die Jugendverbände keine Funktion mehr. Ich glaube, daß jede hierarchische Organisation von Übel ist, die Verantwortlichkeiten delegiert an irgendwelche anderen. Was sich aus der traditionellen Arbeiterbewegung an Strukturen gebildet hat, das spiegelt sich in den Jugendorganisationen wider. Das führt heute mehr oder minder zur Handlungsunfähigkeit. Ich bin dafür, sich darüber den Kopf zu zerbrechen, wie man Jugendliche für irgendwas gewinnt, wie man zusammen mit denen irgendwas machen kann, aber ich glaube nicht, daß es sinnvoll ist, eine Jugendorganisation mit Kreisvorstand und Bundesvorstand und Delegierten und so was alles zu bilden bzw. weiter zu betreiben.
Eigentlich ist es eine verrückte Sache, die ich mir von meiner politischen Sozialisation überhaupt gar nicht vorstellen kann, daß es so was gibt. Aber diese Menschenkette im Herbst 1983 von Neu-Ulm bis Stuttgart, so 180 km lang, 250000 Menschen – daß da natürlich ein paar Leute dran waren, die das organisiert oder gemanagt haben und Kontakt zu Leuten geknüpft haben, damit es weitergeht, das ist die eine Sache. Aber im Prinzip kann man ja nur sagen, das ist so ein Selbstläufer gewesen bzw. eine bestimmte Sache hat die Massen ergriffen, die haben das ausgefüllt. In der immer mehr vernetzten und immer mehr vom Staatsapparat strukturierten Gesellschaft versuchen die Menschen immer mehr sich unabhängig zu entwickeln, also ohne vorgegebene Strukturen. Dies ist zunächst für traditionelle Linke möglicherweise eine Widerspruch, weil sie sagen, wenn der Staat organisiert auftritt, muß man den sozusagen unterlaufen durch Desorganisation, durch eine Vielzahl von kleinen Gruppen, die zum Teil für sich selbst, aber auch bei bestimmten Ereignissen gemeinsam organisiert irgendwas machen. Die neue Entwicklung benötigt andere Antworten, das ist meine Schlußfolgerung daraus.« (Peter Bischoff)

Die Frauen haben bei den Falken oft entscheidende Anstöße für ein neues Rollenverständnis erhalten. Sie waren selbstbewußt in Berufe gegangen, die sie ohne die Falkensozialisation kaum in Betracht gezogen hätten. Barbara Greube arbeitet noch immer bei der SPD:

»Das weiß ich nicht, was da geworden wäre. Vielleicht würde ich auch irgendwo am Herd stehen und 'ne Suppe kochen oder so was. Ich weiß es nicht, aber das habe ich mich selber auch schon oft gefragt, wie es eigentlich verlaufen wäre, wenn ich nicht diesen Weg gegangen wäre. Da würde ich vielleicht auch heute als Mutti am Tisch sitzen und Socken stricken. Ich weiß es nicht. Meine Klassenkameradinnen, die ich im vorigen Jahr nach 30 Jahren gesehen habe – das ist zum Teil erschreckend gewesen, was aus den Frauen geworden ist, wirklich schlimm.«

Die Berliner SPD führte 1983 seit langem einmal wieder eine Demonstration gegen die Aufrüstung durch. Es trafen sich hier wieder die Falken der 50er Jahre in einer Menschenkette auf dem Ku'damm.

Christel: »Prägend waren die Falken auf jeden Fall. Ich kann mir überhaupt nicht vorstellen, wie ich mich anders entwickelt hätte.

Gerda: Ich weiß auch nicht, was aus mir geworden wäre, wenn ich da nicht zugestoßen wäre. Das fängt doch schon mal an, wen hätte ich als Mann kennengelernt?

Christel: Es ist ja auch ein kleines Phänomen, was wir immer wieder feststellen, wenn es mal irgendwo brennt...

Gerda: ...da würde jeder da sein.

Christel: Mal so eine ganz lapidare Geschichte wie der ›Arbeiterjugendtag 1979‹. Wer trifft sich da, wer ist da, wer arbeitet? Die ganzen Altfalken!

Gerda: Oder denk mal an die Menschenkette, wen haben wir gesehen?

Christel: Alles Falken! – Hoffnung habe ich immer noch. Sagen wir mal, ich bin nicht mehr so gläubig, aber die Hoffnung habe ich, sonst würde ich nicht hingehen. Wenn ich von vornherein sagen würde, das bringt sowieso nichts, würde ich nicht hingehen. Nur um da zu sein oder gesehen zu werden, gehe ich nie zu einer Demonstration, sondern weil ich wirklich der Meinung bin.

Gerda: Ich bin seit langen Jahren auch wieder das erstemal mitgegangen und muß sagen, wirklich aus Überzeugung.«

(Gerda Bohn/Christel Dittner)

Für Wolfgang Götsch dagegen war die Hoffnung auf den Sozialismus die Enttäuschung seines Lebens:

»Für meine politische Entwicklung war das nicht umsonst, aber ich habe das ja nicht betrieben, um mich persönlich zu entwickeln. Meine Illusion und der Ansatz für die Arbeit, für die Motivation lag doch darin, den Sozialismus zu erreichen. Vor diesem Hintergrund mußt Du heute meine ›Null-Bock-Mentalität‹ verstehen. Es gibt – so bin ich fest überzeugt – keine, auch nicht die geringste Chance, auch unter den optimalsten Umständen Sozialismus zu erreichen. Dies ist sozusagen die große Enttäuschung meines Lebens. Unterstellen wir mal, diese SPD mit ihren jetzt im Moment hervorragenden Positionen im Bereich Frieden, Nachrüstung usw., unterstellen wir mal, Ausfluß dieser Haltung wäre es, daß also Linke die SPD übernehmen, der linke Juso Wolfgang Roth nicht alleine dastünde und was weiß ich wer alles und Eppler dann den rechten Flügel darstellt, in diesem Konzert dann auch noch Ristock den rechten Flügel ausmacht – aber unterstelle, es gäbe eine solche Konstellation, auch diese Konstellation würde ganz schnell zerbrechen an den subjektiven Wünschen der einzelnen, an Egoismen, an all dem – ganz abgesehen davon, daß es objektiv natürlich nicht erlaubt würde von den Amerikanern. Wir haben 20 Jahre als Ziel gesehen, vielleicht manche 30, vielleicht waren manche schon schlauer. Wahrscheinlich werden heute viele sagen: Das habe ich immer gewußt, daß das nicht kommt. Dann machen sie sich was vor oder haben sich damals was vorgemacht, uns was vorgemacht. Ich bekenne freimütig, daß ich doch einer Lebensillusion aufgesessen bin. Es geht anderen ja auch so. Wir wollen uns da nichts vormachen. Ristock glaubt doch nicht mehr an Sozialismus, sondern Ristock glaubt, daß das, was er tut, Spaß macht, rummanagen, einen Gegenkandidaten spielen. Ich sehe das so und das gilt für alle Koryphäen von damals. Alle haben sie durchaus persönlich mehr oder minder erreicht, was sie wollten. Ich auch, ich will jetzt eine Halbtagsstellung haben, weil die Hälfte der Arbeitszeit zu leben mir wichtiger ist als das Geld, was ich da draufgebe.«

Siegfried Bilewicz und Renate Kirchner warnen eher davor, die Vergangenheit zu idealisieren. Sie ist nicht nur vorbei, sie war auch Not:

»Nein, Ich trauere dem überhaupt nicht nach. Ich habe lange darüber nachgedacht, als ich das Gruppenbuch gelesen habe. Es kommen ja dann so Gefühle. Ich möchte sagen: Es ist ein ganz wichtiger Abschnitt in meinem Leben und ohne das wäre ich jetzt gar nicht möglich. Aber ich möchte nicht zurück.« (Renate Kirchner)

»Ja, ich würde schon dazu stehen, und wenn ich meinen eigenen Weg so zurückverfolge, dann muß ich eigentlich sagen, wenn ich die Auseinandersetzung und Diskussionen in dieser Gruppe nicht erfahren hätte, dann weiß ich nicht, wo ich heute wäre. Vielleicht wäre ich noch Tischler, vielleicht hätte ich mal meinen Meister gemacht. Ich denke eigentlich sehr gerne zurück an die Zeit. Ich muß mich bloß hüten, daß ich sie nicht schöner finde als die heutige. Es glorifiziert sich alles noch viel schöner, als es wirklich war. Damals ist es uns zeitweilig ganz schön dreckig gegangen. Wenn ich an die Zeiten denke, irgendeiner mußte dann eine Kerze mitbringen, weil wir kein Licht im Hause hatten, oder wenn wir eine Fete am Wochenende gemacht haben, dann hat jeder zu Hause im Keller eine Kohle geklaut. Das möchte ich eigentlich keinem von unseren Nachfolgern wünschen, und ich möchte es auch nicht noch mal durchmachen.« (Siegfried Bilewicz)

Ernst Froebel formulierte in seinem Rückblick Vorschläge für die SPD. In seiner Parteiabteilung leben noch Reste der alten Solidargemeinschaft:

»Nein, viel anders würde ich das nicht machen. Was ich anders machen würde ist: versuchen, noch mehr menschliche Bindungen zu schaffen, um zum Beispiel das Verhältnis zur Partei enger zu binden. Du stellst doch dem Parteimitglied gar keine Aufgabe. Gut, zur Versammlung kommen, aber da ist es meistens so stinklangweilig. Es ist keine konträre Versammlung, keine Auseinandersetzung und wie gesagt unpersönlich. Die Clique, die sich kennt, sitzt immer beisammen und der Neue, der nun mal kommt, der hört sich das an, dann steht er noch eine Weile ein bißchen doof rum, und dann geht er nach Hause. So nimmst du den nicht auf, du betreust den gar nicht, du machst ja nicht, was wir Hermsdorfer hier gemacht haben. Wir haben uns hier als Funktionäre zusammengesetzt unter denen, die mitarbeiten wollen und haben gesagt: Wir geben dir die Adresse von Genossen, die hier in deinem Bereich wohnen. Du kümmerst dich um die. Da ist der alte Theiß, der ist gehbehindert, die Frau ist zuckerkrank. Die wählen immer links. Unbestreitbar ist, daß in der Partei das Zusammengehörigkeitsgefühl, das Gemeinschaftsgefühl und die Solidarität heute weitaus weniger ist. Wir wußten früher immer in der Partei über den Kumpel Bescheid, ob es ihm gut geht oder schlecht, und Otto müssen wir mal ein bißchen helfen. Darauf sind wir von uns aus gekommen. Dann haben wir auch mitgekriegt, daß Otto nicht mehr die Miete bezahlen konnte und daß es ein Gesetz gab, daß der Hauswirt seine Möbel drinnen behalten kann, wenn er die Miete nicht bezahlt. Dann sind wir nachts hingegangen und haben Ottos Möbel runtergetragen. Wenn sie auf der Straße gestanden haben, konnte er sie nicht mehr pfänden. Der konnte nur pfänden, wenn sie in seiner Wohnung waren. Solche Dinge waren selbstverständlich. Das ist das eine, was verlorengegangen ist, das zweite ist: Wenn die Genossen ins Märkische Viertel gezogen sind – mein Schwager ist da hingezogen – Mensch, wieviele Jahre hat das gebraucht, bis er einen Kontakt mit einem Nachbarn hatte, daß, wenn er verreist, die ihm die paar Blumen gießen. Nun ist er auch Genosse und seine Frau ist auch Genossin, haben 2 Kinder und haben viele Jahre gebraucht – und das ist keine Einzelerscheinung. Man ist nirgends so einsam wie in so einem großen Neubauviertel.«

Über den langen Marsch durch die Institutionen machte sich Ernst Froebel aber keine großen Illusionen mehr:

»Wenn du in dem Amt bist, wirst du vom Amt gefressen, kannst nur einige Rudimente mit rumschleppen. Ich will ein Beispiel bringen, was so ein Mann wie Ristock machen kann. In dem großen Gebäude des Bausenats sind Fahrstühle, und da gibt es einen kleinen mit einer abschließbaren Tür, der geht direkt durch zum 13. Stock zum Bausenator. Den hat sich der Schwedler, der ungekrönte König damals gebaut. Der Schwedler hatte auch das Format, und bei Schwedler hat man da nichts gesagt. Jetzt wurde Ristock Bausenator – Ristock hat den Fahrstuhl öffentlich machen lassen, und er fährt auch mit dem großen Personalaufzug. Mit dem fährt er nach oben, dann kann er mit einem quatschen. Das ist so, was er machen kann, viel mehr nicht! (...) Wir leben in einer kapitalistischen Gesellschaft, und wir konnte große Solidarität und Gemeinschaft und alles mögliche aufbauen und konnten denken und Bewußtseinsschulung und pädagogische Arbeit machen, der eine so, der andere so.
– Aber wir konnten keinen Sozialismus nur in Zelten aufbauen! –«

Aus der Geschichte lernen? – Ein Resümee

Rückblickend ist es leichter, Entwicklungen und Tendenzen der 50er Jahre festzustellen. Damals waren sie nur in Ansätzen im Arbeiterjugendverband zu erkennen. Wir wollen nun zum Abschluß noch einige Überlegungen dazu anstellen, ob mit unserer Methode der historischen Untersuchung von politisch-pädagogischen Lernprozessen auch Erklärungen für die heutige Situation möglich sind. Am Beispiel der Falken in Berlin haben wir dargestellt, wie es möglich ist, die Erfahrungsprozesse auf verschiedenen Ebenen des Verbandes (Vorstandsmitglied, Gruppenleiter, einfaches Mitglied) in ihrer Unterschiedlichkeit zu analysieren. Gerade die Erinnerungen an den Verbandsalltag und die heimlichen Wünsche und Interessen waren oft ein Gegenbild zur Geschichtsschreibung aus der Sicht der Vorstände und politischen Funktionäre.

Wir haben beschrieben, wie die Sozialistische Jugend nach 1945 aufgebaut wurde. Die Not der Nachkriegszeit und der Schrecken des NS erhielten damals ein Gegenbild in den solidarischen Gruppen der Falken. Kindheit und Jugend wurden in kleinen Zeltlagern am Rande Berlins nachgeholt. Gesellschaftliche Utopien waren fester Bestandteil dieses jugendbewegten Lebens im sozialdemokratischen Milieu. In Aktionen gegen Faschismus und Krieg und für einen demokratischen Neuaufbau Deutschlands entwickelten sich langfristig wirksame politische Grundüberzeugungen.

Es gab bei den Falken Gruppenleiter und Gruppenleiterinnen, die den Jugendlichen eine sozialistische Tradition vermittelten und die positive Vorbilder waren. Aber der politische Optimismus wurde durch das »Wirtschaftswunder« und den »Kalten Krieg« enttäuscht. Schon bald sah sich die Sozialistische Jugend in der Rolle der politischen Opposition gegen Adenauer und gegen Ulbricht. Zwischen allen Stühlen wurde ein »Dritter Weg« neben Kapitalismus und Stalinismus gesucht.

Die Kraft für diese Außenseiterposition zogen die Falken aus der über Jahre in vielfältigen Bildungsprozessen erworbenen politischen Haltung gegen Faschismus, Stalinismus und Krieg, aber auch aus Begegnungen mit jungen Sozialisten aus aller Welt. Bei Arbeiterjugendtagen oder bei Treffen der Sozialistischen Jugendinternationale (IUSY) entstanden neue Hoffnungen auf eine andere Welt. Solche Erlebnisse boten eine Alternative zur deutschen Nachkriegsgeneration und deren »Unfähigkeit zu trauern«

Die Falken waren zu Beginn der 50er Jahre ein stabiler Lebenszusammenhang. Die Mitglieder der Kinder- und Jugendgruppen hatten zu großer Mehrheit Arbeiter als Eltern. Es entstand ein Milieu, in dem die Erfahrungen der Arbeiterfamilien eine gemeinsame Grundlage boten und in denen Arbeiterjugendliche ihre Interessen im Rahmen einer politischen Organisation verwirklichen konnten.

Die in der zweiten Hälfte der 50er Jahre durchgeführten Gedenkstättenfahrten nach Auschwitz, Theresienstadt oder Bergen-Belsen führten die Tradition von Antifaschismus und erfahrbarer Trauer fort. Die Falken waren in dieser Zeit eine der wenigen Organisationen, die eine aktive Auseinandersetzung mit der deutschen Geschichte wagten.

Praktische Aktivitäten und theoretische Bildungserlebnisse banden die Mitglieder der Falken fest zusammen. Zu den anderen Jugendlichen entstand aber eine immer größer werdende Kluft. Die neuen Freizeitindustrien boten Alternativen zur Diszipliniertheit und Verbindlichkeit des politischen Jugendverbandes.

Den Falken gelang es nicht, an diesen neuen Interessen von Jugendlichen anzuknüpfen. Parallel zur inneren Stabilität entstand eine Entfremdung zu Arbeiterjugendlichen außerhalb des Verbandes. Die Falken lebten wie in einer abgeschlossenen Gesellschaft, aber um sie herum veränderte sich einiges, und plötzlich erschien der Jugendverband als langweilig, altmodisch und farblos.

Amerikanische Jugendmoden vertrugen sich nicht mehr mit dem Blauhemd. Jazz oder Rockmusik wirkten eindringlicher auf Kopf und Gefühle als die jugendbewegten Lieder des Falkenchors.

Im Jugendverband setzte man sich zu wenig mit diesen Widersprüchen auseinander. Der Schwerpunkt des Verbandes wurde immer mehr die »große Politik«.

In dem Augenblick, wo aber die Interessen der Arbeiterjugendlichen als unpolitisch vernachlässigt wurden, nahmen andere diese Bedürfnisse auf. Die Freizeitindustrie konnte nur so den Jugendverbänden derartige Niederlagen zufügen.

Eine solche Entwicklung ist nicht allein aus der Situation eines Jugendverbandes heraus zu erklären. Entscheidend ist immer das soziale Umfeld, in diesem Fall die sozialdemokratische Arbeiterbewegung. Dieses Milieu wurde nach 1945 nicht mehr in der alten Form wiederaufgebaut. Obwohl die Falken versuchten, derartige Milieuzusammenhänge zu erneuern, konnten sie als Jugendverband nicht alleine die entstandenen Lücken füllen. Der Alltag der Arbeiter war nicht mehr »von der Wiege bis zur Bahre« im sozialdemokratischen Milieu organisiert. Angestellte und Beamte des öffentlichen Dienstes übernahmen immer mehr Funktionen in der Partei.

Damit löste sich auch der Rahmen auf, in dem Arbeiterjugendliche über den Jugendverband hinaus praktische politische Perspektiven sehen konnten. Arbeiter waren immer seltener bereit, ehrenamtlich Jugendgruppen zu leiten. Wofür sollten sie politisch kämpfen, wo doch ihre eigenen Zielvorstellungen immer unklarer wurden. Eine solche Entwicklung mußte sich zwangsläufig auf den Jugendverband auswirken.

In der SPD gab es kaum Positionen, die dem Jugendverband größere Bedeutung zumaßen. Die Falken störten eher den politischen Alltag. In der Partei waren Fachleute gefragt, und der Wahlkampf war auf die Mittelschicht und die Wechselwähler orientiert. Aus dem Mangel an einer kollektiven Zukunftsvorstellung der sozialdemokratischen Arbeiterbewegung entstand dann bei den politisch gut ausgebildeten Falken eine individuelle Perspektive: der soziale Aufstieg.

Familiengründung, eigene Wohnung oder berufliche Entwicklung führten oft zur Ablösung von der politischen Organisation. Am Beispiel der Frauen läßt sich dies gut zeigen. Wenn sie Kinder bekamen, verließen viele den Jugendverband und die Partei, da die Doppelbelastung durch Beruf und Hausarbeit als selbstverständlich hingenommen wurde und im familiären Privatbereich verblieb.

Auch die Sportarbeitsgemeinschaft der Falken wurde in ihrer Bedeutung für Arbeiterjugendliche unterschätzt. Kampflos wurde den bürgerlichen Sportvereinen die stärkste Arbeitsgemeinschaft überlassen. Der Sport war aber früher nicht bloß eine Privatangelegenheit im Freizeitbereich, sondern war immer ein fester Bestandteil der Arbeiterbewegung gewesen.

Eine weitere Gefahr für den Jugendverband lag auch in der inneren verkrusteten Struktur. Gremienmachtkämpfe, verlogen-taktisches Verhalten oder die männlich-dominierten Hierarchien nützten hauptsächlich den Funktionären und ihren kleinen politischen Karrieren.

Anfang der 60er Jahre bemerkten die Falken wie auch die meisten anderen Jugendverbände, daß der Nachwuchs fehlte. Kinder und Jugendliche aus sozialdemokratischem Elternhaus kamen immer seltener. Dem Verband gelang es aber auch nicht mehr, unorganisierte Arbeiterjugendliche anzusprechen. Die immer älter werdenden Mitglieder fürchteten um ihre nur mühsam zusammengehaltene Organisation. Wie sollten also Jugendliche aus Arbeiterfamilien noch in diese intensiv diskutierenden und fest abgeschlossenen Gruppen hineinkommen können? Eine Verjüngung wurde von den älteren Mitgliedern behindert. Veränderungen über Bildungsprozesse wurden für sie neben der Durchführung von Zeltlagern zur zentralen politischen Praxis.

Eine Organisationsperspektive für Arbeiter konnte dies nur für zukünftige Funktionäre der Gewerkschaft oder der Partei sein. Die anderen zogen sich ins Privatleben zurück. Die Gruppenarbeit wurde immer mehr pädagogisiert, da kaum noch aus dem politischen Selbstverständnis einer breiten sozialdemokratischen Bewegung die Politik entwickelt werden konnte. Das Arbeitermilieu der Partei existierte nur noch in einigen Randbereichen, und die Jugendverband konnte gegen eine solche Entwicklung keine Alternative praktizieren. Nicht umsonst begann dann auch in den 60er Jahren die ständig neu auflammende Diskussion darüber, ob die Falken sich nicht einen anderen politischen Rahmen suchen müßten, der ihren Idealen als sozialistischer Jugend eher entsprechen würde. Dies führte von der DFU, DKP über trotzkistische und maoistische Gruppen bis zur heutigen Diskussion der Bündnispolitik gegenüber der Grünen Partei.

Aus dieser Verunsicherung heraus entwickelte sich auch die andere Seite: die dogmatische Anbindung an die widersprüchliche SPD-Politik. Die berechtigte Angst vor der Auflösung des politischen Lebenszusammenhanges führte zu dieser Überidentifikation mit den Traditionen einer ehemaligen Arbeiterpartei.

Das sozialdemokratische Arbeitermilieu hatte aber aufgehört zu bestehen, und so waren alle Versuche, an diese Organisationstraditionen anzuknüpfen, zum Scheitern verurteilt. Die nostalgische Sehnsucht vieler Falken nach der »guten alten Zeit der Arbeiterbewegung« reduzierte sich immer mehr auf die Lieder am Zeltlagerfeuer.

Die 50er Jahre sind für die Entwicklung der Arbeiterjugendverbände im Rückblick so interessant, weil sich in dieser Zeit die entscheidenden Veränderungen im Arbeitermilieu durchgesetzt haben, die auch noch die heutige Situation des Jugendverbandes bestimmen.

Wir hoffen, daß wir mit unserer Analyse der Sozialisationsprozesse von Arbeiterjugendlichen in den 50er Jahren bessere Grundlagen für zukünftige Perspektivdiskussionen der Arbeiterjugendverbände geben konnten. Einer Diskussion, die mit mehr Geschichtsbewußtsein die einmal gemachten Fehler vermeiden könnte und der es auch gelänge, zwischen dem subjektiven Wollen der Mitglieder des Jugendverbandes und den Rahmenbedingungen zu unterscheiden, wie wir sie am Beispiel des Zerfalls des sozialdemokratischen Arbeitermilieus beschrieben haben, dem der Jugendverband mit seinen Mitgliedern nichts entgegensetzen konnte.

Wir meinen, daß eine solche Analyse der Bedingungen von sozialistischer Jugendverbandsarbeit nicht nur im Rückblick und aus der Distanz möglich ist. Aus der Geschichte könnte sehr viel praktischer gelernt werden, z.B. in dem heute eine ähnliche exemplarische Untersuchung der konkreten Bedingungen von Jugendarbeit durchgeführt würde, wie sie für die 50er Jahre in diesem Buch versucht wurde. Unsicherheit und Perspektivlosigkeit der Jugendverbände heute müßten solche Versuche geradezu herausfordern. Dazu sollte aber auch an alten Tabus gerüttelt werden und Bewegung in den eigenen Reihen zugelassen werden, bei der nicht jeder Schritt im vornherein festgelegt werden kann und bei der sicherlich auch Fehler gemacht werden. Aber die Starre, die heute oft nur noch Fehler verhindern soll, reicht nicht aus, um neue Perspektiven zu bestimmen und die Bürokratisierung der finanzierten Jugendarbeit zu verhindern.

Einen solchen Prozeß könnten wir uns folgendermaßen vorstellen:

Der erste Schritt müßte eine radikale Bestandsaufnahme der aktuellen Situation sein. Dies würde bedeuten, zu untersuchen, wie die Mitgliederstruktur wirklich ist, wer die Verbandsbroschüren wirklich liest, wo erfolgreiche Aktionen stattgefunden haben und wo Mißerfolge erlebt wurden. Die Angst vor der Realität eines desolaten Zustandes muß dabei ausgehalten werden, denn in Wirklichkeit weiß sowieso jeder, wie es um die Arbeiterjugendverbände bestellt ist.

Der zweite Schritt müßte die Veröffentlichung dieser Ergebnisse sein, um darüber einen intensiven Diskussionsprozeß einzuleiten. Dies könnte mit der Befragung von Jugendgruppen und einzelnen Jugendlichen über ihre Erfahrungen beginnen, ganz ähnlich, wie in diesem Buch die Interviews mit ehemaligen Falken eine Grundlage für die Analyse dieser Zeit wurden.

Ein Erfolg solcher Befragung kann natürlich nicht darin liegen, nur festzustellen, ob die Mitglieder die verbandlichen Parolen verstanden haben. Vielmehr ist eine vielschichtige Untersuchung notwendig, die es erlaubt, beispielsweise zwischen dem offiziellen und dem heimlichen Lehrplan, den es auch heute noch gibt, zu unterscheiden.

Die Form dieser Selbstbefragung sollte nicht zentral sein, sondern von den Gruppen ausgehen und von dort zu einer gemeinsamen Diskussion weiterentwickelt werden. Die große Schwierigkeit wird dabei sicherlich in der theoretischen Bearbeitung der vielen Informationen, Aussagen oder Kritiken liegen. Die Gefahr, damit nur vorgefertigte Organisationskonzepte begründen zu wollen, ist groß. Aber da dies ohnehin laufend passiert, wäre dieser Weg eine Möglichkeit, neue Perspektiven in der solidarischen, aber nicht einheitlichen Diskussion zu entwickeln.

Es wird darüber geredet werden müssen, ob vom Proletariat als »alleinigem Subjekt der Revolution« weiterhin ausgegangen werden kann oder ob nicht auch andere Gruppen traditionelle Forderungen der Arbeiterbewegung vertreten. Aber auch die bürokratischen Strukturen, die direkt von der Parteihierarchie übernommen wurden, müßten in Frage gestellt werden und sind veränderbar. Meinungsbildung kann auch anders als nur auf Konferenzen mit Geschäftsordnungsanträgen und den dazugehörigen Geschäftsordnungstricks stattfinden. Immer mehr Jugendlichen erscheinen heute diese formalen Gremien in der Weise verdächtig, daß dort nur die Funktionäre ihre Interessen lustvoll durchsetzen können.

Es gibt nur wenige Gruppierungen, die den Jugendverbänden hierbei Unterstützung geben könnten. Die SPD vernachlässigt die Jugendarbeit fast vollständig, aber auch die Grüne Partei bietet bisher kaum einen organisatorischen Rahmen für Jugendliche. Bürgerinitiativen oder Stadtteilgruppen sind in ihren Ansätzen oft viel zu begrenzt für die vielseitigen Orientierungswünsche und die Suche nach längerfristigen Perspektiven.

Aus der Geschichte lernen könnte also heute heißen: Die Bedingungen emanzipatorischer Jugendarbeit zu analysieren und die Bedürfnisse der Jugendlichen sehr ernst zu nehmen, da sie sich sonst an den Jugendverbänden vorbei organisieren oder manipulatorisch ausgenutzt werden – die rechtsextremistischen Gruppen verstehen viel davon.

Ein wichtiger Schritt wäre es, über die eigenen Wünsche, Interessen und Hoffnungen zu reden. In diesem Prozeß der Analyse verändern sich auch die Bedürfnisse. Sie sind nun mal nicht rein vorhanden, wie es einige Funktionäre gerne hätten, sondern sie äußern sich verworren und vorpolitisch, manchmal sogar selbstzerstörerisch. Aber in all diesen Formen steckt auch eine Entwicklungsmöglichkeit, auf die vertraut werden kann. In solidarischen Gruppen muß über Ängste geredet werden, die sonst den Gedanken an gesellschaftspolitische Alternativen blockieren. Jugendliche sind nicht zuerst wegen der Politik im Jugendverband. Wenn darüber nicht geredet wird, müssen sie ihre Interessen heimlich organisieren, und die Politik bleibt oberflächlich und aufgesetzt. Nicht das asketische Funktionärsideal ist ihr Ziel, sondern die Lust auf Gemeinsamkeiten mit Jungen und Mädchen, die Suche nach Antworten auf Fragen nach der Gesellschaft und nach sich selbst, nach Orientierung und auch nach lustvollem, kreativem Lernen, in dem auch die Grundlagen von gesellschaftlicher Ungleichheit und Unterdrückung erkannt werden können.

In diesen Gesprächen werden sicherlich nicht die objektiven Grenzen überwunden werden können. Die Jugendarbeitslosigkeit bleibt bestehen, auch der Kapitalismus und die Ausbeutung der Dritten Welt.

Die Kraft, die aber zu einem bewußten Widerstand benötigt wird, muß erst einmal geschaffen werden. – Daß dies gelingen kann, zeigten die Falken in den 50er Jahren, die nicht nur politische Forderungen vertraten, sondern auch einen eigenen alternativen Lebenszusammenhang aufbauten. Am Beispiel der Ostpolitik, der Gedenkstättenfahrten und dem Kampf gegen den Kalten Krieg, viele Jahre bevor sie offizielle SPD-Position wurde, haben wir gesehen, welche Unabhängigkeit ein sozialistischer Jugendverband braucht, um nicht von den bürokratischen Parteimühlen zermahlen und vereinnahmt zu werden. Der Arbeiterjugendverband hatte seine Hochphase, als er noch im sozialdemokratischen Arbeitermilieu einen Rahmen fand, sich aber nie allein an der SPD-Politik orientierte.

Heute sind die Bedingungen der Jugendverbände andere, und es kann nicht mehr nur an die vergangenen Zeiten angeknüpft werden. Heute existiert ein sozialdemokratisches Arbeitermilieu nicht mehr und eine politische Arbeiterjugendbewegung als eigenständige Organisation ebensowenig. Der SPD gelingt es immer seltener, Jugendliche für ihre Politik zu interessieren, da sie in deren Augen von Verwaltungsbeamten und technokratischen Stellvertretern bestimmt wird.

Diese veränderten Bedingungen erfordern von den politischen Arbeiterjugendorganisationen eine weitreichende Neubestimmung der Aufgaben. Sie müssen sich von überholten Schablonen lösen und starre Organisations- und Politikkonzepte in Frage stellen.

Auf der anderen Seite aber sind viele Forderungen, mit denen die sozialistische Arbeiterbewegung einmal die Gesellschaft verändern wollte, noch immer nicht eingelöst. Deshalb werden auch in Zukunft immer wieder Jugendliche diese politischen Ziele aufgreifen.

Anmerkungen

Einleitung

1 Vgl. *Lutz Niethammer* (Hrsg.): »Lebenserfahrung und kollektives Gedächtnis – Die Praxis der Oral History«, Ffm. 1980. Ders.: »Lebensgeschichte und Sozialkultur im Ruhrgebiet 1930–1960 Band 1 und 2«, Berlin/Bonn 1983.
Werner Fuchs: »Arbeiterleben nach 1945«, Marburg/Lahn 1979.

Kapitel I

1 Vgl. dazu *Harold Hurwitz:* »Demokratie und Antikommunismus in Berlin nach 1945«, Köln 1983.
In diesem Zusammenhang möchten wir auch auf die Arbeit von *Siegfried Heimann* hinweisen, der ausführlicher die Zeit von 1945–1950 bearbeitet hat. Sein Buch wird unter dem Titel »Die Berliner Falken 1945–1950. Eine kommentierte Dokumentation« ebenfalls vom Franz-Neumann-Archiv veröffentlicht.
2 Zitat aus einem Interview mit Rolf Lindemann und Werner Schultz. Wenn nicht anders angegeben, sind auch die folgenden Zitate aus diesen Interviews übernommen. Die vollständigen Interviews sind im Forschungprojekt des Franz-Neumann-Archivs »Sozialistische Jugend in Berlin nach 1945« vorhanden.
3 »Goldfasane« wurden im Volksmund die hohen NSDAP-Funktionäre wegen ihrer prunkvollen Uniformen genannt.
4 *Wolfdietrich Schnurre:* »Blau mit goldenen Streifen«, S. 9f; Ffm/Berlin 1979.
5 Holzwagen mit Landpferden.
6 Aus dem Bericht des Magistrats über Jugendnothilfe vom 13. Juni 1947; in: Berlin – Quellen und Dokumente 1945–1951, S. 635f. Berlin 1964.
7 Provisorische Regelung der Versorgung mit Lebensmitteln für die Bevölkerung, 5. Mai 1945; aus: Berlin – Quellen und Dokumente, S. 237, Berlin 1964.
8 *Hilde Thurnwald:* »Gegenwartsprobleme Berliner Familien«, S. 115f, Berlin 1948.
9 Vgl. *Siegfried Heimann:* »Die Berliner Falken 1945–1950. Eine kommentierte Dokumentation«, Kapitel IV., Berlin-West 1985.

Kapitel II

1 DBG-Berlin, Berliner Gewerkschaftsgeschichte von 1945–1950, Berlin.
2 März 1951, aus Berlin-Chronik der Jahre 1951–1954, S. 42 Hrsg. Senat von Berlin, Berlin 1968.
3 DBG-Berlin: Berliner Gewerkschaftsgeschichte von 1945–1950, S. 276ff, Berlin 1971.
4 Berlin-Chronik der Jahre 1951–1954, S. 86, Hrsg. Senat von Berlin, Berlin 1968.
5 Vgl. *Helmut Schelsky:* »Arbeiterjugend – Gestern und Heute«, Heidelberg 1955.
6 Aufgrund der ständigen massiven Behinderungen in den ersten Nachkriegsjahren wurde die Arbeit der Falken in Ost-Berlin 1949 eingestellt. Formell blieb der Verband dort noch bis Ende der 50er Jahre bestehen. Unterstützt von den Westberliner Falken, deren Kreise Patenschaften für die Ostberliner Kreisgruppen übernahmen, fand das eigentliche Verbandsleben der Gruppen jedoch in West-Berlin statt. Zu den Behinderungen der Ostberliner Falkenaktivitäten in den Nachkriegsjahren siehe *Siegfried Heimann:* »Die Berliner Falken 1945–1950. Eine kommentierte Dokumentation«, Kapitel 6.
7 in: *Martin Faltermeier* (Hrsg.): »Nachdenken über Jugendarbeit«, S. 41, München 1983.
8 Zur Auseinandersetzung mit verschiedenen Mängeln der Jugendarbeit und der Forderung nach »öffentlichen Vätern und Müttern« siehe auch *Götz Aly:* »Wofür wirst du eigentlich bezahlt?« Berlin 1977.
9 Ausschnitte aus einem Erlebnisbericht von *W. Behrendt,* in: »fröhliche schar«, Falkenzeitschrift Schöneberg, August 1951.

10 aus:»Die Arbeiterjugend«, Informationsblatt der»SAJ« Kreis Reinickendorf, Dezember
    1951.
11 aus:»Die Arbeiterjugend«, Informationsblatt der»SAJ« Kreis Reinickendorf, Dezember
    1951.
12 Ausschnitt aus dem Zeitungsartikel aus dem»Sozialdemokrat« September 1948.
13 Ausschnitt aus einem Artikel aus dem»Telegraf« vom 16. 6. 49.
14 aus:»Monatsbrief der Sozialistischen Jugend Deutschland – Kreis Schöneberg/Friedenau«,
    April 1953.
15 Franz-Neumann-Archiv – Forschungprojekt»Sozialistische Jugend in Berlin nach 1945«.
16 In den Roten Falken waren die 17- bis 20jährigen. Im einzelnen waren die Falken Anfang
    der 50er Jahre altersmäßig folgendermaßen organisiert:

    Nestfalken   6–10 Jahre
    Jungfalken   10–12 Jahre
    Wanderfalken   12–14 Jahre
    Sturmfalken   14–17 Jahre
    Rote Falken   17–20 Jahre
    Vgl.»Wir bauen eine neue Welt«. Herausgegeben von den Falken – Berlin 1949.
17 Franz-Neumann-Archiv Forschungsprojekt»Sozialistische Jugend in Berlin nach 1945«.
18 Franz-Neumann-Archiv – Forschungsprojekt»Sozialistische Jugend in Berlin nach 1945«.
19 Ausgelöst wurde dieser Protest durch eine kurze Szene, in der ein Mädchen nackt ins Wasser
    ging – zu sehen war nur ihr Rücken.
20 *Kurt Löwenstein:*»Gemeinschaftserziehung und Kinderfreunde«, in:»Sozialismus und
    Erziehung«, S. 256ff; Bonn 1976.
21 Vgl. dazu:»Bikini – Die Fünfziger Jahre. Kalter Krieg und Capri-Sonne«, S. 273ff, Berlin
    1981.
22 Die Gewerkschaften forderten zwar die gleiche Entlohnung von Männern und Frauen; das
    grundsätzliche Recht der Frauen auf Arbeit wurde jedoch auch von ihnen nicht gefordert.
    Vgl. dazu u. a.»Protokoll der 1. Bundesfrauenkonferenz des DGB 1952«.
23 In Ost-Berlin trafen sich die Falkengruppen ab 1949 nicht mehr offiziell. Vgl. dazu *Siegfried
    Heimann,*»Die Berliner Falken 1945–50. Eine kommentierte Dokumentation«, Kapitel 6.
24 Altersstruktur der Berliner SPD 1948:

    16–20 Jahre   0,8%
    21–30 Jahre   8,7%
    31–41 Jahre   15,0%
    41–51 Jahre   26,6%
    51–60 Jahre   26,9%
    Älter   22,0%
    Quelle: *H. Hurwitz:*»Demokratie und Antikommunismus in Berlin nach 1945«, S. 287;
    Köln 1983.

Kapitel III

1   Vgl. *Rolf Fröhner:*»Wie stark sind die Halbstarken?« EMNID-Untersuchung; Bielefeld 1956.
2   Vgl. *H. Schelsky:*»Die skeptische Generation«; Düsseldorf-Köln 1957.
3   Vgl. *Joachim Raschke:*»Innerparteiliche Opposition«, S. 66ff; Hamburg 1974.
4   Vgl. *Joachim Raschke,* S. 381, a. a. O.
5   Vgl. *Theo Pirker:*»Die SPD nach Hitler«, S. 254; Berlin-West 1977.
6   Flugblätter
7   Flugblätter
8   Vgl. *Michael Schmidt:* Die Falken in Berlin – Antifaschismus und Völkerverständigung,
    Berlin-West 1987.
9   Vgl. *Joachim Raschke,* S. 176; a. a. O.
10 Vgl. Institut für angewandte Sozialwissenschaft: Berliner Jugend 1962, Bd. I, S. 28f; Bad
    Godesberg 1962.

11 Kontakt: Zeitschrift der Falken Wilmersdorf; ohne Jahrgang, Archiv Forschungprojekt Arbeiterjugend.
12 *Hermann Giesecke:* »Wozu noch Jugendarbeit?« in: Deutsche Jugend Nr 11; München 1984.
13 Flugblatt
14 Programmheft.
15 Flugblatt.
16 Vgl. Institut für angewandte Sozialwissenschaft: »Berliner Jugend 1962«; Bad Godesberg 1962.
17 Einladungsschreiben; Archiv Forschungsprojekt Arbeiterjugend.
18 *Joachim Raschke*, S. 100; a. a. O.
19 Institut für angewandte Sozialwissenschaft: »Berliner Jugend 1962«, S. 71; a. a. O.
20 Veranstaltungshinweis.
21 *Joachim Raschke*, S. 100; a. a. O
22 Statistisches Bundesamt (Hrsg.): Statistisches Jahrbuch für die Bundesrepublik Deutschland; Wiesbaden/Stuttgart/Mainz 1971.
23 *Theo Pirker*, in: »Das Ende der Arbeiterbewegung in Deutschland?« S. 48 f; Opladen 1984.

Literaturliste

H. Beinert u. a.: Zwischen Anpassung und politischem Kampf; Dokumente 5, Schriftenreihe der SJD – Die Falken; Bonn 1974
H. Bertling u. a.: Erziehung und Gesellschaft – Zeitschrift für sozialistische Pädagogik und Bildung; Verlag Schaffende Jugend; Bonn 1958/59.
DBG Berlin: Berliner Gewerkschaftsgeschichte 1945–1950; Berlin-West 1971.
R. Ebbighausen / F. Tiemann (Hrsg.): Das Ende der Arbeiterbewegung in Deutschland; Opladen 1984.
G. Eisenberg / H. J. Linke (Hrsg.): Fuffziger Jahre; Gießen 1980.
Elefanten Press: Bikini – Die fünfziger Jahre; Berlin-West 1981.
Falken Landesverband Berlin: Berliner SJ, 1952–73; Archiv Forschungsprojekt Arbeiterjugend
ders.: Der Helfer, 1953–58; Archiv Forschungsprojekt Arbeiterjugend
ders.: Der rote Faden, 1954–58; Archiv Forschungsprojekt Arbeiterjugend
Falkenzeitschriften aus Berliner Bezirken: Archiv Forschungsprojekt Arbeiterjugend.
M. Faltermeier: Nachdenken über Jugendarbeit; München 1983.
J. Fiege: Jugendverbände ohne Jugend?; Frankfurt/Main 1981.
R. Fröhner: Wie stark sind die Halbstarken?; Bielefeld 1956.
W. Fuchs: Arbeiterleben nach 1945; Marburg/Lahn 1979.
H. Giesecke: Wozu noch Jugendarbeit? in: Deutsche Jugend Nr. 11; München 1984.
A. Gorz: Abschied vom Proletariat; Frankfurt/Main 1980.
S. Heimann: Die Berliner Falken 1945–1950. Eine kommentierte Dokumentation; Berlin-West 1985. (Manuskript)
H. Hurwitz: Demokratie und Antikommunismus in Berlin nach 1945; Köln 1983.
E.-U. Huster: Die Politik der SPD 1945–50; Frankfurt/Main / New York 1978.
Institut für angewandte Sozialwissenschaft: Berliner Jugend 1962, Band I und II; Bad Godesberg 1962.
K. Janke: Falkengeschichte; Hannover 1950.
Jugendwerk der Deutschen Shell: Jugend zwischen 15 und 24; Bielefeld 1954.
Jugendwerk der Deutschen Shell: Jugend zwischen 15 und 24; Bielefeld 1955
Junge Gemeinschaft – Zeitung für die SJD – Die Falken, 1956–67; Archiv Forschungsprojekt Arbeiterjugend
L. Knorr: Gedanken zur Sozialistischen Erziehung; Bonn, ohne Jahrgang.
Landesjugendring Berlin: Blickpunkt (Zeitschrift) 1954–1963.
H. Lessing: Jugendpflege und Selbsttätigkeit; Frankfurt/Main 1976.
H. Lessing / M. Liebel: Wilde Cliquen; Bensheim im 1981.

K. Löwenstein: Sozialismus und Erziehung; Bonn 1976.

E. Lucas: Vom Scheitern der deutschen Arbeiterbewegung; Frankfurt/Main 1983.

C. W. Müller / J. Hammer: Die Fundgrube; Bonn 1956–65.

C. W. Müller: Der Kreis Nr. 1–17; Bonn 1958–65.

C. W. Müller/H. Maasch: Gruppen in Bewegung; München 1962.

L. Niethammer(Hrsg.): Die Jahre weiß man nicht, wo man die heute hinsetzen soll – Faschismuserfahrungen im Ruhrgebiet; Berlin/Bonn 1983.

L. Niethammer (Hrsg.): Hinterher merkt man, daß es richtig war, daß es schiefgegangen ist – Nachkriegserfahrungen im Ruhrgebiet; Berlin/Bonn 1983.

L. Niethammer (Hrsg.): Lebenserfahrung und kollektives Gedächtnis; Berlin/Bonn 1983.

Nordwestdeutscher Rundfunk – Repräsentativbefragung: Jugendliche heute; München 1954.

F. Osterroth / D. Schuster: Chronik der deutschen Sozialdemokratie Band III; Berlin/Bonn 1978.

T. Pirker: Die SPD nach Hitler; Berlin-West 1977.

U. Preuss-Lausitz u. a.: Kriegskinder, Konsumkinder, Krisenkinder; Weinheim/Basel 1983.

Projekt Klassenanalyse: Materialien zur Klassenstruktur der BRD II. Teil, Berlin-West 1974.

J. Raschke: Innerparteiliche Opposition; Hamburg 1974.

H. Schelsky: Arbeiterjugend Gestern und Heute; Heidelberg 1955.

H. Schelsky: Die skeptische Generation; Düsseldorf/Köln 1957.

M. Schmidt: Die Falken in Berlin – Ausbruch aus dem Kalten Krieg, Berlin-West 1987.

W. Schnurre: Blau mit goldenen Streifen; Frankfurt/Main / Berlin 1979.

F. Schrammar: Zwischen »rotem Pfadfindertum« und »politischem Kampfverband«; Berlin-West 1981.

W. Schultz (Hrsg.): Arbeiterjugendverbände ohne Perspektive? Berlin-West 1982.

Senat von Berlin: Berlin – Quellen und Dokumente Band I und II; Berlin 1964.

Senat von Berlin: Berlin Chronik 1945–60; Berlin 1957

Senator für Arbeit und Sozialwesen: Denktschrift zur gesamten Berufssituation der Berliner Jugend; Berlin 1959.

SJD – Die Falken Bundesvorstand: Informationsrundbrief, 1959–60; Archiv Forschungsprojekt Arbeiterjugend.

ders.: SJD – Informationsdienst, 1960–64; Archiv Forschungsprojekt Arbeiterjugend.

Statistisches Bundesamt (Hrsg.): Statistisches Jahrbuch für die Bundesrepublik Deutschland, Wiesbaden / Stuttgart / Mainz 1971.

H. Thurnwald: Gegenwartsprobleme Berliner Familien; Berlin 1948.

Verlag Schaffende Jugend (Hrsg.): Du und Ich, 1952–58; Archiv Forschungprojekt Arbeiterjugend.

ders.: SJ-Pressedienst, 1952–58; Archiv Forschungsprojekt Arbeiterjugend.

B. Zeuner (Hrsg.): Genossen, was nun?; Hamburg 1983

Bildnachweis

Wir danken der:

Landesbildstelle Berlin und der
Amerika-Gedenk-Bibliothek

für die Überlassung von Bildmaterial.

Der größte Teil der Fotos wurde dem Archiv des Forschungsprojekts entnommen, für das Alfred Gleitze und Peter Weiß den Grundbestand zur Verfügung stellten.
Weitere hier abgedruckte Fotos wurden von folgenden Falkenmitgliedern dem Archiv überlassen:

Erich Dankert	Manfred Omankowski
Helga Eidenschink	Harry Ristock
Ernst Froebel	Friedrich-Wilhelm Rüttinger
Erna Goshof	Siegfried Stirba
Waltraut Hoffmann	Gerda Zern
Walter Milius	Kurt Zillmann

Interviewteilnehmer/innen

Siegfried Bilewicz; Geb. 1933; erlernter Beruf: Tischler, Ausbildung zum Jugendpfleger, Bezirksjugendpfleger in Kreuzberg. Falkenmitglied seit 1948, Gruppenleiter, Kreis- und Landesdelegierter, Mitglied des Kreisvorstands in Kreuzberg. SPD-Mitglied seit 1951. Vorsitzender des aus der Falken-Sportarbeit hervorgegangenen Wassersportvereins »Zugvogel«.

Peter Bischoff: Geb. 1940; erlernter Beruf: Industriekaufmann, Ausbildung zum Erzieher, Sozialarbeiter. Falkenmitglied seit 1954 – zunächst in Kreuzberg, später in Wilmersdorf, Gruppenleiter, Kreisvorsitzender, Landesdelegierter, Mitglied des Landesvorstands 1965–69, 1. Landesvorsitzender 1969. SPD-Mitglied ab 1960, 1967–71 Bezirksverordneter in Kreuzberg, Mitglied der Alternativen Liste, Bezirksverordneter der AL in Schöneberg 1981–85.

Gerda Bohn: Geb. 1936; Fabrikarbeiterin, Haushaltsgehilfin, Wäscherin, heute tätig als Köchin in einer Kindertagesstätte. Falkenmitglied seit 1952 in Charlottenburg, Kreisdelegierte, Mitglied des Landesvorstands 1961. SPD-Mitglied seit 1960, Bezirksverordnete in Charlottenburg seit 1972.

Herbert Bohn: Geb. 1930; Dachdecker, Leiter eines Jugendfreizeitheimes. Falkenmitglied seit 1951 in Charlottenburg, Gruppenleiter, Kreisvorsitzender, Kreis- und Landesdelegierter. SPD-Mitglied seit 1951, Kreisfunktionär.

Nils Diederich: Geb. 1934; Dipl.-Volkswirt, Soziologe (Dr. rer. pol.), Prof. für politische Wissenschaften. Bundestagsabgeordneter v. 1976–1987. 1945–47 Mitglied einer sozialdemokratischen Kindergruppe in Zehlendorf, von 1947–65 Falkenmitglied, Jugendgruppenleiter, Landesvorstandsmitglied 1958–59. SPD-Mitglied seit 1952.

Christel Dittner: Geb. 1937; erlernter Beruf: Erzieherin, Vorschulerzieherin. Falkenmitglied seit 1947, Jugendgruppenleiterin, Kreis- und Landesdelegierte sowie Kreisvorsitzende in Spandau. SPD-Mitglied seit 1957, Kreisdelegierte und ASF-Funktionärin.

Manfred Eisenblätter: Geb. 1934; Maurerlehre, heute tätig als Lagerverwalter. Falkenmitglied seit 1947 in Kreuzberg, Gruppenleiter. SPD-Mitglied 1959–64.

Ernst Froebel: Geb. 1912; Sattlerlehre, SAJ-Mitglied, Widerstandskampf in der Gruppe »Rote Kämpfer«, KZ, Strafbataillon 999. Nach 1945 Sekretär beim FDJ-Zentralrat. Falkenmitglied, Gruppenleiter, Kreisvorsitzender in Reinickendorf, Landesvorstandsmitglied 1957–65. SPD-Mitglied.

Alfred Gleitze: Geb. 1934; Studium, Falkensekretär, Jugendstadtrat, Bezirksbürgermeister, Bezirksstadtrat für Finanzen in Schöneberg. Falkenmitglied ab 1952 in Steglitz, Kreisvorsitzender, ab 1957 Mitglied des Landesvorstands, Landesvorsitzender 1963–69, Landesgeschäftsführer 1965–69. SPD-Mitglied seit 1954.

Wolfgang Götsch: Geb. 1932; Dipl.-Politologe, Angestellter beim Senator für Jugend und Sport. Falkenmitglied von 1951–63, Jugendgruppenleiter, Kreisvorsitzender, Mitglied des Landesvorstands von 1957–60. Mitglied des SDS. SPD-Mitglied seit 1951.

Wilfried Gottschalch: Geb. 1930; erlernter Beruf: Lehrer; Falkensekretär, Professor für Sozialpädagogik an der PH Berlin; Professor für Erwachsenenbildung in Amsterdam. Falkenmitglied seit 1951, Gruppenleiter, Mitglied des Landesvorstands 1952–56, Referent in der Bildungsarbeit. Mitglied der SPD.

Barbara Greube: Geb. 1937; Handelschule, Sekretärin beim Landesvorstand der SPD, Kreissekretärin in Spandau. Falkenmitglied seit 1954 in Reinickendorf, Gruppenleiterin, Landesdelegierte. SPD-Mitglied seit 1955.

Rolf Hirschmann: Geb. 1934; erlernter Beruf: Maler, Ausbildung zum Malermeister, Werklehrmeister in einer Berufschule. Falkenmitglied von 1949–68 in Wilmersdorf, Jugendgruppenleiter. SPD-Mitglied seit 1957.

Wolfgang Jahn: Geb. 1939; Bürobote, Transportarbeiter, Ausbildung zum Dreher, Falkensekretär, Leiter einer Einrichtung der Arbeiterwohlfahrt. Falkenmitglied seit 1949 – zunächst im Prenzlauer Berg, später im Wedding, Gruppenleiter, Kreisvorsitzender, Landesdelegierter, verschiedentlich Mitglied des Landesvorstands 1965–73. SPD-Mitglied seit 1959.

Renate Kirchner: Geb. 1937; Lehre in einer Wäscherei, Meisterprüfung, Studium Sozialarbeit, tätig als: Sozialarbeiterin. Falkenmitglied seit 1947 in Charlottenburg und Zehlendorf, Gruppenleiterin. Mitglied der SPD seit 1964.

Waldemar Klemm: Geb. 1936; erlernter Beruf: Erzieher, Falkenmitglied seit 1956 in Steglitz, Kindergruppenleiter, Kreisvorsitzender, Landes- und Bundesdelegierter. SPD-Mitglied, Mitglied und Funktionär der GEW.

Hans Maasch: Geb. 1930; Feinmechanikerlehre, Sozialarbeiterausbildung, Mitarbeiter im Institut für Jugendarbeit Rupenhorn, Jugendclub Dahlem, 1970–80 Entwicklungshelfer, Dozent an der sozialpädagogischen Fortbildungsstätte Haus Schweinfurthstraße. Falkenmitglied seit 1947, Gruppenleiter, Vorstandsmitglied 1961. SPD-Mitglied seit 1948.

Carl-Wolfgang Müller: Geb. 1928; Studium Publizistik. Journalist, Leiter der Fortbildungsstätte Rupenhorn, Professor für Sozialpädagogik an der TU Berlin. Falkenmitglied von 1956–70, Kultursekretär. SPD-Mitglied seit 1952.

Harry Ristock: Geb. 1928; Dipl.-Politologe, Falkensekretär, Volksbildungsstadtrat, Senator für Bau- und Wohnungswesen. Falkenmitglied seit 1949, Referent in der Bildungsarbeit, Mitglied des Landesvorstands 1954–64, Landesvorsitzender 1956–62. SDS-Mitglied. Mitglied der SPD seit 1950, Mitglied des Landes- und Bundesvorstands der SPD.

Rainer Siedler: Geb. 1939; erlernter Beruf Einzelhandelskaufmann, Maurer, ab 1975 Hauswirtschaftsleiter in der Jugendbildungsstätte Kurt Löwenstein; langjähriges Falken- und SPD-Mitglied.

Gunther Soukup: Geb. 1930; erlernter Beruf Mechaniker, Zahntechniker, Jugendpflegerausbildung, Studium Sozialpädagogik, Professor für Sozialpädagogik an der TU Berlin. Falkenmitglied 1957–69 in Wilmersdorf, Jugendgruppenleiter, Kreisvorsitzender, Mitglied des Landesvorstands 1961, 63–64, 68, Bundesdelegierter. SPD-Mitglied seit 1954.

Siegfried Stirba: Geb. 1939; erlernter Beruf: Glasbläser, später u. a. als Einrichter, ab 1972 freigestellter Betriebsrat bei Osram. Falkenmitglied 1949–71 in Wilmersdorf, Jugendgruppenleiter. SPD-Mitglied seit 1972, Mitglied der IG Metall seit 1960, Tarifkommission, Bundesdelegierter.

Edith Töpfer: Geb. 1934; erlernter Beruf: Kindergärtnerin, Kita-Leiterin. Falkenmitglied seit 1947 in Kreuzberg, Kinder- und Jugendgruppenleiterin, Kreisvorstand, Mitglied des Landesvorstands 1960–66. SPD-Mitglied seit 1954, Kreis- und Landesdelegierte. Mitglied der ÖTV seit 1957, Personalrat, verschiedene Funktionen auf Kreis- und Landesebene.

Werner Trapp: Geb. 1932; Verwaltungsbeamter. Falkenmitglied von 1947–61 in Reinikkendorf, Jugendgruppenleiter, Kreis-, Landes- und Bundesdelegierter. SPD-Mitglied seit 1952, Kreisdelegierter Vorstandsmitglied der Wohnungsbaugenossenschaft »Freie Scholle«.

Wolf Tuchel: Geb. 1931; Verwaltungsfachangestelltenausbildung, Senatsrat, Leiter der Abteilung Allgemeine Jugendhilfe beim Senator für Schulwesen, Jugend und Sport. Falkenmitglied seit 1947, Gruppenleiter, Kreisvorsitzender in Tempelhof. SPD-Mitglied, 1963, BVV Tempelhof.

Peter Weiß: Geb. 1926; erlernter Beruf: Gas-Wasser-Heizungs-Installateur. NS-Verfolgter in Zwangsarbeitslagern. Nach Studium Sozialarbeit Bezirksjugendpfleger in Zehlendorf. Nach weiterführenden Studien Professor an der Fachhochschule für Sozialarbeit und Sozialpädagogik. 1946 Mitglied des vorbereitenden Ausschuß der Falken. Kinder-, Jugendgruppenleiter und Kreisvorsitzender der Falken in Wilmersdorf. Landesdelegierter, Vorsitzender des SJ-Rings im Landesvorstand, Bundesdelegierter, Vorsitzender der Bundeskontrollkommission, Mitglied im Bundesvorstand und und in der Jugendpolitischen Kommission des Bundes. 2. Abteilungsvorsitzender Sozialarbeit der ÖTV. SPD-Mitglied seit 1946.

Gerhard Zimmerling: Geb. 1934; Malergehilfe, Verkaufsfahrer, Ausbildung zum Jugendpfleger, Bezirksjugendpfleger in Wilmersdorf. Falkenmitglied seit 1949 in Wilmersdorf, Gruppenleiter, Kreisfunktionär, Landesdelegierter, Mitglied des Landesvorstands 1964–67. SPD-Mitglied seit 1957.

Personenregister

Bildlegenden

Franz-Neumann-Archiv

Das FRANZ-NEUMANN-ARCHIV e. V. Berlin wurde im Dezember 1974 mit dem Ziel gegründet,»das gesamte für die historische Forschung relevante Material aus dem Nachlaß des Ehrenbürgers von Berlin Franz Neumann und aus anderen Quellen zur Geschichte der Arbeiterbewegung und der Demokratie zusammenzufassen«.

Schwerpunkt der Tätigkeit des Archivs ist die Sammlung und Auswertung von Dokumenten zur Geschichte der Berliner Sozialdemokratie, der Gewerkschaften, der Arbeiterwohlfahrt, der Sozialistischen Jugend »Die Falken« und anderer Organisationen nach dem Zweiten Weltkrieg.

Den Grundstock des FNA bildete das von Franz Neumann (1904–1974) gesammelte Material über die Berliner SPD nach 1945. Es wurde seit 1975 durch Akten von SPD-Kreisverbänden, Materialien der Jungsozialisten, der »Falken« und von privaten Spendern ergänzt.

Der Berliner Landesverband der DAG stellte dem Archiv große Teile seiner Zentralbibliothek als ständige Leihgabe zur Verfügung. Die Arbeiterwohlfahrt der Stadt Berlin steuerte ebenfalls Bücher und Broschüren aus ihren Beständen zur Bibliothek bei, der 1979 die nachgelassene Privatbibliothek des Berliner Sozialwissenschaftlers Prof. Otto Stammer angegliedert wurde.

Im Rahmen des Forschungsprojektes »Sozialistische Jugend in Berlin nach 1945« entstand in der ersten Hälfte der 80er Jahre ein umfangreicher neuer Bestand von Akten, Dokumenten und Interviews.

Vorstand: Manfred Rexin (Vorsitzender), Erwin Beck (stellvertretender Vorsitzender), Michael Elze (Schatzmeister). Beirat: Reinhold Walz. Leiter des Forschungsprojektes »Sozialistische Jugend«: Prof. Peter Weiß. Beirat des Forschsungsprojektes: Heinz Beinert, Prof. Dr. Nils Diederich, Prof. C. Wolfgang Müller, Dr. Rolf Kreibich, Manfred Rexin, Prof. Gunther Soukup, Prof. Peter Weiß. Sekretariat: Dorothea Schrön. Revisoren: Joachim Gribach, Gerhard Richter, Willy Schlawe.

Franz-Neumann-Archiv, Ackerstr. 71–75, 1000 Berlin 65